長白山漁獵文化·上冊

弘揚長白山文化
打響吉林特色地域文化品牌
王儒林

　　吉林有文化，而且吉林文化有底蘊、有潛力、有特色、有希望。從前郭縣王府屯距今約一百萬年的石製工具到距今十六萬年的樺甸仙人洞和距今三萬年的榆樹人，從燕趙文化東進到漢武帝設四郡，從扶餘、高句麗、渤海文明的興衰更替到遼金、清朝問鼎中原，從抗日烽火、解放硝煙到新中國老工業基地的紅色記憶，從二人轉、吉劇、長影到吉林期刊、吉林歌舞和吉林電視劇現象，勤勞智慧、淳樸善良、勇於開拓的吉林人民在白山松水間創造出絢麗多彩的地域文化，成為中國文化版圖上一道獨特風景。

　　文化與山素來結緣，正如泰山之於魯，嵩山之於豫，黃山之於皖，長白山是吉林的象徵、吉林的品牌。吉林文化始終與長白山難捨難分、血脈相連，集中體現於長白山文化之中。長白山文化發源和根植於吉林沃土，是包容吉林各民族文化、蘊含吉林發展歷史、反映吉林人性格特質、凸顯吉林氣派的「大文化」；是中華民族「多元一體」文化的重要組成部分，源遠流長、博大精深，構成了吉林文化的骨骼和脊樑。在地域文化越來越受到人們關注、文化軟實力越來越成為衡量一個地區核心競爭力的重要指標的當今時代，大力弘揚作為吉林文化標誌性符號的長白山文化，把這份寶貴的文化資源保護好、挖掘好、利用好、開發好，對於打響吉林特色地域文化品牌，鑄造極具時代內涵的吉林精神，提升吉林文化軟實力，凝聚吉林改革發展正能量，無疑具有十分重要的現實意義。

近年來，我省大力推進以優秀吉林地域文化為主要內容的長白山文化建設，出台了《長白山文化建設規劃綱要》，啟動實施了長白山文化建設工程，在長白山文化資源保護研究、挖掘整理、開發利用等方面做了大量工作，取得了顯著成績。我們要進一步加強長白山文化理論研究，豐富長白山文化內核和外延，進一步加強長白山文化遺產的發掘、保護和展示推介力度，擴大長白山文化的影響力，進一步加強對長白山文化內涵的拓展和提升，把長白山文化資源更好地轉化為文化產品、文化事業和文化產業，推動長白山文化建設躍上新台階，推動吉林文化大發展大繁榮，為實現富民強省目標、中華民族偉大復興、中國夢做出貢獻。深入挖掘、研究、整理長白山歷史文化，既是一項宏大浩繁的系統工程，又是一項功在當代、利在千秋的基礎工程。希望有更多有識、有志之士投身長白山文化建設事業，讓這份寶貴的文化資源更好地服務於當代，惠澤於未來。

　　由省委宣傳部組織編撰的《長白山文化書庫》系列叢書，是長白山文化建設工程的重要標誌性成果。叢書從基礎研究、地方特色、主要藝術門類三部分，對長白山文化的歷史資源進行了全面細緻的挖掘和整理，堪稱長白山文化研究與普及的鴻篇巨製，不僅對研究和宣傳長白山文化大有裨益，而且對培育吉林文化品牌、樹立吉林文化形象也將產生積極的促進作用。在叢書即將付梓之際，謹表祝賀並向全體工作人員致以問候。

主編寄語

莊嚴

長白山文化是吉林文化的代表性符號，是吉林文化的品牌和形象，是吉林人民的驕傲和自豪。

一直以來，省委、省政府高度重視長白山文化建設，制定出台《吉林省長白山文化建設規劃綱要》，並把實施長白山文化建設工程列入省委常委會工作要點，把吉林省歷史文化資源工程列入宣傳思想文化工作「六大工程」之一。二○一三年十月三十日，省委書記王儒林在全省宣傳思想工作會議上，就長白山文化建設做出重要指示，指出要對長白山文化相關依據、內容和源頭性、交匯性、包容性、剛毅性等特點做深度的挖掘、做科學的闡釋，賦予時代精神，把長白山文化的魅力和精髓傳承好、發展好、宣傳好。

近年來，全省宣傳文化戰線共同推動長白山文化建設工程，眾多專家學者對長白山文化進行了大量的研究、論證，積累了蔚為大觀的成果，長白山主題文藝創作繁榮，長白山歷史文化資源保護進展顯著，長白山文化研究成果豐富，長白山文化傳播與宣傳影響漸升。我們編撰出版《長白山文化書庫》，其目的正在於全面總結歸納長白山文化建設成果，挖掘和梳理長白山文化資源，提煉當代長白山文化精髓和實質，為深入研究、豐富、提升和利用長白山文化，搭建可資借鑑的基礎資料寶庫。

《長白山文化書庫》是吉林歷史上首部全面系統論述長白山文化的大型叢書。全面論述了長白山文化的基本概念、基本體系和基本問題，闡發了長白山

文化的主要內涵和特徵，展現了長白山文化的形成與發展過程和豐厚的文化資源，揭示了長白山文化的屬性和特質，體現了吉林特色文化的悠久豐厚和異彩紛呈，展示了長白山文化的博大精深和獨特魅力，對長白山文化的未來進行了前瞻和戰略性思考。

文化如光，照亮前程；文化如水，潤物無聲。只有融合了時代精神的長白山文化，才能成為文化吉林日新月異的力量之源。因此，我們要堅持歷史傳承與現代創新相結合，傳統特色和時代特徵相融合，堅持保護與豐富並重，管理與開發並重，挖掘與提升並重，「物化」與「活化」並重，科學系統梳理文化資源，讓收藏在博物館的文物、陳列在廣闊大地上的遺產、書寫在古籍裡的文字都活起來，努力塑造「文化吉林」形象，展現「吉林文化」風采，深度挖掘和激活地域歷史文化資源的歷史價值、科學價值、經濟價值和社會價值，不斷推動長白山文化可持續發展，使其得到傳播弘揚。

希望《長白山文化書庫》的出版發行，使更多的人對長白山文化的整體面貌有所瞭解，進而讓更多的人關注長白山文化，熱愛長白山文化，投身到長白山文化建設中來，為長白山文化的發展繁榮和美好未來貢獻力量。

第三章・狩獵史話

第一章───

漁獵史話

漁獵歷程

東北長白山有著久遠的漁獵歷史，捕魚，是一種古老的行當。正因為這個行當古老，所以其中的習俗和規矩十分特殊。它和採摘瓜果、獵獲動物一樣，都是原始先民謀生的一種手段。地處長白山地區的松花江、圖們江、鴨綠江及流經東北平原的黑龍江、嫩江、烏蘇里江因水利資源和地理位置的優越，漁業資源十分豐富。古代這裡就有人用原始漁具從事捕撈活動。

據史料記載，吉林漁民曾經由圖們江出海捕魚，盛時達千餘人，年作業四五個月，用刺網捕撈，人均產量可達二十噸，用串聯網捕撈可達二十五至三十噸，捕撈海參每人每天可達十五公斤。北方典型的漁獵民族，如赫哲族，具有悠久的漁獵傳統。赫哲族人每年要向朝廷進貢鰉魚魚骨、鰉魚筋等珍貴的特產，光緒年間俄國輪船航行至黑龍江時常常向赫哲族人買大馬哈魚。

從春天跑冰排開始到夏季「小滿」，這時期為春季魚汛期。這時在松花江、黑龍江、烏蘇里江流域主要捕那些吃食小魚的雜魚類。這類魚在穩水窩子裡待了一冬天，它們往往隨著開江的冰排震盪順流而下，到沒有冰排的穩水渦子裡停下來覓食。捕這個季節的魚用網、鉤都可以，而且魚好吃也能賣出好價錢來。

五月端陽節前後，水溫開始回暖，各種專門吃活魚的大魚都集中往江邊游，在岸邊的青草和葦棵裡找小魚吃。這時節，江邊草叢裡的蚊蟲還沒大量生起，打魚人不受蚊蟲叮咬侵害，夜裡小涼風一吹，又涼快又舒服，這是打魚的好季節。這樣的日子，漁民不停地捕撈。如果勤快一些的話，這個季節漁民便可以把一年的「口糧」弄回來。

北方民族，大都經過了漁獵生活階段，他們飽嘗了這行當的辛苦。東北靠江較近的漁民，一到汛期就結夥出船，自家沒有船的，就到網戶達（有錢的大戶人家）那裡租船或租網。蓋的小窩棚就叫「網房子」。

春天開江打開江魚，開江魚好吃，但罪難遭，春天的江水都帶冰碴兒。

夏天的時候，在江上行船打魚，無遮無擋，火辣辣的太陽曬得人身上掉了一層皮。打魚的人哪年夏天都得脫幾層皮。身上一脫皮，汗水一浸，疼得扎心。秋天，是打魚人一年當中最好過的季節，這時候，魚兒肥，天又不太熱。所以北方的打魚人常常這樣說：

転眼到了秋，
打魚的樂悠悠。
背網江上走，
草窠裡下老鉤。
魚兒多又肥，
真是好時候。

捕魚要用船。北方船隻的製造有悠久的歷史，松花江上游的吉林市，古稱船廠，這兒一直是生產大船的地方。清朝的各水陸驛站所有的船隻，都要到「船廠」去領換。而舊船領換新船，要求驛丁把舊船燒掉，背著燒完後剩下的船釘去領。那船釘是有分量的，少一兩朝廷就認為是失職，不但不給新船，還要受到處罰。東北漁獵和交通中使用的最早的船隻是獨木舟，名為「楊木雕」，赫哲語為「敖拉沁」，只能乘一人。後來又出現了「樺皮快馬」船。這種船叫「烏末日沉」，是把整張的樺樹皮成筒狀扒下，固定在事先串好的樺皮船「骨架」上，船便成了。這種船的船體非常輕，一個人可以扛著行走。另外這種船可以在少水的江汊子、河灣子一帶通過，不用繞彎走很遠的路。這種樺皮船最多只能載兩三個人，不能運載重物，卻是叉魚時最得力的船隻。十八世紀末，赫哲族中又出現了一種叫「吉拉」的小船，這是一種載重樺皮船，船體大，用松木做「骨架」，劃行時速度快，體輕，摩擦水面的聲音小，叉魚時，等魚發現叉已飛出。但遠航時，得十多個人划槳。

到了中華民國初年，北方又出現了一種叫「三葉板」的船，稱「舢板」，赫哲語為「滕木特克」。這種大漁船中間有桅杆眼，可以豎桿、拉風帆、掛篷，這種船是下鰉魚鉤、打大網、載運貨物的最好的船隻。後來，從松花江上游的漢族漁民中傳來了一種「劃鞋」，兩頭尖翹起，似鞋形，外殼塗油漆，船長二丈三尺，在船中間的「船迷子」（船面中間）上，覆蓋「跨子」（船蓋），這樣既可以擋雨，又免得江水灌進艙中，有的用白布做「二篷」代替「跨子」。如雨天或夜晚回不了家，可以供兩個人在裡邊歇宿。

從白露開始的一個月時間是北方秋季魚汛期，烏蘇里江和黑龍江流域開始捕獲大馬哈魚和鱘、鰉魚及其他各種鮮美的雜魚。這時節上網最多的是鰉魚和大馬哈魚。

世居吉林的地方部族向中原王朝進送貢品是自周秦就形成的慣例。那時居住在不咸山（長白山）北的肅慎、挹婁族曾貢送「楛矢石磬」（一種箭桿和箭頭）。北魏時，勿吉族的貢品主要是馬匹，有時一年兩貢；唐時，靺鞨諸部的貢品就開始有「鯨鯢」（鯨魚類）；到了明清時，宮廷中的諸多用品如人參、貂皮、東珠、鰉魚均來自吉林烏拉。而設在松花江上的打牲烏拉衙門總管已「官居三品」，遠遠超過《紅樓夢》作者曹雪芹之父的江南織造「五品位」，並同江寧（南京）、蘇州、杭州齊名而成為當時中國四大朝貢基地，而唯獨吉林烏拉歸朝廷內務府直接轄管。可能恰恰因為松花江和嫩江匯合處地理位置的重要，以及查干淖爾和這一帶的泡泊中貯養鰉魚的可能，時任第三十四任打牲烏拉衙門總管的烏音保之父云生在光緒二十七年（1901 年）以七十一歲的高齡出任伯都訥副都統。

生活在松原這塊黑土地上的東北民族有著久遠的漁獵歷程，這也是他們重要的生存歷程。到了嚴寒的冬天，漁獵人幹什麼呢？

查干湖冬捕

　　人們說松花江和嫩江交匯處是一處獨特的地方，兩股大水把這塊土地和草原滋潤得無比肥沃和富饒，星羅棋佈的湖泡散佈在松原的土地上，這兒可以稱得上是一個多湖泡之地，僅在前郭爾羅斯地域內就有大小湖泊二十七處之多，而其中查干淖爾不但是這兒最大的湖泊，同時它也是中國十大淡水湖之一。

　　查干淖爾為蒙古語，即「白色的湖泊」之意，地處今松原市前郭爾羅斯蒙古族自治縣境內。據著名民俗學家王迅在《郭爾羅斯考略》（遼寧民族出版社2002年版）中考證，查干淖爾是今天的稱呼，在宋遼時，稱之為「大水泊」或「大魚泊」。北宋曾公亮主編《武經總要》載：「鴨子河在大水泊之東、黃龍府之西，是鴨雁生育之處。大水泊週三百里。」到了明代，這片大水泊被稱為「拜布爾察罕大泊」（也稱「白馬兒大泊」）。湖水面積四萬公頃，蓄水七億立方米，是發源於大興安嶺得福特勒罕山北麓的霍林河末端的堰塞湖泊，靠四季的雨雪，匯各處的水源而形成。歷史上，它同呼倫貝爾草原上的達賚湖和現俄羅斯境內的貝加爾湖一同構成了地球的「肺」，調節著人類和地球北半部一切生靈的生存環境。由於查干淖爾古時的自然狀況保存得好，這兒的很多特產得到世界的關注。湖中的魚完全是靠食草籽和小蟲為生，於是被人稱為「綠色」營養品，有極高的養生價值，從遠古起就引起了人們的注意。

　　在歷史久遠的歲月中，自然同人休戚與共，人類保護了自然，又使得自己依賴自然得以延續生存。據草原上著名的民俗學家蘇赫巴魯介紹，從前蒙古族人不食魚，而且還保護「水」。小孩子在草原上放牧，不但不許牛羊在水中撒尿，人也不許。他小時候，阿爸阿媽就告訴他，千萬別往湖泊河水中撒尿，不然惹怒了水神，草原就會有災難。善良的老人其實是把草原人保護自然的意識傳承給了孩子，這是北方民族人民的一種生存品質，也是一種生存能力。而其實，他們是把包括查干淖爾在內的這一片土地按原色生存狀態保護了下來。

食魚習俗最早是由漢人開始的，那時，包括松花江、嫩江在內的諸多條江河上都有了打魚人，查干淖爾上也有諸多船在夏秋捕魚。由於這個湖泊生長著獨特的自然植物，水中昆蟲繁多，魚兒吃水中的小蟲和湖邊的草籽，形成了獨特的肉質。這兒的風向也奇怪，有時東南風突轉西北風，於是剛剛順向的草籽便會大片地倒向水中，成為魚兒的美食。

查干淖爾的風向和它西北部的台地有關。在如今乾安境內的陳字井、黃字井、天字井等處，西岸明顯高出東岸。這兒秋季冬季多刮西北季風，把成熟的草籽通過勁風帶入湖心，自然地餵養著水中的魚類。而新廟和青山頭一帶地勢偏平，生長著荷花、菱角一類植物，這是魚兒喜歡吃的，諸多的大魚秋夏喜歡在這一帶活動。魚兒有了自然良好的生存環境，查干淖爾就成了它們生存的最佳之地。據有關資料統計，僅在查干淖爾內就有各種魚類六十八種之多，如鯉魚、鯽魚、草根、鰱魚、麻鰱魚、鱉魚、鱒魚、狗魚、胖頭、牛尾巴、鱖條魚、嘎牙子魚、白魚、串丁子魚，等等，真可謂「三花五羅十八子」樣樣都有，而查干淖爾捕魚最典型最輝煌的時候就是它的冬捕。

在東北，從深秋到初冬，一切江河湖泊都被嚴寒封凍了。

歷史上北方交通就不便，一到冬季，許多封凍的大江大河便成了爬道。如果漁民們在江上鑿冰捕魚，往往會使爬犁和大車通行不便。北方人心地善良，冬天，他們不在大車和爬犁行走的冰道上打冰眼，於是便選擇在泊泡湖一類的水域上鑿冰捕魚，這樣查干淖爾就成了北方冬天最熱鬧的天然捕魚場。

查干淖爾真正的冬捕始於遼金時期。據史料記載，遼帝最喜歡吃「冰魚」。每年臘月，遼王都要率領家眷來北方，在嫩江、大安月亮泡、查干淖爾泊子或達賚湖湖面上搭建帳篷。他在帳篷裡把腳下的冰刮薄，薄到像紙片兒，這時可以看見魚兒在冰下游動。看夠了想吃時再將薄冰打開，鮮活的魚兒就接二連三地跳上冰面……歷史上習慣把這種冬捕稱為「春捺缽」。

捺缽，契丹語，是「行在之意」，指遼帝出行所在地。《遼史・營衛志》載，「遼國盡有大漠，浸包長城之境，因宜為治。秋冬違寒，春夏避暑，隨水

草就畋漁，歲以為常」。而「春捺缽」是指皇帝從「正月上旬起牙帳，約六十日方至。天鵝未至，卓帳冰上，鑿冰取魚。冰泮，乃縱鷹鶻捕鵝雁」。他晨出暮歸，從事弋獵網釣，春盡乃還。這在王迅的《郭爾羅斯考略》中已明晰地記載：「北主與其母皆設次冰上。先使人河上、下十里間以毛網截魚……預開水竅四，名曰冰眼……」

鑿冰眼又稱鑿冰窟窿，下「串聯網」，打水中魚，這活兒是最難乾的。鑿冰洞、下網、起網，一濺一身水，冰上的水也有半尺厚（這是打眼時咕咚笓子打出來的），所以冬天打魚人身上一身水，衣裳裡一身汗，北風像刀子一樣，往人身上一「扎」，轉眼給你穿個透。江水給衣裳「掛了一層甲」（凍了一層冰），裡邊汗水也結了一層冰，人在冰上一走，裡裡外外「咔嚓咔嚓」直響。

冬捕與平時捕魚活動的不同是，這是一項集體活動，不是一個人能獨立完成的，這是需要諸多人的配合，並調動這兒的諸多民族一塊兒參加的一項活動。冬捕就是面對嚴酷的大自然，去鑿冰捕魚。當地人有個習俗，查干淖爾冬捕，誰不去冰上見識一下，誰就不是「漢子」。這是對男人體魄、能力的一種衡量。在北方，誰沒去查干淖爾打過魚，誰甚至都找不上媳婦。為了冬捕，各行各業都開工作業，木匠打爬犁，車匠造大車，皮匠做皮襖，鞋鋪做靰鞡，編匠編漁具，麻繩鋪打繩織網，割葦的人也忙著編魚囤子……

整個查干淖爾，一片忙碌。

冬捕又使各民族之間，人與人之間得以交流。由於要組織漁業隊，打工的小股子、網戶達和船戶，捕魚人和把頭，各種手藝人，還有魚店的掌櫃和老客，各種大車店和旅店，都有了一種交融和聯繫。在某一點上，冬捕起到了促進社會發展和文明進步的重要作用。甚至在冬捕的日子裡，動物也得到了重視。馬要頂一個「股」到冰上的捕魚場「拉馬輪」；狗要看網房子；牛要拉魚、運魚。冬季的捕魚活動，使人和動物親近了，使人和自然得到了實實在在的融合。

一切文化和精神在冬捕的日子裡得到了全面的展示和傳承。查干淖爾冬捕

是人類生存成果的一次大的、全面的、輝煌的展示和普及。人的品德、人的生存能力、人的精神面貌，都在這種壯麗的活動中充分地釋放出來。

這種從春夏就開始準備的活動，使人們憋足了勁兒，要把在冰層下養了一夏一秋的鮮美魚兒捕撈上來，於是冬捕活動便逐漸形成了自己獨特的民俗……

嚴冬，當厚厚的白雪覆蓋在茫茫的科爾沁草原上，當老北風呼嘯吹刮的時候，查干淖爾壯麗的冬捕就開始了。這時候，土地在顫動，馬兒在嘶叫，人們在吶喊。

那是黑土地上北方人的一種抑制不住的熱情在心底升騰。

他們戴上狗皮帽子，穿上老羊皮襖，然後走向自然。那是一種回歸，是一種原色的生存味道，是一種原始古老圖騰的復活和復甦。

在地球上，古人類生存的文化形態至今仍能讓人直接去體驗和感受這種原色的地方如今已為數不多了。

進入查干淖爾冬捕，有一種走進遠逝的樓蘭古地之感，又好似來到祕魯印第安人古老的生存部落，你會感受到大自然在平凡地接納你，又在生動地擁抱你。

是的，這兒是目前世界上唯一的也是最後一處被自然和人類完整保存下來的漁獵部落。

「俺們上鎮趕集，人家一瞅我們的腿形，一看俺們那手指頭，就知是查干泡打冬網的。」查干淖爾漁場退休老漁民劉萬祥老人說道。

帶著求根問底的願望，我又問老漁把頭石寶柱，在查干淖爾打魚，以哪一塊兒住的人為主？他邊領著我走邊說：「就是咱現在漁場所在地西山外屯。可四外的屯子、馬架子，從前都是網房子。」於是我明白了，這個漁獵部落是以西山外屯（今查干淖爾漁場所在地）向四周輻射，形成了廣闊的漁獵部落網絡，就是今查干泡四周的青山頭、梁店、馬營子、十家子、東川頭、波勒台、邱字井、收字井、三陵馬場、陳字井、黃字井、玉字井、地字井、天字井、前榆樹、大望、下坡子、楊營子等，這是一個原始漁獵部落群體，而「核心」就

是今松原水利局管轄下的查干淖爾漁場捕魚人集中居住的地點西山外屯。

西山外屯是一處古老而現代的地方。

據《簡明不列顛百科全書》記載，部落（tribe）其實是文化人類學理論中的一種社會組織類型，由有共同血統的民族組成，在政治上暫時或永久結成一體，有共同的語言、文化和意識形態。在一個理想的部落典型裡，有共同的部落名稱，領土相鄰；共同從事貿易、農業、建築房屋、戰爭以及舉行各種宗教儀式活動。部落通常由若干個小的地區村社（例如宗族、村落或鄰里）組成，並且可以聚集成更高級的群體，成為民族。作為一種理想的社會類型來說，文化進化論者都把部落看成是已發展到有等級的社會階段，最終成為原始國家。部落的統一併不表現為領土完整，而是基於擴大的親族關係。現在許多人類學者都用「種族集團」這個術語代替部落，種族集團通常指有共同的祖先、共同的語言、共同的文化和歷史、傳統以及居住在同一個區域內的居民集團。另外，部落還指古羅馬國家的一個組成單元。古羅馬原有提梯斯、蘭姆尼和路凱里斯等三個部落，可能是按種族劃分的。後來改編、成立四個城市部落和十六個鄉村部落。部落是課稅徵兵和引進人口調查的基本單位。

在這裡，請讓我把摩爾根在《古代社會》中對部落認定的概念說一下，它是種族的「血緣關係」，是一個氏族的「傳承」，包括民族和文化的存在。就是說，部落要有一個完整的自身生存功能，並長期地延續它、保存它、傳承它。而這種功能是科學的並相對獨立的。綜合以上關於部落的概念我們會發現，現代人也使用這個詞是指這一集團「通常有共同的祖先、共同的語言、共同的文化和歷史、傳統以及居住在同一個區域內的居民集團」。這也是當今世界人類研究學者所認定的關於「部落」的概念，在這一點上，查干淖爾漁場的所在地西山外屯，正是具備了這些文化因素，而又把諸多習俗融合進現代文化與文明中去的。

當人們在西山外屯子裡走著，你會發現這裡的一切「景色」都和「捕魚」有關。各家院裡，房頂上、牆頭上，統統都曬著漁網；草垛和柴火垛上也放著

漁具。連空氣中都飄蕩著濃濃的魚味兒。有趣的是上學的小孩子書包上的圖案和婦女們過年時剪的窗花，也都是以「魚」為主題；村子裡的飯店廚師圍裙上也織著「雙魚」圖案；更有趣的是家家的對聯。對聯，又叫春聯，這是中國民間過年時貼在家家院門或房門上的紅紙條幅，是一種文化傳統，而這裡都是一些有濃郁漁獵文化氣息的對聯。如：

人歡馬叫齊冬捕

日頭冒紅財源來

橫批：網網見寶

（孫大爺家）

銀鑣鑿開致富路

大掏拖進幸福門

橫批：水中取財

（梁大叔家）

賀新春老漁把頭多康泰

喜相逢兄弟姐妹四方來

橫批：情聚冬捕

（查干淖爾魚店）

這裡的人就連說話都是「漁獵」味道。

平時我們走路兩人見面打招呼，往往是問：「你好？」對方回答：「你好。」可是在查干淖爾的西山外屯，兩人見面，一個人問：「快當？」另一個人立刻回答：「快當。」

「快當」是捕魚人的行話，就相當於我們平時說的「你好」。我們在這裡是名副其實的「外人」。他們一句一句的「行話」「隱語」讓我們目瞪口呆。我和石寶柱大爺走到屯裡的下坎兒處，遇見一位老者，他對石大爺說：「來客

啦？」石大爺說：「嗯哪。弄啥呢？」

「補亮子。」（後來我才知道，是說補漁網）

石大爺問：「啥時出的亮子？」（啥時壞的）

「開始就『背幾』了……」（指網繩打得不好）

在現代文明中保存著傳統文化生活的內涵，這是對歷史的一種延伸，它的價值不單單在於記錄了人類文化的走向，還記載了人類精神的歷程，這是除了「部落」而外所無法實現的一種地域文化功能。

漁獵的機構與過程

西山外屯漁獵部落完整地保留著人類生存的一個過程，這是一種獨立運行的過程，彷彿是專為「漁獵活動」而存在的。

每年一進臘月，冬捕就正式開始了。

從前是由「東家」來組織自己這個「網伙」人員的。他們往往把自己的親戚、好朋友，有過「過碼兒」（就是欠人家人情或交往過甚的人）找來。沒「關係」，沒「能耐」（本領）的不要。主要是「好使」「聽話」，也就是「聽喝」（聽吆喝的意思）。但大多是「小股子」（捕魚的基本勞力，指一個人）們找東家。看準了，就由爹娘或熟人拿上「四合禮」（見面禮）來投靠他，入網伙子。接下來就選定誰為把頭。

一、把　頭

把頭，又叫漁把頭，他是冬捕的領頭人。

把，其實是「幫」，是指這一夥網的領頭「幫頭」。幫，為一夥之意。但北方人的居住地常常有中原各處的人來此居住和走動，於是可能將「幫」唸成了「把」。另外，「把」這個詞可能出自於我國東北少數民族語言，如蒙古族，他們常將英雄稱作巴特爾、巴突兒、巴圖，都是這個意思。蒙古語中的英雄，當然就是指民族的頭人，於是逐漸演變成了「把頭」之音。把頭常常由「東家」指定或由小股子們推選，有些人早已在屯裡出了名。漁把頭是捕魚人的主心骨，特別是冬捕，他要從一開始就被人心中默認能帶領這夥人打著魚。這就要求漁把頭首先要精通選冰窩子的本領，這是極其神奇的本領。

俗話說會識冰。

識冰，就是會看冰的顏色。冬季，魚群在冰下喜歡成群地聚集在一塊，由於魚的齊堆兒往往使水湧動，冰面上的雪便微微起鼓，這種冰面是有魚群的徵

兆。

　　接下來是看顏色。有魚群的冰層上往往結有數個氣泡，氣泡密集的方向是魚群游動的方位，這樣的冰層顏色發灰。還有就是會聽冰下的聲音，俗話稱「聽冰聲」。

　　聽冰聲，指漁把頭把耳朵貼在冰面上，通過水流聲，分辨出魚群的位置的一種本領。

　　冬天捕魚，幾乎就是比漁把頭們分辨魚群居住位置的本領。

　　據民俗學家王迅在《郭爾羅斯考略》中記載，查干淖爾魚屯裡有一個出了名的孫把頭，他能憑著一雙機敏的眼睛從冰面上一看便知冰下「哪兒是岡，哪兒是坑，哪兒有溝，哪兒有岔」。他也能聽出魚在冰下「走」的聲音。其實，這是他多年對查干淖爾瞭解的經驗和體會。一個有能耐的漁把頭誰都搶著去請，如這個孫把頭，就是大夥關注的目標。

　　那時，查干淖爾漁業還沒有歸漁場管，誰下手早，誰就能占據好的位置。當人家都把好位置搶走後，一些人突然想起了剛剛出門回來的孫把頭，於是大家當時便很有信心，說：「走，求求孫把頭！」

　　這樣，大夥去了。

　　可孫把頭卻說：「別忙！別忙！」

　　「還別忙？都快冬月初八啦！」

　　他卻說：「好飯不怕晚。」

　　果然，到了冬月初八這天，他領人出發了。說來也怪，別人都在泡面上搶鑿冰眼，他卻領人去了泡子下梢。他的理論是，人都在上水走動，把魚趕到了下梢。果然，只一網下去，就打上來十二萬斤魚。

　　這樣神奇的漁把頭，往往是冬捕的漁業隊最盼的。在查干淖爾西山外屯漁獵部落裡，一提起像孫把頭這樣的人物，大夥都豎起大拇指。現在漁場冬捕把頭又叫「業務員」，這和從前不同，但本領和技能是一致的。如石寶柱大爺的兒子就是一個出了名的「老業務員」，他的「捕魚日記」厚厚的十多本，至今

還保存在他家的老櫃子裡。

二、搶泡子

　　從前，查干淖爾的魚又多又好。於是一到冬捕的季節，來自東北各地的打魚人就會在一夜間擠滿了冰面，查干淖爾的人動作晚了點兒，冰面上就沒你的位置了；就是有也是被別人「選」過的，一般都是魚群過去的泡面了。

　　打冬網，一般都是在臘月初。

　　在這之前幾天，各個「網伙」「魚隊」都已經組織好了人馬，單等漁把頭一聲令下，就齊呼啦地開進風雪茫茫的查干淖爾冰面上去，這便稱為搶泡子。

　　打冬網講究個「兵強馬壯」，是指這一夥人個頂個地要利索。有時馬上出發上冰，可是你落下個帽子，他忘了條圍脖，如果這種事情出現，漁把頭就會說：「你別去了。住下吧！」

　　這人會很後悔，說：「大櫃，帶上俺吧。」

　　漁把頭氣呼呼地說：「帶你？你看你，磨磨蹭蹭的，又沒吃奶的孩子！連個好女人都不如。」

　　這時，就算小股子再三請求，把頭也不能再帶他。

　　搶泡子是集體行動，就是「快」，一個人拖泥帶水不行。但這種搶的成功與否，又全靠把頭的領導「能力」。

　　全伙人到了冰上，把頭要迅速識別在哪兒鑿冰下網，全伙人都準備好，甚至運好了氣，單等把頭一聲令下。把頭識冰，全靠經驗。有時別看這兒有一夥人正在鑿冰，但把頭一看，他們那鑿法已把魚趕跑了，跑向哪兒？如果是東北風，冰的西北口處保準有魚被震撞到那兒去了。這時，把頭要問對方：

　　「來得早啊！」

　　「不早了，剛兩個時辰（兩袋煙工夫）。」他一聽心裡早已有數，魚群跑多遠，就有個大概，於是立刻領人上西北。

　　到了他約莫群魚走的地窩子，立刻手一揮說：「插旗！」

這時，打眼的二話不說，跟著抱旗的跑到把頭告訴的地方，立刻把旗插在冰上，開始鑿冰打眼，不許再問話，就是快幹。

那邊冰鑱子砸冰聲一響，這邊解馬、卸網、固定馬輪子，一切的一切要立刻開始，不允許有絲毫的怠慢。這種「搶泡子」，有時也是指漁把頭來得「早」不如來得「巧」。

漁把頭石寶柱屬豬，老家是北方平原大賚縣，他從十五歲起便在查干淖爾打魚。

捕魚是寂寞的生計，夏季船躲風，人窩在灣子或網房子裡；冬天漫漫長夜，網房子裡太寂寞，於是唱戲也就成了打魚人的愛好。

打魚人也是人，也有生生死死和恩恩愛愛，於是講故事，說老話（傳聞），哼幾句戲文，就成了他們打發日子的方式。

打魚人，罪沒少遭，可也挺好。走到哪兒，安上鍋，網一掛，煎魚、燉魚，酒壺一拎。這就是打魚的。

可是，打魚的太玩命了。

這叫：三面朝水，一面朝天，天沒把，水沒底，下去就完。

他們常說：有心要把江沿離，捨不得一碗乾飯一碗魚；有心要把江沿闖，受不住西北風開花浪；雙手抓住老船幫，一聲爹來一聲娘。

有的人，冬網上不去（身體不行了）只好貓冬。冬網，那是玩命，是拿命來換錢使呀！

冬天，炮煙兒雪在荒甸子上奔跑，四野無遮無擋，可打魚人還得出屋。

荒年亂月，魚不值錢，有時又凍又累幹了一冬只剩下半條棉褲。

冬季，在風雪中凍著，就想死了算了。天底下誰知道打魚人在這兒遭罪。世上什麼都好，就屬打魚的遭罪，走遍千山萬嶺，好像充軍發配，冰上洗臉，雪上睡，穿的是破皮襖，蓋的是麻花被。這就是查干淖爾打魚人的一輩子啊。

老漁把頭說，冰是我的大炕，雪地是我的院子；魚也可憐，那是我的兒子，它們一代代地出，我領它們走，走上茫茫的雪野。有時一閉眼，就是一個

夢，夢見俺也是魚；一會兒在冰裡竄，一會兒在冰雪上翻個子。有時我想，我不如人家魚。魚兒還能在水裡獨立自在地游游，我呢，是生活把俺放到風雪呼嘯的雪原上，一輩子一輩子地奔勞，北方黑土地上的大江沿，就是俺安身的永遠的家。

老漁把頭說，查干淖爾，我閉著眼也能知道東南西北。我坐在冰上，用鼻子一嗅，就知道哪兒是大布蘇方向，哪兒是陳字井，哪兒是新廟，哪兒是青山頭。這兒的雪、冰和地氣，都和我熟了。

三、看魚花

嚴冬，古老的查干淖爾冰面閃著灰色的光澤，那是天空的烏雲把白雪塗成了灰色，如果太陽不出來，一冬天都是這樣。老北風一起，茫茫的冰面上灰濛濛一片，什麼也看不清，怎麼能分辨出魚在冰下的位置呢？

但是，查干淖爾的漁民有辦法。這兒的古語說：人知魚性。這話一點兒也不假。魚兒生活在水中，它們其實最識水性，人要知「魚性」，必須先知水性。在查干淖爾這樣大的水域之中，老漁把頭找魚，先要掌握水。首先，他要牢牢地記住，夏秋季節，泡子裡哪個方位、哪個地方漲水，哪兒潦了。漲水、潦水魚兒都有變化。水一大，魚走盡了；而水深處，常常是魚越冬時喜歡的居住之地。在夏秋時漁把頭就要記住這一切。第二就是仔細分析泡子上凍的時間。查干淖爾封泡（水結冰稱為封泡），每年時間並不一樣。封泡早與晚，完全與風有關。如果是東北風封的泡，冬捕時就往偏南的泡地選窩子，因東北風往往把魚「趕」到了南邊一帶；如果是西南風封的泡，則要選東北方一帶挑選泡窩子。當然，還要看「封泡」那一夜刮沒刮雪，雪片落泡，影響魚的一冬天選位。所以冰面上某處積雪的深淺、薄厚、大小，都與魚的多少有直接關係。第三要看坡。坡，指坡度。查干淖爾的湖底往往和平原土地一樣，也有高矮坡地之分，而魚喜歡在坡下一帶居住。冬天，魚的活動能力低，相比夏秋，它不太愛遊走。因此它們往往喜歡找水深的地方，那兒的溫度高些，坡地擋水守

水，所以是它們理想的居住之處。

　　接下來就是會看「魚花」，也叫「看花」。魚花，又叫魚泡泡，是魚喘息時出的氣。在冬天，魚喘出的氣會在冰中形成一層一層的泡，這叫魚花，說明這兒冰底下有魚。

　　而魚花又分「新花」和「舊花」，「舊花」又叫「老花」。新花，是魚剛吐的，或昨晚上吐的，特徵是這些「花」在冰水裡還在晃動、晃動，說明有魚群，老把頭正好可以指揮人在此鑿冰下網。而舊花，是指那些已凍結在冰層裡的泡泡。這些「花」一動也不動，說明魚群已經過去了。不懂魚性的人才會在「舊花」處鑿冰開眼。

　　「花」還分多種，有一種花稱為「草花」，把頭會一眼認出。草花，是水裡的草吐出的「氣泡」。冬天草一凍也會吐氣泡，稱為「草花」。而草花的特徵是一冒到頂，形狀是一串一串的，被漁民稱為「串泡」。魚花則是一層一層、一片一片的，有明顯的區別與特徵。這些「本事」都是老漁把頭的看家本領。

四、雪網匠

　　在查干淖爾西山外屯漁獵部落，捕魚人都要會雪網。漁把頭又是雪網匠。

　　雪網，就是用豬血來煮網。雪過的網，就不容易爛，扛使。出名的雪網匠漁把頭願意要。

　　雪網有很強的技術性，而且用血量很大。往往要派人到鎮子上的屠戶那裡去買血來雪網。漁民們織好網後，先要用牛車拉著大缸或罈子到鎮上去。屠戶們也都認識打魚的。一見面他們往往問：「來了？」

　　漁民說：「來了。」

　　「拉吧？」

　　「拉吧。」

　　於是，根據網的大小、網的多少，開始往車上裝豬血。一趟大網，往往要

用一缸的豬血，少了浸不過來，這樣網不好使。

雪網前，先找來一口熬鹹的大鍋（查干淖爾一帶的漁夫們都有），在村外的草地上挖出一個大坑，裡邊壘上鍋台腔子，把鍋安上後，正好和地齊平。這時開始做「鍋鏡」。

鍋鏡，是套在大鍋上的柳條子編的鍋套。

東北平原盛產柳條（柳樹枝子），這是漁民們時刻離不開的用來做鍋鏡的材料。割來的柳條子，按鍋的大小，編出一個比鍋大一圈兒的「鍋」，套在大鍋上叫鍋鏡。這個「鍋鏡」，一人多高，坐在鍋上，四外用泥一抹，把鍋套住。

這時，再用柳條編一個大簾子，放在鍋上，把用豬血泡完的網放在這個簾子上，然後再蓋上蓋兒，用泥一抹一封，開始燒火。

鍋裡的水嘩嘩開了，網在簾子上被熏，這就是「開雪」，也叫「蒸網」。水開了，網蒸熟了。大約經過十至二十分鐘，立刻停火。在此之前，蘸過血的網，已經在草甸子上晾乾了，現在經過一蒸，血已經滲進繩的纖維裡去，這就叫雪網。這樣「雪」出的網，打魚時好使，而且出水就乾，是索網。吉林東部江河一帶的漁民也有不雪網，只用「白網」的習慣。而麻網和線網都得雪，雪後不但改變了網的顏色，也增加了網的壽命。雪網的過程，就像一場古老的戲劇，在北方的平原上，在查干淖爾漁夫中一代一代地流傳。特別是在涼秋季節，北方草原陽光充足，風也清涼。剛剛蘸完豬血的網，鋪撒在平原草尖上曬，網一片片地在陽光下閃著亮光，很有韻味。

還有的人家喜歡用「豬尿脬」來裝血，這樣便於收集和貯存豬血，然後將網放進裡邊去揉搓。這其實是一種古老的民間工藝，也是打魚人必須要會的一種手藝，而每一家都是雪網老作坊。

五、燒鉤和擠鉤

打魚的人用鉤。

在查干淖爾，漁夫們的捕魚鉤是燒出來的，而且要用醋來浸泡。

先把鋼絲按在模子（坯子）裡，一個一個窩出（彎成）彎形，然後開燒。燒時，把窩好的鉤滿滿地裝進一個罈子裡，放在熊熊燃燒的火上，燒得那罈子變得通紅，紅得透亮，連裡邊密密麻麻的鉤都看得清清楚楚時，再把罈子架起來，放在一個木托上。

木托的下邊，是一個裝滿陳醋的大盆，然後人用鐵棍照準燒紅的罈子猛地擊去，只聽「嘩啦」一聲，罈子粉碎，又「吱啦」一聲，騰起一片霧氣，空氣中瀰漫著濃濃的熱味，鉤已全部落入醋中。這不禁使人想起古時干將鏌鋣的造劍。但干將那時是用「風」來淬火，而查干淖爾人的魚鉤是用醋來「淬火」，物件不同，方式卻同樣神奇。我問查干淖爾人為什麼用醋淬火，他們說不知道，只是祖上都這樣，他們於是也這樣。但從科學上說，醋淬火是酸醋淬火，這樣會使冷窩的鋼魚鉤更加挺硬和鋒利，這也許是查干淖爾人的創造與探索。

擠鉤又叫「系鉤」，是指拴鉤。

在一般人看來，這是一件很平常的事，可是在查干淖爾，這擠鉤繫繩卻是一道絕活。擠鉤是指繫抹食鉤上的扣。扣，就是繩套，套扣怎麼繫，怎麼拴，很有說道，不然繫不好，拴不住，一扯就開。這種鉤是片鉤，一片二十個鉤，一套片上要一百多個鉤，個個要打釦子。繫這種鉤，全靠「心」勁兒和「悟」性。繫時，用大拇指和二拇指捏著繩經，手腕子向前一走，立刻收回，下手往右一掏，兩個手指頭再一壓，扣就出現了。出現後，四個指頭同時拉緊，這叫「收」。收的時候帶有實驗性，試一試緊不緊，開不開，然後再往「鉤台」上拴。這時的本領是第二個階段，套上去立刻拴好，不然舉著累死你。

擠鉤全用小細經麻，繩硬實且又皮實。那鉤經過磨和銼，得到「開磷」（東北土話：使之銳利），加上繩細，很不容易繫，這全靠手藝。老擠鉤的一天擠上百，小擠鉤的擠不上十個八個還往往開扣。這真是查干淖爾的一項古老的捕魚手藝。

有時，我簡直不敢相信自己的眼睛。記得世界各地孩子們都玩一種遊戲叫

「翻繩」，兩個人在手上掏出一個繩套，雙方互相翻著，變化出「蝶兒」「小燕」「槌子」「網片」「手絹」什麼的。可那是些稚嫩的孩子們的小手。而在這兒的捕魚部落裡，那些七老八十的老人們，那些看上去笨手笨腳的老頭兒老太太們卻能拿出兩條或一條的細麻繩，用他（她）們結滿老繭子的手指頭，靈活地「擠鉤」「繫繩」「編花」「繫朵」。不是親眼所見，簡直難以相信。

六、繩　匠

在查干淖爾，漁民要會各種手藝，除了雪網，還要打繩。打繩又叫打麻繩。由於捕魚用的各類繩索較多，打魚人買不起現成的繩，就得自己打麻繩，所以漁民又是繩匠。冬捕雖然從冬季開始，但在西山外屯一帶其實是一年四季都在為冬捕準備著、忙碌著。打繩往往是在深秋初冬或早春的季節進行。

每年早春，忙碌的冬捕已經結束，湖上的冰雪在悄悄地消融。雪由白色漸漸地變成灰色，空中整日散發著濛濛的潮氣，打繩的日子到來了。在湖邊或在村頭的開闊地上，漁夫們三五個人為一夥，雙手握住繩車子的老木幫子，腰和屁股朝一個方向拚命晃動，胳膊也使勁兒地掄開，俗稱「叫勁兒」，由一個人「續麻」「編股」。這就是打麻繩。

春季的查干淖爾，天還是出奇地冷，可查干淖爾漁夫們卻集體在寒冷空曠的荒原上一齊扭著腰身，一齊叫喊著給繩車子上勁兒打麻繩。

聲音是：啊呦！啊呦！

很好聽，卻又非常單調。可是這卻使沉睡了一冬的查干淖爾熱鬧起來了。

打麻繩所用的工具主要有這幾種：繩車子、枴子、瓜（又叫走瓜）、搖板子、撈子等。

繩車子是主體工具。兩個大架，一邊一架，一米多高，用粗木製成，上邊的橫樑處有眼，便於打繩時固定。

枴子是安在繩車子上的活動的橫樑，又叫「拐木」。這是打繩時由繩匠雙手把握的工具，靠搖動它來上勁兒，又叫「叫勁兒」。

瓜，又叫「走瓜」，放在繩車子上的麻經中間，用繩子的「勁兒」（擰）來推動的工具。勁兒走到哪兒，瓜走到哪兒。

搖板子是一塊木板，上面帶三個眼。麻經從這裡發出，送往「瓜」走的線上。它靠著搖把枴子，可以活動。

撈子是「拿」繩的用具，便於繩的收、卷等過程。

打麻繩的整個過程是先把麻披紡成經子（小細繩），然後一團團地分好。上繩車子時每三個為一「革」（也叫一擰），用繩車子來「革」，三個搖把子一齊使勁兒，但不朝一個方向。這樣繩子才擰成勁兒，用勁兒去推動「走瓜」往前走；三個橫勁兒走到哪兒，瓜就走到哪兒。要注意的是千萬別前後一起使勁兒，不然「隔」（合）不上。前邊三個人搖，後邊一個人搖，看哪個「披子」（合成勁兒處）鬆不鬆；如鬆，哪個「鬆」，再搖哪個。

漁民繩匠打繩千萬要精細，尤其是「網梗」（就是拖網的大掏），和別的繩子不同，它要的是「外勁兒」，一般的繩匠幹不了。外勁兒，是指打繩人外邊的要往左使勁兒，裡邊的要往右使勁兒，不然就會使打出來的繩出鉤鉤，這叫「打背幾了」。

打背幾了，是指麻繩匠的手藝不中，丟人，而且這種繩根本不能使；兩個鉤鉤碰到一起，撒網時繩「打架」，這叫不順氣。

打背幾又稱「疙瘩套」，就是指繩出疙瘩。有了疙瘩，不順利，不順暢，不吉利。從此這個繩匠就再也無人請他，把頭也不讓他入夥。

七、穿草鞋

在查干淖爾，冬季捕魚網上冰前，要先選出領網的。領網的人往往被冬捕的人稱為二把頭。顧名思義，領網，就是指帶領這夥人在冰上實際作業的人。

當把頭觀察完下網點，他還有諸多的事情要做，什麼賣魚呀，接待來客呀，都由把頭去做，於是冰上的活就交給領網把頭領著去幹。

領網把頭要懂得捕魚各個環節中的俗規和技術，比如需要「穿草鞋」或

「摘掛子」時，領網的要及時發現，並組織和指派「小打」也就是「跟網的」去處理。領網人，心眼要正，一碗水要端平；該誰的活，就由誰去，不能看人下菜碟。不然時間長了，他在冰面上沒有威信，跟網的就會和他有二心。

冬捕中有一個名詞，叫穿草鞋。這裡的草鞋其實不是真草鞋，而是指穀草捆、穀草把。冬季冰下捕魚，是技術性很強的一種漁獵活動，要把偌大的網在冰層下展開，而送網要從事先鑿開的冰眼（冰洞）下網，用一種叫「扭矛走鉤」的桿子，在冰底下往前送。由於冰下的泥地都不是一碼平地，有時就是草根、樹杈、石沙、高岡或大坑，不利於網的送運，就得「穿草鞋」。穿草鞋其實又叫「拴草鞋」，是指在網進入到這樣的地段時，在網邊底綁上一捆捆穀草，使網在冰層底下的塘泥上便於滑動。於是穿草鞋就成了捕魚過程中的一道絕活。

在網由冰眼下到冰底時，把頭在「青口」或冰面上來回走動，觀察網運送的速度，一旦發現網走得慢了，就知有不順暢的地方了，於是就大喊：「穿草鞋！」

把頭的話，就等於命令。這時，專門有一個叫「打串聯」的人，答應一聲，立刻抄起「串聯桿子」（一種五米至十米長的桿子，頭上有一個尖，頂上帶個鉤）把一捆穀草鉤在上面，然後從出問題最近的網眼下桿子，將桿子和穀草捆對準那兒的網扣，手腕一打，桿子帶著穀草捆順直往前運行，並準確地墊在網下的不平處。這就叫「穿草鞋」或「拴草鞋」。查干淖爾冬捕漁隊中有諸多的打串聯鉤「穿草鞋」的能手。這些人一要迅速理解漁把頭的意圖；二要及時判斷網在冰層下的複雜情況；三要會用腕勁兒。

這「腕勁兒」又稱「腕功」，是指你在拋出桿子時，帶著穀草捆的桿子一定要在冰層下通暢運行，而且到了掛草鞋的地方，桿鉤一定會與草捆自動脫離，不然不但送不好草鞋，還會影響網的整體運行，這就全靠手勁兒了。

為了練打串聯桿子的本領，查干淖爾人平時就玩「串老頭」和「打瓦」，這都是科爾沁草原和湖泊一帶牧民和農村人人喜愛玩的一種民間遊戲。漁夫們

往往從很小就接觸到了這種活動。「串老頭」是用樹條或高粱稈做用具，比誰能在五米或十米開外的土地上，用這種東西射向遠處的土坯，射偏者為輸，射準者為贏。「打瓦」玩法與此相似，不過用具往往是土坷垃或石頭，通過拋、撇來擊中目標，以決輸贏……這一切活動，從小就練就了查干淖爾漁夫們捕魚時使串聯桿子「拴草鞋」的本領。

八、摘掛子

東北平原的冬魚是那麼的鮮美，可是魚兒卻是打魚人用命換來的，其中摘掛子就是一種玩命的「絕活」。

上面說到，往冰層下送網，並不是很順利，如果單單是冰層底下不平不滑，「穿草鞋」也就解決了，可問題是有時不是穿「草鞋」就能夠解決的，那就是網在冰層底被樹根、樹杈或石頭死死地刮住，必須要有人下去處理才行，這就是漁民俗語說的「摘掛子」。

古老的查干淖爾，流傳著許多動人的傳奇。

有一年，東風漁業隊老北屯漁業組的一個網隊開進了大湖。鑿開冰眼，網下了一半就卡住了，把頭命人下了八套串聯桿子，網還是紋絲不動，這時把頭喊：「摘掛子！」他的話一出，冰面上一片沉寂。

按以往的規矩，這摘掛子是誰頭一年進網就是誰，可偏偏這年剛來的是一個叫五亮子的孩子。這孩子家在大安北，從小沒了爹，初冬娘得病，死時他向棺材鋪賒賬，說這一冬跟套子掙錢還款，這才進了老北屯漁隊，那年他才十六。

一聽漁把頭喊摘掛子，他嚇得直往爬犁架子後頭躲。

漁把頭楊老三說：「你躲也沒用。這是規矩！」

五亮子死死地攥著爬犁架子，哭著說：「俺還有三個妹妹呀，俺一死，欠人家棺材鋪的錢還不上，我這個當大哥的，不能眼瞅著妹子去頂賬呀！」

他的話，說得大夥都落淚了。

這時，漁把頭楊老三的本家領網的孫德來說：「把頭別逼他了。俺下！」

隨後，他對大夥喊道：「還愣著幹什麼？快去準備棉被！」

說完，他不等大夥回應，自個脫掉棉襖，摘下棉帽子扔在冰上，回身一個猛子扎進冰眼裡去了。

北風在空曠的冰雪湖面上吹刮著，陽光照耀著冰面上的破棉襖。五亮子突然從爬犁後面衝出來，撲在孫德來的衣服前，「撲通」一聲跪下去，叫喊著：「大叔——！俺不會忘記你的恩德呀——！」他抱著冰面上的棉襖哭開了。

摘掛子的人不但要水性好，而且還要會在冰層下換氣。同時動作要迅速，因為戶外的氣溫已下降到零下四十攝氏度了，冰層下的水溫也在零下呀。時間一長，人的心臟功能減弱，血管溫度降低，人就會窒息而亡。而人一旦出水，上面的人要立刻搶救。先是把人用棉被一裹，立刻扛到網房子裡去，但一定不能馬上烤火。因這時人的肌肉和皮膚已經凍結，烤火加熱就會脫落，血管和肌肉壞死就不可救了。有足夠冬捕經驗的查干淖爾人一見摘掛子的人上了冰面，要立刻將此人用棉被捲上，扛到網房子外屋，展開棉被，先用白雪給凍昏迷的人搓身子。

搓時，要先搓胸口、手腳和耳朵。因胸口不搓熱，心臟就會在短時間內喪失功能，不能調動周身的細胞使人復活；而手腳和耳朵，都是人體的神經末梢，動作稍慢點兒，這些部位馬上就變黑，血液凝固，從此爛掉。

經過一陣凍雪猛搓，人才會有了知覺。這時，還不能馬上抬上炕去，還要接著幫他活動手腳，並給他灌上微微一小盅燒酒。當他臉上有了點兒血色，再立刻抬到火炕上去。

所謂領網的處事要正，這在今天集體漁業捕撈過程中有許多方面體現得已經不太明顯，而在從前，各「小股子」（跟網的）統統都是自己帶著捕魚工具前來入股，下網時怎麼使，怎麼用，完全由領網把頭說了算。特別是網從冰眼裡拖出來時要迅速洗淨，然後上垜、碼好。不然時間一長，網容易凍，壞得快，這就費網。

所以領網的把頭指揮哪片網先疊快碼，誰先幹哪塊活，都是很有說道的。冬網的集體勞作使分工越來越細，這使得一夥冬網誰也離不開誰，大家相互制約，又互相發揮著作用，於是促成一種文化和規俗按著一種地域和捕魚行業的道德觀念完善和傳承著。

九、跟網的

跟網，就是指直接操網的捕魚人。

這是一個冬捕網隊的主要勞力，其中又有許多詳細的分工。一張網三二十丈長，頭前的大繩叫「大掏」，要由專人將大掏遞給馬輪手，拴在馬輪上拖拉。大掏兩側是「網翅」。如果打串聯網，網翅兩邊必須一邊八個跟網的；如果四個網，頭前就得十六個人，這些人被稱為拉套的，又叫「拖套的」。他們的任務是把剛從冰洞中緩緩出來的網緊緊拖住，順著向馬輪的方向拖去。

冬季，冰面上奇寒無比，出冰的網如不迅速倒向一方，往往就打卷拖壞，這活要麻利。同時，拖網的還要摘魚，就是把掛在網上的小魚小蝦什麼的，一個一個撿淨。這一是使網乾淨，保持清潔，同時也是防止網上的魚蝦在夜間招引野狼野狗前來撕網，保護網的安全。跟網的還要時時修網。

網在冰下作業，往往會被石沙、泥塊、樹根、草杈子刮壞。有時會被魚嘴魚鱗劃斷，有的魚也咬網扎網。這樣，時時補網就成了跟網人的活計。跟網的人每人兜裡都揣著線繩和補網的工具，一旦發現出冰的網破損，要立刻修補。

這些活計都要由跟網的小股子幹。

十、小股子

小股子是冬捕網上最普通勞力的稱呼，就像學徒工或是「小打」一樣。「股」，指一個勞力、一個「股份」之意。因從前打魚都是一夥人互相湊在一起來進行，這就有各自帶來的工具的不同、人的名望的不同、年齡的不同、能力的不同等，所以把整體利益所得分割成若干「股」，於是一個基本勞力就算一個「股」，分解到一個人就被稱為「一股子」，所以一個基本勞力就叫小股

子了。

小股子在冰上作業也有分工，主要是網隊上的力氣活和雜活，不帶多少技術性，都由小股子去完成。比如說冬捕冰上最多的活計是「拉套網」，就都由小股子去幹。

拉套網，又叫「拉套的」，是指當網從冰眼裡出來時，大掏的一頭由馬輪子拖，而網邊和網身要時時有人去拖拉和保護，這就由拉套小股子去做，俗稱拉網小股子。還有什麼「跟馬小股子」「鑽冰小股子」「抄魚小股子」等，總之，網上方方面面的力氣活，都由他們去幹。

小股子是一個漁把頭的童年的寫照。

就是說，每個漁把頭都是由小股子一點一點「熬」過來的。開始當小股子，然後當跟網的、領網的，最後才能當上把頭。如果連小股子的活都幹不了，那這個人是一輩子也當不上漁把頭的，這就叫多年的媳婦熬成婆。

提起查干淖爾冬捕，漁把頭楊鳳清說他當小股子的故事一輩子也說不完。

他從十四歲開始打魚，過去叫「拴人家網綱」，幹小股子。有一年他牽一匹馬，算一個股，自己掙一個股，上冰去三天，穿個大皮襖，三天回來把皮襖丟冰上了，累得上不去網房子炕。第四天頭上，打大網的把頭看他小，說：「這孩子挺靈，在廚房噹噹小打吧（幹零雜）……」

那時，東家有時也得聽漁把頭的，於是也就同意了。開始，他留在大廚房。網房子有兩處廚房，一處是大廚房，一處是小廚房。大廚房是給小股子們做飯的；小廚房是專門給把頭、東家、領網的和來買魚的老客做飯的。頭一天挺好，第二天打魚的從冰上回來了，進屋就問：「昨天誰蒸的蕎麥卷子？」二師傅說：「我……」

話沒說完，冰上的小股子們一個個從懷裡掏出凍得梆硬的蕎麥卷子，叮咣地就往二師傅身上打，打得他上炕鑽大櫃裡去了。原來，昨天的蕎麥卷子沒蒸熟，生了。這些小股子們沒吃，都揣懷裡帶回來打二師傅來了。

這些打魚的都生氣，邊打邊罵。

他歲數小，哪見過這個，嚇得直哭，從人縫裡擠出來抱著頭跑到小廚房去了。

把頭一見他哭，問：「哭啥呀？」

「打冒煙了。」他把事情經過說了一遍。

「打你了？」

「沒有。可我害怕。我要回家！」

把頭二話沒說，穿鞋下地去了大廚房。將那些「鬧事」的小股子們一頓臭罵，好了。從前就講究罵，把頭以他的威風壓人。沒威風的人當不了把頭。把頭回來了，見他還在哭，說：「今兒個少打了一網，送飯的卷子蒸生了！別哭了，沒你的事。」

他說：「我不幹了，牽馬回家。」

把頭說：「你家老遠了。能找著嗎……」

把頭這麼說，也是真的。當年，他是和叔叔、表哥一塊兒從河北吉頭鎮闖關東來東北，如今他們幾個都分開了，如果回關裡，真是又遠手裡又沒有盤纏（路費），可是他嘴硬，說：「能找著。我和老客拉魚車走……」

把頭說：「當初是你哥把你託付給我。這樣吧，你上小廚房吧。」二把頭對他說：「老兄弟，你就好好地幹，一定照顧好老客。」把頭叫張久齡，此人黑白兩道都通，二把頭管後邊的事，也是網上的「要人」。

他每天就一心一意地給拉魚的老客點煙上茶。這天一早，張久齡說：「老兄弟，明個買點東西。」

「買啥呢？」

「買兩袋梨、兩包煙。再買幾塊肥皂，三兩條毛巾！再買兩斤茶葉。」

他問：「錢呢？」

「賬房拿錢。」

他當時挺害怕。心想，錢拿不出來不得算我的賬上嗎。把頭看出來了，說：「你放心，不放你賬上。」

於是他就去賬房支錢，交給拉魚車上掌櫃的了，說：「麻煩你明個上大賚去，給捎回來吧！」從前這種拉魚的車子叫「冰車子」，整天來往於冰上和集上魚市。

第二天，冰車子回來了，把買來的東西交給他。張把頭說把手巾肥皂放外邊，剩下的東西放後屋了。網房子後邊有個倉庫，先生叫吉剛，給他一把鎖頭，叫他把小櫃鎖上了。在他們網房子的小廚房大炕上，一共住了十來個買魚的各地老客。第二天早上，他早早地給他們打來了洗臉水，熱呼呼地端到當間馬凳子上去，看他們洗完了，又把手巾遞過去。

老客們一個個舒舒服服了。他又給老客們盛飯、倒茶水，一個一個的，伺候得好好的。這天晚上，他給老客拿個泥盆緩了一泥盆凍梨，又沏上茶水，給各位端上去了。

老客們喝著茶水，吃著涼瓦瓦的甜凍梨，抽著煙捲兒，一個一個的樂了。

老客們樂了。這個說：「小嘎子（小孩）不錯呀！」那個說：「這小嘎子有眼力見兒（會來事）！」他天天這麼維護著這些老客。這些老客們也每天趕集把魚運出，又返回來。他們回來時兜裡有了錢，就賞他「小櫃」（小費）。「來，小嘎子！給你拿著。」有的賞一百，有的賞八十；這個給個帽子，那個給拿條煙或糖塊什麼的。

而更主要的是他們的魚都被這些老客買走了，這是打魚的「交老客」。

轉眼間快到年跟前了。這時，跟網的、把頭們一個個的看他有「花紅」（外撈）了，就開始有點兒「眼紅」（妒忌）了。

有一天，他們從外邊走進來，一個個的梨也要吃，煙也要抽。沒法子，他都得給，都得答對，都得開付。但是，表面看他還有些積蓄。

最後，一冬天過去了，冬網結束了。這四十多天，他掙一個股，可最後一分好像比「跟網的」還多一些，其實主要是外撈。

扣網（停網）那天，煙還剩兩箱半，他用一個手巾兜著往回走。這時，李把頭說話了：「小崽子，這點玩意兒你別獨吞了！」說著，把頭上手了。其

實，他沒掙著啥，他就是把這些煙都算上才是掙。可是把頭把他的煙分給大夥了，什麼「張三！給你！李四！給你！」凡在小廚房吃飯的都有份。等張把頭從冰上回來，他已經落了個精光，站在門口哭。

打魚打魚，網房子就是一個世界：啥人都有，啥事都能遇上啊！

十一、馬拉子

馬拉子，就是冬季捕魚趕馬輪的人，又叫「餵馬的」，這也是一夥網隊裡非常重要的角色。北方平原把馬兒養得渾圓而健壯，馬對這裡的人有一種與生俱來的依賴，馬和與它生活在一起的人是很熟悉的。這是因為像馬拉子這樣的一些人都瞭解馬。在北方，瞭解馬，就是瞭解人自己。首先馬拉子要會「挑馬」「相馬」，所以人們往往又管馬拉子叫馬販子。

從前在東北有許多大的馬市，如范家屯馬市、老黃龍府（農安）馬市、前郭爾羅斯馬市等，在冬捕到來之前，這些馬市「開市」。這時，馬拉子要立刻去集上挑馬相馬。

馬輪子上使用的馬講究個頭不太高，但要那種腰脖粗壯有力的蒙古馬，這種體型的馬喜歡在馬輪的套子桿下奔跑。說馬拉子是馬販子這話一點兒不假，他們精通「相馬」的各種技術。如：

一看口齒毛色，

二看身腰蹄腿；

三看五官槽口，

四看前襠後腚。

什麼《選馬歌》《相馬謠》他們都背得滾瓜爛熟。而且他們要懂得馬市上的「袖裡吞金」（就是指不用嘴進行講價，而是兩個人袖筒對袖筒手指頭在裡面捏價），行話叫「捏嘎」。捏嘎時如果買方給五百元，賣方嫌少，不說少，

而說「這個價打不開」；如果錢給到價，就說「打開了」。

在查干淖爾，到處流傳著馬拉子相馬的故事。有一個老漁把頭叫梁喜山，從前就是選馬的好手，一次冬捕前他到大賽馬市上買馬，一個馬販子見他是鄉下人打扮，一匹不怎麼樣的馬開口要了個「天價」（就是馬市上欺行霸市的人，他要個價，別人不敢超過他），可是梁把頭硬是不聽那個邪，他說：「這個數你打不開！」

那人說：「如果能打開呢？」

他說：「如果能打開，我躺在地上打個滾變成個兔子讓你牽著走！」這話使那人震驚。這話也讓梁把頭說著了。由於對方要的價太高，一直到天黑快散市了馬也沒出手，最後還是讓梁把頭把這馬買來了，從此「梁馬拉子買馬」出了名。

馬拉子不但要會選馬，還要會「使馬」。冬天馬在冰上拉馬輪奔走，十分不易，首先馬拉子要心疼馬兒。

趕馬輪的人講究會使鞭，他往往通過吆喝和揮手、踹腳，用胳膊去碰等聲音和動作，來給馬以快、慢、緊、緩的拉動信號；他一般不使鞭子抽馬，他往往在馬頭和馬耳朵的上方甩動響鞭，以此驅動馬奔走。

冬季冰上趕馬，不同於馬在路上拉車或犁地，這是使馬轉圈兒走，而馬拉子又和馬緊緊地靠在一起，所以他非常熟悉各匹馬的力氣和脾氣，並且他要時時地注意，自己別被馬踩著，要學會「躲」。再就是馬拉子一定要會餵馬。

馬拉子又叫「餵馬的」，這是有道理的。這些馬拖著上千斤的分量整日在冰上奔跑，體力消耗很大。套子馬講究吃好喂好，夜間馬拉子一定要起來泡一盆豆餅水讓馬喝了，以便增加馬抵抗嚴寒的能力。對於那種不懂馬不疼馬的馬拉子，冬捕的漁把頭堅決不要。同時，馬拉子還要會打串釘掌。

打串釘，又叫掛串釘子掌。在查干淖爾是指給在冰上拉馬輪子的馬褂掌的一種絕活手藝。查干淖爾的漁夫們個個都是使馬養馬選馬的能手，他們深知馬的習性，也特別知道疼馬。查干淖爾的馬和別處的不一樣。這兒的馬，冬季在

冰上拉網奔走，它們的腳上掛著的掌不是皮掌或鐵盤掌，而是一種叫「串釘子」的掌。

在這兒，鐵匠爐的鐵匠們不用問，只要是冬季牽馬來的人，他們知道是上冰。給上冰的馬掛掌，就決定了鐵匠的手法。串釘子掌叫「掛」，掛是馬蹄子的鐵盤，先打上鐵盤，到冰上一走一磨，串釘立刻出現，咬在冰上「嘎嘎咔咔」地響，就成了串釘（或叫「攢丁」）。

這種絕活，只有查干淖爾的鐵匠們會，而大多數漁把頭也會。不然就得花錢去打。為了生存，漁把頭們什麼活都學在手，這種絕活的技藝在「掌葉子」上。掌葉子是釘在馬蹄子上的「盤」，葉子半殼裡打上掌釘。當拉馬輪子的馬在冰上一使勁兒，那串釘立刻出來咬住了冰，使馬在冰上不打滑，蹄能咬住亮冰地，使勁兒地拉網拖掏。等一趟網下來，要立刻給馬換掌葉子，這一換，直接把串釘帶下來了。但如果手藝不好的鐵匠或漁把頭，把串釘鑲得過深或過淺，不等馬走到網眼就露釘子，這就不是好手藝。

掌葉子的串釘為三角形，帶膀帶翅。給拉馬輪子的馬換串釘掌，都得老鐵匠或老漁把頭親自去幹。

十二、看守網棚

冬捕，從鑿冰下網到起網，往往需要漫長的過程，於是夜裡冰面上就要留人看守網棚。寒冷的冬季，茫茫的冰面，空蕩且荒涼。鑿開的冰層已透了氣。魚的氣味已濃濃地升起來，瀰漫在大地的空氣裡，連冰塊和雪花中都飽含著魚的鮮嫩氣味兒，於是魚鮮氣息招來許許多多的「不速之客」。本來冰面已經沒有了魚，因為當天網上的魚當天就拉回漁場去了。可是，一些小的魚，或摔掉的魚肉碎片，以及沒有運走的網上掛著的小魚蝦，這些都成了冬夜四處覓食的動物們的目標。

覓食本來是世間一切生靈的合理行為，可是查干淖爾冬夜裡的這些不速之客往往在尋找吃食的同時，不是撕碎了網片，就是扒破了「上網」的「青口」

（出網的地方），使第二天的捕魚無法進行。於是看守網棚的人必須在夜間防守這些野獸。

查干淖爾冬夜，冰面上的不速之客主要是狼、狐狸和野狗。傍晚，夕陽沉下雪原盡頭，四野漸漸黑暗起來，這時它們出現了。狐狸和野狗膽子小，而且顯得謹慎，看守網棚的人往往使一桿扎槍或點燃火把就能嚇走它們。最難對付的是狼。

查干淖爾草原上的狼的凶狠和狡猾是出了名的。它們往往和看守網棚的漁夫動腦筋比毅力，這也許是查干淖爾狼的特點。為了看守網垛和出網的「青口」，網棚統統搭建在離「青口」很近的地方。

天黑以後不久，當偌大的查干淖爾冰面上寒風吼叫的時候，狼們便結伴而來了。

它們似乎早有分工。一些狼坐在冰面上，團團圍住網房子窩棚，一些狼就去「青口」那裡撿魚或去翻動網垛；待那些翻網的傢伙們吃飽之後，再來替換坐在冰上圍困窩棚的夥伴。查干淖爾冬季的寒冷，使求生的狼彷彿也變得十分乖順，它們能幾個時辰或一宿一動不動地坐在那裡「監視」著網屋的動靜，任憑寒風吹刮著皮毛，或屁股凍結在冰面上。

可查干淖爾漁夫有專門對付查干淖爾狼的辦法。

看守網棚的人首先要選出上好的狗並攜帶鐵丸火槍，那是漁夫們自造的杏木疙瘩老槍，噴射力很強。守棚人一定要在眾狼中一眼就認準哪只是「頭狼」，然後使老槍一槍擊准它；它一跑，眾狼便隨著撤去了。

看守網棚對付野狼那是在一些神奇的夜晚。

據說有一次，冰上的作業組起網晚了一些，到黃昏時，冰上的魚也沒拉完，於是就決定多留人在冰面上看守魚和網，和人同時留下的還有一條叫「白塔」的「圍狗」。查干淖爾管狩獵叫「打圍」，於是狗叫圍狗。這圍狗是一名漁夫花了大價從八朗的老獵手手中弄來的。白塔看上去有些笨拙，走起路來也是一搖一晃的，可是在守魚的那個夜晚，它一個對付七匹野狼，成為查干淖爾

人人傳頌的名犬。那天晚上，當群狼襲擊魚垛時，白塔在主人的帶領下向餓極的狼群猛撲，它終於把狼群擊退了，可是它的前臉被狼們撕下了一半，耷拉在下巴上。當黎明的太陽升起時，白塔跟著主人往回走，時不時地用前爪把掉下的皮肉扶起來貼上去。它昂著頭走進村落，漁夫們都掉下了眼淚。

十三、做飯的

做飯也被列入冬捕作業的重要分工之中。每一夥網隊在上冰前，都必須選好做飯的，這個問題在今天看來，簡直不是個問題，查干淖爾冰雪旅遊節期間，漁場食堂和飯店都二十四小時日夜煎魚燉魚，而且各家也都開辦了查干淖爾「魚館」，專門把香噴噴的魚做給來客。同時，在冰面上作業的人分班次回到漁場就可吃到熱乎乎的飯菜。可是從前卻不行，必須招專門的人來為冬捕的漁夫做飯。

網房子的飯分兩等，有大廚房和小廚房之分。

小廚房，這是專門為大把頭、二把頭和買魚的魚販子們預備的，裡邊有一鋪大炕，整天燒得滾熱，而且有炒菜。還要給長住的（如貓冬的鬍子、土匪）和買魚的「老客」預備香菸茶水。

大廚房就是專門給冰上作業的普通漁夫做飯的地方。這兒網房子大，牆上掛滿厚厚的白霜，外屋地的鍋灶上整日蒸著豆麵卷子。豆麵卷子是一種「硬食」，用北方黑土地上產的大豆壓成粉，摻雜進苞米麵蒸成，吃起來筋道，扛餓。還有黃米做成的豆包。一個菜就是白菜土豆燉粉條子，管夠吃。粉條是土豆澱粉做成的，是東北民間飲食特產。

但是，做飯的如果侍候不好他們，那可是不得了的事。每天，冰上作業回不來，到吃飯時，要由做飯的把飯給送到冰上網地。俗話說，冰上捕魚的小股子一個個在冰天雪地裡捕魚，渾身已經凍透，巴不得從心裡希望人們恭敬恭敬他，特別是在吃喝上能好好地待他們。小廚房的廚子講究刀工、火工和絕活，因為所有來這兒吃飯的都「急」，還講究菜的質量。有一年冬捕時期，青山頭

網房子湧來了十多個收魚老客，為了招待好這些人，漁把頭特意從「船廠」（吉林市）請來了名廚「半袋煙」。半袋煙大名叫胡一青，他的外號是自己起的，意思是世上所有的菜他只需半袋煙的工夫就給你端上來。可是在查干淖爾他差點栽了。那天，一塊兒來了五六伙買魚老客，他一個人上灶，有點兒招待不過來，有一個從遼北玻璃套子來的拉魚老客就罵上了：「咱們也是人，坐這麼半天連碗茶水都沒上來。走，咱不吃了，換地方……」說完下炕穿鞋要走。半袋煙一聽，事情鬧大了。因為在打魚的季節裡，得罪誰都行，就是不能得罪客人。於是他立刻迎上來對那位老客說：「大哥，您看我這客多也沒照顧好您。這樣吧，您看著啥菜好，您點，我半袋煙的工夫給您端上來……」於是又高喊一聲：「給客人上煙！」

小打立刻跑來給這位要走的買魚老客點上了煙。

這老客也就僵住了。人家這樣熱情，別走啦，可是為了挽回自己的面子，他點了一道「火爆活魚」。

菜名一出，炕上地上所有的人都驚愣了。冬捕雖然天天和魚打交道，但魚一出冰，往往很快就被嚴寒凍死了，就是活著也是「生命垂危」，但既然客人點了這菜，半袋煙只能一口答應了。他讓客人脫鞋上炕，這邊和小打去「青口」抱回一條足有四斤重活蹦亂跳的大魚，只見他先是用酒盅給魚灌下一盅白酒，接著一刀將魚從中間片開，把那有魚心魚鰾的一半平放在案子上，接著手托這一半迅速去鱗，按在案子上只幾刀就剁成數塊。那邊，大鍋已燒好，放上豆油，蔥姜蒜炸鍋，接著把魚塊往裡一放，「欻啦」一聲，香味四起，接著又放一勺豆醬。當老客脫完軋鞋剛要坐下，這邊一大盆爆炒魚塊已經端了上來，再看案子上，那另外一半魚的心還在微微跳動……

十四、魚店掌櫃

捕魚，就是為了賣。

一般的魚，捕上來之後就有老客直接拉走，或賣給集市上的魚店，而較大

的一些網隊自己有魚店。

那時，查干淖爾的捕魚隊在老扶餘、大賚、三江口、三岔河、沙吉毛吐（今洮南）、鎮賚、卜奎、江橋、平陽一帶開有大小不同的魚店，專門出售查干淖爾捕來的魚。

由於魚店掌櫃是整個冬捕漁業隊的最後一道工序的主要負責人，所以他的任務十分重大。他要兢兢業業，不至於把小股子們辛辛苦苦捕上來的魚賣賤了；他要熟練掌握市場行情，不被「吃魚市」（專門在集上騙魚店的人）的給糊弄了；他要一心一意，沒有私情，等等。總之，他得是一個明白的人，是一個精幹的人，這才能當上魚店掌櫃。他還得講究裝飾魚店和交人。魚店的店幌，就是「魚」，往往用許多大魚碼成一個「垛」，叫人離遠就能看見，叫「魚幌」。魚幌又分多種。有的是幾個大魚搭成「井」字架，說明有大魚；有時，把不同的魚交叉擺在一起，說明魚的種類齊全；有時，用那種長圓形的「魚筐」盛魚，一筐筐地擺放在魚店門口。或放「魚招子」，一種類似風箏的魚幌。

魚店除了成車地賣魚外，還專門賣「個魚」。個魚就是一條條出賣的魚。這往往是個頭大，一米以上的大魚。查干淖爾從前出過五百二十斤一條的大魚。這種魚往往賣給有錢的老客，或「送禮」。

送禮，指魚店為了打點地方上有頭有臉的人物，什麼縣長、保長、警察署長或朝廷的什麼人物，但要送這種魚，一定要用魚匣來裝。

就像從前老作坊送禮一樣，送禮的魚匣的做法也和果匣類似。做魚匣要找專門的土木匠，統統是做細木活的木匠。他們先要根據魚的尺度，量好然後下木料。魚匣兩側封死，兩頭露在外，上面是個蓋。魚裝進去後，頭和尾露在外面，這叫「搖頭擺尾」，表明送魚人的虔誠；上面的蓋是活板。魚匣身刷紅油，有的還畫上雲卷花紋，用繩子攏好，由兩個人或四個人抬著送去。

魚匣的蓋上有「禮單」，上面寫明是某某魚店所送。這是很講究的事情。

從前，每到冬捕節令，扶餘、前郭爾羅斯、王爺府、鎮賚、洮南、大賚、

安廣一帶的街頭，魚店一排接著一排，家家比著勁兒地掛魚幌、擺魚垛、打魚匣、送魚禮，真是一片紅火熱鬧。

晚上，則要掛魚燈。魚燈做成各種魚的造型，顏色各異，很有特色和趣味⋯⋯

神奇的漁獵工具

在查干淖爾這個古老的漁獵部落裡，最令人驚嘆的是那些千奇百怪的漁具，這些「傢伙」被漁夫們保存得十分完好，有許多是只有在「考古資料」和「出土文物」中才能見到的東西，今天在這兒卻實實在在地存在著，而且你可以觸摸，甚至你可以使用它。

使用，就是去親歷。親歷，就是去參與。就是說，你可以和人們一塊去冬捕。

人類所有的智慧其實都來自勞動和親歷。

人由猿（其中一說）進化為人，是因為從爬行到站立起來去活動，原始人逐漸學會了使用石器和木棒，於是「工具」，催化了他們大腦的發展，人的機體發生了質的變化，人完成了由動物向人的過渡。著名文化人類學家馬林諾夫斯基在《文化論》（費孝通等譯）中說：「人因為要生活，永遠地在改變著他的四周。在所有和外界接觸的交點上，他創造器具，構成一個人工的環境。他建築房屋或構造帳幕；他用了武器和工具去獲取食料，不論繁簡，還要加以烹飪。他開闢道路，並且應用交通工具。若是人只靠了他的肉體，一切很快地會因凍餓而死亡了。禦敵、充飢、運動，及其他一切生理上、精神上的需要，即在人類生活最原始的方式中，都是靠了工具間接地去滿足的。世界上是沒有『自然人』的。」生存環境是一種物質條件，是構成文化的重要方面，它又是生動的文化類別，是一種較深的「精神能力」。

一、麻　網

世上一切漁獵活動都離不開網。

在查干淖爾，漁民使的網叫麻網。麻網是用麻的纖維來編制而成的。麻，本來是北方平原上一種常見的植物，它喜歡生長在田間地頭上，又分花麻和線

麻。花麻又叫寬葉蕁麻，土名哈拉海，夏秋季往往散發出一陣陣濃郁的藥香味兒。查干淖爾草甸上生長著成片的這種蕁麻，漁民常常把這種植物採來，熬水喝以治驚風，可解毒並通風。特別是捕魚寒苦，這種植物可袪風濕。而線麻又叫大麻，長得很高，出土不久便散發著一股濃濃的清香花味兒，籽可以榨油，並且含油量很高，用此油燉湖魚賊香（當地土語，「賊」是「特別」的意思）。

秋季的時候，漁民們把麻割下來，成捆地使車拉回去，投放到村中大水坑裡去漚，俗稱「漚麻」。關於漚麻，查干淖爾流傳著這樣的歌謠：

> 身穿綠袍頭戴花，
> 我跳黃河無人拉；
> 只要有人拉出我，
> 一身綠袍脫給他。

這有趣的民謠，彷彿在講述著一個迷人的愛戀故事，其實卻是說「麻」產生的過程。麻經過漚發，外皮就會從稈上脫離，這就是皮麻。皮麻經過乾燥、捶壓、梳理等工序，使其中柔軟的纖維突露出采成為「麻」。於是人們把麻打成麻捆或麻捲兒。這僅是制網的前期。

為了織網，還要把麻披紡成經，就是一種細線，纏在「線桃子」上，以便織「網片」。查干淖爾冬捕時使的網格外大，一個網就裝一車，稱之為「一趟網」。一趟網是四十張，外加四塊，一塊二十米長，三塊網成為一拉子，一拉子長六十米。這樣巨大的網全靠漁民自己在平時織完。在查干淖爾，幾乎家家的院子裡、炕上都擺放著經車子、線桃子什麼的，那些勤勞的漁家婦女和老人一年四季沒有閒著的時候，就是不冬捕，他們也織網，這幾乎成了查干淖爾人平時的主要活計。

如今，有了棉線網和尼龍網，材料的進步和編織手法及工藝的發展，使得網更加精細和漂亮了。這兒的家家戶戶都是一座座古老的「網」文化博物館，

在「部落」裡行走，推開每一戶的家門，你都會驚奇地發現精製的網線和織網工具。漁具是這個古老部落的細微的神經。

二、大掏小繩

捕魚要用很多的「繩」，但繩不叫繩，叫「掏」。

大掏，就是大繩。冬捕時一個網有兩根大掏，每根長五百米，還有諸多小繩。

大掏是根吃力的繩索。冬捕網下到冰底，拖上來的魚帶網有上萬斤的分量，加上吃水後繩的分量就更重，所以對「大掏」的質量非常的講究。從前制這根大掏往往由捕魚部落裡的打繩能手「繩匠」來打製，如果網隊太多，繩匠被各網隊搶來搶去，就只好到鎮上請專門的繩匠來打大掏。

在查干淖爾四周的集鎮上，遍佈著各種麻繩鋪的老字號，如老扶餘的吳家麻繩鋪、鎮賚的曹家麻繩鋪、沙吉毛吐的劉家麻繩鋪、哈森查干蒙古族人的麻繩鋪，都是規模巨大且有名的麻繩鋪。這些鋪子有寬敞的門市和偌大的後院，一座一座的麻垛堆得幾房高，許多年輕的「小打」整天光著膀子在院子裡打繩。空氣中到處都飄蕩著麻的氣味兒。可是從前「打魚的」也都是窮人，很多時候請不起「繩匠」，於是只好自己從小就學打繩手藝。在捕魚部落裡有許多出名的老繩匠，無數的「大掏」從他們手上「誕生」。

冬捕之後的季節，天雖然寒冷但大掏要搬到院子裡晾曬，以免繩裡發潮，纖維爛壞，不結實。

各類「小掏」（小繩），則要由漁獵家族的女人去完成。

在查干淖爾，漁夫們的女人是極其辛苦的，別看冬捕時的習俗是不許女人上冰，可是後勤的種種活計十分的繁重，不用說給男人們做飯、看家這些事了，單是打麻繩也是她們繁重的體力勞動的重要部分，幾乎一年四季，漁夫的女人們都在做著這個活計。

漁夫人家家家的房上都掛著一個叫「紡錘」的東西，紡錘懸著一綹麻披，

女人就是燒火和哄孩子睡覺的空檔，也要忙於轉動紡錘打麻繩，然後把一捆捆的細麻繩積攢起來，留著給男人做鞋和織漁網。再就是通過紡車來「紡麻」，紡成繩用來編織漁網和打大掏。

三、旗和燈

在茫茫的查干淖爾冰面上捕魚，旗和燈這兩樣是萬萬不可缺少的，這屬於在冰面上作業必備的用具。冬季捕魚是一項要行動一致的集體活動，拿什麼放什麼要靠漁把頭來統一指揮，這就靠把頭手裡的旗和燈了。當網隊在敖包（或冰神廟）前祭過湖，然後再「醒網」，這時大馬車或爬犁便拖著高高的網垛開進白雪茫茫的冰面。

冰面茫茫無際。漁把頭手握一桿大旗坐在頭一架爬犁上，他用自己的慧眼在泡子上選擇打冰眼下網的窩子，一旦他選好合適的窩子，就會大喊一聲：「插旗！」立刻有人手舉大旗，把旗插在冰塊子或雪窠子上，這叫「打範圍」。打範圍，就是按「旗」的方位來打。

每一個冬捕的網隊要有六桿大旗。當漁把頭選好窩子時，他吩咐插旗的先在網窩子的四個角（長方形，兩頭長，中間寬）插上旗，剩下兩桿，一桿插在下網眼處，一桿插在出網眼處。下網眼處，叫「下網旗」。出網眼處，叫「出網旗」。

旗的顏色往往是紅色，因為顏色鮮明。旗的作用是「指揮」下網出網的。在野外冰雪的湖面上，常常是凍霧升騰，大雪飛刮，有什麼事需要招呼既聽不清也看不清；但旗一擺，就知道「有情況」。旗有「旗語」，一出事，拿大旗「發話」。下網大旗往左邊晃，是告訴小股子提防左邊；往右邊晃，是注意右邊冰下的情況；出網時，出網旗指揮跟網的和馬輪子，也有一套「擺旗」的規矩和手法。這叫「旗指揮」，也叫旗語。

執旗的人在冬捕時固定執旗；領網把頭要時時注意旗幟，以便掌握運網情況。如果打網一點點拖到了，那麼「旗」就換成了「燈」。

黑天叫「貪黑了」。貪黑作業時，白天的六面旗換成了六盞燈。

燈又叫「風燈」，這是因為太陽一落山，冰面上風就起來了。冰上的燈都叫「風燈」，以防風而得名。風燈由漁把頭拿在手裡。風燈的位置和白天插旗的位置一樣，只不過風燈有了兩種顏色，一紅一綠。

這紅綠的意義，也許是延續了古老顏色的意義。紅，運網要立刻停，這是準有地方刮網、卡網什麼的；綠，就是恢復正常作業，馬輪繼續。

風燈是用鐵殼子做的那種「馬燈」一樣的燈，從前也有用木製四框的老馬燈，上帶蓋，防雨又防風。變換顏色是用紅或綠布子來蒙在燈口處，以告知對方。這執管「旗」「燈」心獨運的事，由總把頭負責或指派專人。

在查干淖爾，這種燈又叫「氣死風」，是說只要這盞燈在冰天雪地裡一亮，老北風也拿它沒辦法，這其實是漁民對自己在冰天雪地裡勞作的歌頌。

四、冰　鑹

冬捕時冰上的工具很多，其中非常重要的一件叫冰鑹。冰鑹是由當地的鐵匠專門打製的破冰工具，由鑹頭、木把和提手三部分組成。一個大冰鑹有二三十公斤重，這樣才能「走冰」「殺冰」。冰鑹的尖十分尖利，閃著如冰一樣的寒光。

當把頭選好了窩子，四周插上了旗或舉起了燈，頭道工序鑿冰眼便開始了。鑿冰眼先由四個人鑿一個大眼，這叫「下網眼」，這個大冰眼鑿在頭旗或頭燈的位置處，要兩米長一米寬。鑿冰眼往往是兩個人用冰鑹破冰，這叫「把鑹的」。他們在前邊鑿，跟著兩個手使「冰蹦子」的往外掏冰。在鑿大冰眼的同時，鑿小冰眼也開始了。一趟網小冰眼要鑿出四百個，由十六個人去幹；一面八個，四個手使冰蹦子的人跟著掏冰。

冬捕時，冰鑹鑿冰形成了壯觀的場面。

你看吧，在那一時間裡，風雪颳起的冰面上，到處是「咔咔」的冰鑹鑿擊堅冰的聲響，銀色的冰塊和白色的冰沫隨著冰鑹的起落在飛舞跳躍。晴天更是

絢麗。太陽的光芒透過那晶瑩的冰塊，時而折射出閃閃的光柱和亮點，從不同的角度看鑿冰，就像到了一個神話傳說中的萬寶坡，遍地的奇珍異寶在閃閃發光，冰凌帶著太陽的五色光芒在閃爍著，真是奇妙極了。

整個鑿冰眼要持續四個多小時，接著開始下網了。

五、扭矛走鉤

冰眼是雕刻在茫茫冰面上的原始符號。

在查干淖爾，如果從飛機上或從四周的高坡上向冰面上鳥瞰，鑿完的冰眼就像一條巨大的多腿蒼龍伏臥在冰面上，前邊的出網眼是它昂起的頭，後邊下網眼飄蕩的旗是它的尾，而兩旁排列整齊的四百個小冰眼恰似它的無數條勁腿，使它移向遠方。

這是一張印烙在人類歷史年輪上的巨幅圖畫，而「作者」就是巧手的查干淖爾漁夫。

接下來，漁夫們就要裝飾這幅圖畫了。裝飾，就是讓自己走進圖畫中。

首先要由下網眼下網。

大網從下網口的大冰眼慢慢順下。網前頭的總綱上有兩根大長桿，每根十二至十三米長，由它串帶著網走。這兩根帶網桿要行動一致，下網後整個網已在冰底慢慢張開。兩根網桿的位置分別在自己的小冰眼下運行，這時手使「扭矛」和「走鉤」的小股子在冰面上用這些工具。通過小冰眼來控制水下的桿子，使它不歪、不斜，照直朝前運行，這就是扭矛和走鉤的作用。

扭矛和走鉤這時調整串聯桿子帶著「水線」使網展開。扭矛有一個巨大而好捧著的把，便於「扭動」冰下水中走歪了的串聯桿子。扭矛土話又叫「牛毛」，這是一些漁獵部落之外的人叫岔了，以為是「牛毛」，但也通俗。因為，「線」又叫「毛」，於是有時這個名詞在捕魚時也通用了。

走鉤是在冰下「帶網」的一種工具，它和串聯桿子一起帶網，校正網路，使網桿順溜，直朝出網口處運行，直到大掏拖網被送到出網口處，這時網已在

冰下水底形成了對魚的徹底的合圍。

六、馬　輪

當帶網的大掏露出出網口時，固定在冰面上的馬輪開始發揮作用了。

馬輪由輪和軸兩個部分組成，上下兩個輪盤，中間是筒套，筒套套在軸上，軸棒固定在底座的爬犁架子上。加力之後，上下輪和套筒一起轉動用來拖網，又叫「絞掏」。

由於是用馬來拖拉，所以叫馬輪。

過去打魚的人是用「小股子」拖網拉網，但由於勞動量太大，於是後來改用馬來拖拉了。馬輪的上輪盤處有「插眼」，便於插「套桿子」來套馬。一個輪盤處可安四到五個「套桿子」，也就是說最多能拴四五匹馬。這主要是由網中魚的多少和重量如何來定。

馬輪現在一律使用金屬的材料來製作，架子和爬犁都是鐵的，而從前完全是木製馬輪。木製的馬輪由部落裡的木匠來打製，往往選用榆樹、柞木、色木、樺木等硬質的木材來打製。馬輪架子龐大、沉重，但是在冰上被馬拖拉著卻顯得輕快。

馬輪是冬捕的重要工具，也算較大的傢伙。當網隊上冰出發，那巨大的馬輪被馬拖著在冰上飛奔很威風，而像樣的馬輪是漁獵部落老手藝人的拿手工藝，他能把馬輪做得古樸、結實而好看。馬輪被人稱為冰上鋼琴，每當捕魚開始，馬輪發出「吱吱扭扭」的響聲，加上趕馬輪的人的吆喝聲和馬輪手鞭花在空中的炸響聲，組成了一種奇妙的冬捕交響樂，在寒冷的查干淖爾茫茫原野上飄蕩著，給人帶來無盡的神奇和歡樂。

七、卡鉤和抄撈子

魚出冰，就像秋天農人收割莊稼。

出網眼是一個三角形的大眼，它的大小根據魚的多少大小隨時來決定，一般是長四尺、寬一米。隨著馬輪拉著大掏，網緩緩地爬出水面。

網兩側的小股子各人抄起不同的工具。有使大鉤子的，主要是搭搭網「吃重」（承受力大）的地方；有使小鉤子的，也叫「小套子」，他們時時地搭起冰上剛出水的網，往馬輪一方「送」，同時要不停地「打卡」。

卡，是一種叫「卡鉤」的東西。它的作用是把網和掏卡好，以便小套子們鬆開後不往回拖。馬輪上一「打卡」，小套子們就回去重新再拖另一股。這個時候，出網口處是最幸福和有趣的地方了。隨著網緩緩出冰，一群一群的銀色大魚爭先恐後地翻出冰眼，領網的指揮「出網口」的小股子手使「抄撈子」和「魚叉」不斷地舀魚和叉魚。有時一抄子能抄起兩三條大魚，往上一揚，魚在空中不斷扭動，落在冰上又上下跳蹦，帶起的水點，在空中結成冰粒，掉在冰上像銀豆一樣閃光，真是精彩極了⋯⋯

而小股子們則開始「裝網垛網」。就是把打完魚的大網一層一層地好好地碼起來，垛在一旁的大車或爬犁上，準備拉向下一個網窩子。

八、魚爬犁

北方民族在冰雪上活動，處處離不了爬犁。

爬犁又叫「扒犁」或「扒桿」，民間又叫冰雪上的車子。提起這個名還有個笑話。說從前有一個人問另一個人：「什麼東西前邊沒有轱轆（輪子），後邊沒有轱轆？」

「幹什麼用的？」

「車子。」

那人說：「世上根本沒有這種東西。」另一個人指指地上的爬犁說：「你看這是什麼？」

那人把爬犁拿起來前後一看，真是沒有轱轆。於是民間就有了這個習俗，兩人一見面，如果一人說：「前邊沒有轱轆，後邊沒有轱轆。」另一個人接著說：「翻過來一看，是爬犁。」於是，人們就知道這準是兩個地道的東北人。

爬犁這種工具很像在地裡耕地的「犁杖」。可能古人是受犁杖形式的啟

發，便發明了它並稱之為「爬犁」。「爬」，是指這種東西沒有「輪子」而能在冰雪上滑，遠遠看上去像人在地上爬，所以稱之為爬犁，既準確又形象。

爬犁是生活在北方冰雪環境中的人們的主要運輸工具。北方一年中有三分之二的時間處於冰雪期，而戶外山川溝野之間雪特別大，往往填沒了「道眼」。只有爬犁可以不分道路，只要有冰、有雪便可在其上行走，靠的是人拖拉或動物的牽引。

北方的爬犁輕便靈巧，有時用同等粗細的小桿，經火和熱氣熏烤發軟，然後窩成彎形，穿上橫帶便製成爬犁。這種架子爬犁主要是拖人，用於趕集、運糧或砍柴。還有一種跑長途的重載爬犁，用粗木鑿鉚鑲死。鉚不用釘子，榫對準鉚後用水浸泡。木頭一漲比釘子釘得還結實。這種爬犁往往拉重載、跑長途。爬犁架子也大，最大的有兩頂小轎那麼大。如果拉人還要支上「睡棚」，那就舒服多了。

睡棚又叫暖棚，也稱「皮棚」，是用各種動物的皮子搭蓋的，左右各留個小窗，裡面有火盆、腳爐等，長途在外可過夜和抵擋風雪。

爬犁除了一般用牛馬拖拉外，從前的女真、肅慎、錫伯、鄂倫春、赫哲等民族，還常常用狗、鹿、四不像等動物來拉。《吉林地誌》記載：「清未興起之前，在東海三部之東北，而與渥集部緊相連接者，則清紀概以使犬、使鹿別之。」「費雅喀與日本北海道之蝦夷為同族，且至今日即使犬、使鹿之界說。」

《吉林地誌》還載，自伯力東行一千二百餘裡，沿松花江兩岸居住的黑斤人，冬季「以數犬駕舟，形如橇，長十一二尺，寬尺餘，高如之。雪後則加板於下，鋪以獸皮，以釘固之，令可乘人，持篙刺地，上下如飛」。可見，這是一種用狗牽引又以人持具支地而行的「爬犁」。這裡的人「冬駕扒犁至索倫河南，與諸種人以物質交換」。

可見，過去人家養狗，不單單是為了看家狩獵，還為了「駕犁」。《吉林鄉土志》又載：「清初，有所謂使犬者。如今臨江等處，每於江上結冰，用狗扒犁。俄境亦有之，其狗皆肥壯而馴，一扒犁以數狗駕之，而狗價最昂。俄人

購者往往一狗五百羌洋也。」在當年，東北的許多地方設有「狗市」，和馬市一樣出名，專門交換像牛犢一樣大小的「爬犁狗」。元時還設置了「狗驛」，各驛站都靠狗爬犁傳送信息。這是多麼有趣的民俗風情：一群狗兒身上冒著熱氣在雪原上奔跑，主人的響鞭炸開了樹上的霜花，遼闊的雪野一望無垠。

而「使鹿部更在使犬部之外，而使犬部落中亦能使鹿。既如四不像，復非常鹿，其形高如大馬，身無斑點，謂之馬鹿，興凱湖以北多產，可以馱重致遠」。在大小興安嶺之中生活的部落，從前多使馬鹿、四不像來駕「爬犁」。這種動物勁大，在雪原和老林裡行走，有耐力又靈活，而且不怕寒冷，備受這裡的獵戶喜愛。

當年，爬犁除自家製作外，還有專門生產爬犁的木鋪，打製大車和爬犁，人稱「二木匠」。除了出售大爬犁外，還製作輕巧精小的爬犁，供孩子們玩耍。

而查干淖爾的捕魚人使的爬犁叫魚爬犁，這主要用於冬季捕魚，人畜均在冰雪上活動，爬犁便於行走和滑動，魚爬犁上裝著網和各種工具，構造略有不同。

魚爬犁是一種帶「槽子」的爬犁，大小工具都裝在裡邊，飛跑起來不至於丟到槽子外，便於行網和轉移。另外，魚爬犁還包括馬輪爬犁。馬輪是捕魚拖大掏的工具，它的軸就固定在馬輪魚爬犁上，便於拖動行走。冬捕時，冰上各種爬犁都有，馬輪爬犁上懸掛著橫桿和套索，有時也把旗子插在爬犁上。冬季在嚴寒和北風中，馬輪爬犁上的套索被風颳得飄動起來，儼然一面面古老的戰旗在硝煙瀰漫的戰場上久久地舞動。

每年的查干淖爾冬捕民俗節日上，都有滑爬犁比賽。參賽雙方各乘一個小爬犁，雙腿跪在上面，裁判員一聲哨響，各人雙手支動手中的冰鑽子，推動爬犁在冰面上滑動，跑在前面者為勝。

九、柳　具

柳具是指西山外屯漁獵部落一帶使用的柳條編制的漁具。柳，指柳樹，這種植物成片地生長在東北平原的江邊溝岔一帶，有極強的存活能力。柳樹從前叫「插柳成林」，是指只要折一段柳枝插在泥土裡，它便會生根，而且很快便繁育成林。它的特點是溝溝岔岔處的柳往往長不高，但枝條特別茂盛，被人稱為柳條通（柳叢之意），而那大片的枝條，一根一根的又直又軟，很有韌性，正適合用來編筐窩簍，於是柳條就成了東北農家和江沿一帶的漁民用來編織捕魚裝魚工具的最好材料。

首先是編「魚筐」。魚筐就是裝魚的工具，其中包括魚簍、魚筐和泡筐。大量使用主要指捕魚工具，比如「箔」也是用柳條編的，這要使用大量的柳枝。還有一種捕魚工具叫「蹲」，也是北方漁民經常使用的最常見的柳制漁具。用柳條子編一個有一丈多高的簍子，壓在水裡，外剩一尺多高，以防止魚蹦出來。蹲往往安放在魚較多又厚的流口和江灣子處，捕來的魚又多又好，是漁民們普遍喜愛使用的一種捕魚工具。

還有罩。罩也完全使用柳條編制，一米五到兩米長，一頭大，一頭小，長方形，一頭方口，扣在水中。同時柳又是東北重要的民族滿族的植物崇拜樹種，滿族人在祭祀活動時，把柳枝裝進「神匣」中，表示遠古歲月中人與柳的依賴關係。祭柳和崇柳表現了人類也希望自己能和柳一樣有較強的生存能力和頑強的繁殖能力。這是對生命崇拜的一種方式，是遠古圖騰文化的遺存。

柳和當地漁夫的關係分外密切，至今這一帶的許多地名仍以「柳」來命名，如柳樹屯、柳條窩棚、大柳樹、江柳甸子，等等。

十、葦　具

葦具，顧名思義，就是用葦子製作的捕魚工具。葦子製成的工具，在東北捕魚活動中是時刻也離不了的，這是因為查干淖爾平原上生長著無邊無際的葦子。

古老的嫩江穿過八百里瀚海浩浩蕩蕩地向遠方流去，在它的兩岸留下來的不光是無盡的白鹼土、湖泊和大片的草甸子，還有獨特的自然景觀葦海，當地人稱為葦塘。可能世界上產葦最多的就是八百里瀚海的查干淖爾。

從前郭爾羅斯查干淖爾到鎮賚的到保、從大布蘇到哈拉火燒、從駱駝圈子到悶包營子、從小二姐窩棚到額麼黑、白等召等處，到處都是無盡的葦塘葦海。

葦子，這是一種生長在潮濕地帶的植物，特別是近泡靠水之處，夏季越是水源充足，它們生長得越是茂盛，而且連成片。葦的根部在水底泥中串聯，不需要人工栽培，屬自然生長植物。到秋天葦子便長成了。

割葦收穫一般在深秋初冬大地封凍的季節。這時節，嫩江颳起了彌天風雪，瀚海泡子結了厚厚的冰凌，這時割葦開始了。秋天葦子雖然長成，但由於葦塘泥濘，人們下不去腳，只有等嚴冬到來的季節才是收葦的好時節。靠葦塘的漁獵人家早早地到集鎮上的鐵匠作坊打製好割葦的推刀。推刀是一種寬刃的一米多長的大刀，背上有鼻，鼻眼拴上繩，前邊用人拉，後邊有人扶刀架。推刀在平滑的冰面上滑動著，刀刃一撞葦根，葦子就齊刷刷地被割下來。

經過霜雪的葦節很脆，一個推刀一天割二百捆葦是輕鬆自然的事。但割葦很是辛苦。首先是寒冷。人在冰雪間勞作，一待就是一天。上泡割葦往往就帶大餅子、鹹菜條，有的乾脆炒苞米花，渴了就吃冰。不少老葦手老了牙都凍壞了。而且，冬天的葦塘荒無人煙，割葦人常常與狼不期而遇。特別是當厚厚的雪降落後的日子。割葦人還要進泡子，多深的雪也得往外摳葦。人們對葦子親，因這是錢哪。從葦塘拉回的葦子堆在家家門前的空地上，剩下的活計就是婦女們的事了。

查干淖爾女人都聰明、勤勞。為好好利用男人們辛苦地從冰雪中摳回來的葦，她們早早地打好了麻經（一種編簾常用的細麻繩），磨好了繩刀，開始用葦子來加工各種漁具了。那往往是陽光燦爛、天氣晴朗的日子，女人們在葦堆中間開闢出一塊空地，四周是山一樣的葦垛。天雖冷，但葦垛擋風，中間經陽

光一照，反而窩風又朝陽，是一塊很熱鬧的冬季的鄉村場地。婦女們往往也把孩子帶到這兒來了，讓她（他）們老老實實地坐在投下來的剩葦碎花上，而大人們則麻利地揮動雙手鋪繩、投葦、勒經、上卷地編起漁具來。主要是囤子、須籠和陷。

查干淖爾簡直就是中國北方的白洋淀。

可以說，這兒的漁民既是捕魚人又是養葦和護葦人家，他們在冬季把葦子編成各種用品賣給周邊地區，而他們自己也使用葦具來從事捕魚。

囤子，其實是「芡 xué 子」（東北漁民和種地人對裝糧食的一種葦制用具的稱呼），是由葦子編成的一條二尺或二尺半高、幾丈或幾十丈長的席帶，主要是用來安在大車上圍糧食，使車裡能裝東西。冬捕打的魚，全靠大車從冰上拉出來，就需要用芡子來「起垛」，這樣可以多拉多裝。

芡子這種漁具查干淖爾人幾乎沒有不會編的。編法同農村編炕席差不多，要經過「剝葦」「壓葦」階段，就是將成根的葦子破開，使白白的葦皮發軟，然後開編。

冬季捕魚，用葦量是巨大的，冰上、車上、魚店處處都用葦簾子和葦子。同時，捕魚還直接使用葦子稈來作為工具，這就是須籠。須籠是一種下在泡子邊上的捕魚工具，用葦子編成，不過不是葦子皮兒，而是整根的葦子。須籠就像一條「龍」，彎彎曲曲地臥在泡水的溝溝岔岔或葦根叢裡，魚兒上了淺水，就順著一頭鑽進了須籠，於是越走越深，最後出不去了。

須籠的用葦量十分巨大，而且是捕魚人時刻離不了的生產材料。從前「梁子」上捕魚，也有用葦子來做「箔」的，但後來為柳枝所代替。

還有，查干淖爾一帶的房屋和江邊的網房子，往往用葦子苫。用葦子苫的房蓋厚實、整齊，壓風撐雪，經濟又實惠，是嫩科爾沁草原一帶漁民很喜歡的一種生活資料和使用資源。

陷，又叫迷魂陣，是北方漁夫的捕魚工具。陷從前是由葦子編扎而成的，後來人們又用柳條、竹子、高粱稈等來編扎。也是在深秋初冬的季節裡使用。

陷需要架放在江泡水四溢的北方的荒原和土地上。那兒往往是低低窪窪的不平的草甸子，陷按照地形，安放在草地低窪不平的溝溝岔岔裡，單等魚順水游進。

由於陷是一種像「龍」身形一樣彎彎曲曲的東西，魚走進「陷」，就只有往前，而無法洄游，於是按著陷的「道」，一直往前，走啊，走到什麼時候，它們不知道，因為陷是一種很長很遠的捕魚工具，它曲曲彎彎地躺在那裡，許多魚只好走走停停，越積越多，最後擠得滿滿地堆在陷裡。

收陷的日子，大約也是冬季，也稱為「起陷」，就是把陷的中節口一個一個打開，將魚從陷裡取出，然後陷要收起，以便第二年使用。

梁子捕魚

在北方的查干淖爾，冬季捕魚有許多方式，除了冬網之外，還有一種叫打「梁子」魚的，也是冬捕的一種類別。

梁子，當地人又叫「亮子」，可能是一種方言。

就是如今，以亮子或梁子為地名的地方非常多，什麼小南亮子、通途亮子、菜園梁子、相家亮子、羅鍋亮子、杜家亮子、大箔亮子等，這都是冬捕的熱點地域，至今，這些仍是冬捕的重要泡段。而如今最大的「亮窩子」就是庫裡漁場的「老什王漁場」。

庫裡是嫩科爾沁草原古文化遺存的重要地域，蒙古語為「墓地」之意，因這兒是康熙祖母孝莊太皇太后的父母的碑地和孝端、孝莊二後母家三代人的陵廟。

這兒泡子連著查干淖爾的泡子，已有一百二十多年的歷史了，總面積為六一六〇坰，冰面六一一一坰，崗坡荒地四十九坰。老什王梁子（亮子）包括七十二道灣，什麼菱角泡、兔耳瞎、葫蘆芯、臭蒲泡、小南梁子等水域都是這片水，而「庫裡泡」則是大水泊的「後肚」（指大泡子的最末端）。

從前，這個泡子是蒙古族達爾罕王爺的私家泡子，後來由一個叫王興國的祖太爺接管流傳下來，一直經營到民國十八年（1929年），兌給了扶餘縣的趙連長，他經營到民國三十一年（1942年）又兌給了日本漁牧株式會社的阪盛太郎，從此由他經營一直到一九四五年。一九四七年土地改革時這兒歸兩家子農會；一九四八年劃歸黑龍江省嫩江漁業公司，一九四九年移交給吉林省農業廳扶餘水產辦事處，到一九五五年歸吉林省扶餘水產和大賚漁場管；從一九六六年至今又從大賚漁場分出成為前郭爾羅斯獨立的庫裡漁場。但這片泡子和查干淖爾一樣是典型的「冬捕」類型的泡子，主要以「梁子」捕魚的自然方式從事著古老的捕魚活動。查干淖爾泡和庫裡泡，當地人稱之為「一水」。

一、修箔口

在查干淖爾，在庫裡泡，人，彷彿總是在和魚作對，捕它們。但是，這是一種生存形態。

梁子捕魚，要用「箔」。

箔，是一組捕魚工具的總稱，它由箔桿、箔繩、玻璃錘子和麻經組成。

箔的桿要先砍出三根大桿，大小程度主要是根據泡子水流面積的大小來確定。所說的「修箔口」，主要是上山砍下從前的柳叢中的柳枝，在魚可能經過的「水口」處下這種「箔」。修「箔口」，其實就是「編」箔口。

編，就是在箔口處的三根長桿的架子上開始用手指頭粗的柳條子鋪上，然後用「麻經」開勒。三根大桿，兩根豎直插在泥水中，一根橫在兩大桿中間，然後立「九道經」，在那上面鋪柳枝，開編，這就叫「修箔口」。

修箔口，又叫「打牆子」或「擋魚牆」。

牆，不是人住的房屋的「牆」，而是指擋魚的「魚牆」。這個「牆」，在「箔」架的下方，是指扎進泡泥裡的部分。

箔口處的牆子在箔架的下方，由於有架子擋泥「牆」，開始很牢固，不然水流常走，「牆」便容易損壞。修箔口的老手「魚牆」也打得非常地道，不易破損。

箔口的「牆」是用垡子壘的。垡子是北方平原上的一種草層。這種草的根部經過千百年的沉澱，已硬硬地積存在土層的地表上，壘箔牆的漁夫們先用垡刀將草垡子割開，也就是「劃」。劃開一塊塊之後，再用「垡鍬」去「起」。

起垡子，是技術活。起時要先將垡土完好地起出，底下要帶一層土，這樣使垡整整齊齊，不掉渣兒，不走樣兒。起後，要運到箔口。

運時全靠背，稱為背垡子。

背時，查干淖爾漁民用一種叫「背架」的東西來背。每個架上擺放十到二十幾塊草垡子，運往箔地。這時，這些草垡子已在草地上曬乾燥了，不會太

重，掉到水裡也不沉底，但是碼太高了，不好走。漁夫們用此來壘箔牆，修箔口。

二、修旱嶔

修旱嶔（qiàn）是梁子捕魚的又一道重要工序。

嶔，是一種「土堰子」的別稱；旱嶔，指乾土的土堰子。

梁子捕魚雖然在冬季，但其實大量的準備工作早在秋季已開始了，特別是修旱嶔。

在東北平原上，星羅棋佈的大小泡子散撒在荒原上，這些泡子之間由於地理環境的不同，所處的位置有高有低，加上許多泡子與江河連接，如松花江、嫩江、拉林河、遼河、霍林河等，都與查干泡、庫裡泡等相連，所以江河一漲水或夏季雨水充足，各泡子的水就逐漸增多了，可一旦秋季水量少，各泡子的水就回撒到江河中去了。這時地勢高的泡水就會往地勢低的泡子裡回水，這樣，打魚人就開始修「旱嶔」打魚。

修旱嶔，就是深秋初冬季節在水泡子與通江河或別的泡子相連的地方，修起「土堰子」，使水在漁夫的控制下流過。而這種控制，就是「下箔」。土堰子起來後要把「箔」修在土堰子的裡側，箔通過自己的功能，讓水流過，而「魚」卻掉進捕魚人設好的「箔廂」裡。

三、打箔廂

箔廂，是使魚落進去的一種設備。

打箔廂，就是修這種設備。

箔廂是下在漁夫選好的箔口處深深的水中的一種捕魚工具。箔口，對著水流正中的地方，底下就是箔廂。

箔廂是用手指粗的山柳條子編成的一個巨大的長方形圍欄，安放在深深的泥裡，已估計好當水來時，一定會在此經過。為了這箔，漁人早早要上山去割條子（柳樹枝子），成車地往網房子拉。選制箔的柳條子太直的還不行，選那

種一頭有彎的，砍一刀，長度要一丈四五、一丈二三的，一捆一捆，運回來。

然後，先放在網房子周圍的荒草地上曬乾了，去掉水分，這才能打箔廂。

打箔廂時，一根一根柳條要一顛一倒地放，一根沖上，一根衝下。這時，漁夫已在泡口的地方豎好了架子，就是「箔廂」架，山上，那一片片的箔片子已編好，運到泡口不遠的網房子裡，單等「水」來前，便組合成箔廂，下到水底。

四、等　水

箔口和箔廂都編好了，這時要觀察水。

觀察水，又叫等水。等水就是四處奔走，看與你的箔相連的水系的流動和走向情況。

查干淖爾漁夫都是十分辛苦之人，他們的一生注定要與殘酷的大自然進行生死搏鬥，要在寒冷和荒涼的歲月中度過。

在等水的日子裡，他們一時一刻也不能放鬆警惕，每天晝夜要守在泡子和河口處，觀察水和風。

東北平原的風瞬息萬變，有時看著是東北風，可是一兩個時辰之後，風向便會突變，許多夜裡外出的北方人往往會「迷路」，其實就和風向變了他們掌握不好有關係。為了觀察風，他們在箔口處放上風招子（一種畫著魚圖案的紙或布的飄動物）。而風和水有直接關係，風決定水的速度和流向。有時等水的漁夫走出很遠，一看風向大變，立刻往回跑，等他拚命趕回箔口處時，水已和箔口一樣平了。

如果你稍微不注意，讓水沖了土埂，那便叫「冒肬」，一冒肬魚便跟著水跑了，就等於這一季捕魚活動失敗，所下的「箔」就廢了。所以等水的人一看江河漲水或風向大變，立刻喊：「快！快回去！」於是他們扛著工具拚命地往回跑，立刻要控制冒肬，並迅速下箔廂。

五、下箔廂

下箔廂，又叫閘箔。

閘箔，是在泡水開始外流或回落的當口進行的一道捕魚過程。

這時，梁子上的漁夫要及時地把早已編好的箔廂，整體地安裝在巨大的箔廂架上。

那時，箔廂架已架在泡口將要流水的深深的地下，漁夫們必須跳進深水泥水中的坑中去作業。

此時，往往已進入深秋初冬的時日，北方的荒原上，樹葉在冰雪和老北風的吹刮下，早已脫落，就是不落，也已到了五花山林的季節，地上的青草已變枯黃，白霜日夜蒙在大地上。

跳進箱坑裡下箔廂的漁夫，一個個必須戴著小氈帽頭和紮好「圍腰布子」。小氈帽頭是一種用羊毛撕成的小帽，可護住蓋住人的額頭。不然，那泡子上刮下的流水珠子掉下來時已凍成了小冰疙瘩，時刻砸在下箔廂人的額上。久了，漁夫額頭處於冰冷中，會得一種癱病，也沒有預防的法子，只好用一頂小氈帽頭護住額頭。

梁子上的活，就是和冰水打交道，所以他們每人一條「圍腰布子」。

圍腰布子又叫纏腰布子，這叫「別把腰炸壞了」，「炸」在北方是「涼」或「冰」的意思，他們用此纏在腰上才能開幹。經過幾天緊張的組合，一個巨大的「廂」深深地「鑲」在泡子口處地下的河道上了。

六、守　箔

箔廂下好，正是下水的時候。

這時的水是冬水了。

北方的氣候在深秋初冬時，河江泡湖水開始回落，叫「瘦水期」。這時往往已到了霜降時節。古語說，霜降變了天啊！

水下落，要經過「箔廂」。水從箔廂的柳條縫裡過去，魚會隔落在箔廂

裡，這時漁夫們最重要的活計是守箔。守箔的最主要任務是防止魚「倒洞」。

倒洞，是土話，指「鑽洞」的意思。

自古人們只知道老鼠在土裡會倒洞，還沒聽說過魚也會倒洞吧。可是，在神祕的大東北，在茫茫的嫩科爾沁草原上的查干淖爾，魚也是會倒洞的。魚倒洞，是指已經落入箔廂裡的魚，由於泡口的水一流，魚兒會被箔牆擋住，於是落入箔裡了，但它們不甘心「自投羅網」，要逃走。也許是為了生存，它們瘋了一樣地咬箔。

東北的魚兒是很聰明的。

據著名的老漁把頭呂祥義說，魚有耳朵。開始他們為了改善生活，在梁子上的網房子裡養了一些雞。但有一次他發現，當雞一叫，就見魚兒慌了，而且有的魚拚命地洄游，或乾脆躍起逃走，於是從此梁子上就再不許養雞了。而落在箔廂裡的魚，它們時時想著逃走，於是就咬箔、嗑箔或倒洞。

它們的嘴和牙很厲害。它們往往把箔繩嗑斷，從箔上弄出窟窿，然後逃走，或在箔下部的「牆」泥處倒洞，然後鑽出。魚牙最厲害的是狗魚和黑魚。它們的小牙又尖又利，一會兒便把柳條和繩索嗑碎。而鯰魚和串釘子魚、嘎牙子魚最會倒洞，多小的縫，只要它的頭過去一點，身子就會全過去。為了防止魚嗑箔倒洞逃走，守箔的人要注意觀察箔外魚兒奔跑的情況，以確定魚是否已在水下倒洞了。如果發現，要立刻補箔。

七、補　箔

補箔，捕魚人要進入深深的冰水底下去作業。他手拿一種工具，俗名叫「老婆腳」，專探魚倒出的洞。

據老漁把頭呂祥義說，有一年，霜降後，老天已凍得嘎嘎冷時，庫裡大箔口一帶的梁子上突然有人發現魚倒洞了。

守箔的張林從梁子上回來說：「大把頭，我早上見箔口下直冒泡，可能是魚倒洞啦。快！去人補箔……」

派誰去？大家都在爭。

這時漁把頭呂祥義說：「誰也別爭了。快！預備炭火！」說完，他就紮好圍腰布子出了網房子。

那年，呂把頭已經五十五了，還是火力旺。來到箔上，他一頭就扎進帶冰碴兒的水裡，轉眼就不見了。可泡子沿上，大夥都為他揪著心。

補箔的人，一是要手藝好。因水底魚凶猛，魚倒出的洞要迅速補上，手抓泥要橫補，立刻用柳條插上，有時連魚都編在「箔」上，不能等，所以要快，這是手藝活。二是水性要好。在冰層水底補箔，要一口氣完活，不然就得換氣才行。三是要扛冷耐凍。人不同於動物，在冰水裡作業，身上的熱量很快就會散盡，轉瞬間血管就會凝固，人就會失去知覺。

這時，岸上的人要預備好棉被。補箔的人一上來，要迅速用棉被一裹，立刻扛到網房子裡，用炭火烤，直烤到渾身「發汗」為止，不然就坐病。

剛上來的人，渾身凍得「疼」，可炭火一烤，更疼，疼得嗷嗷叫，大喊：「別烤了！受不了啦！」

這時，許多人得按著他，不讓他動，還得烤，不烤出汗不行。

補箔的漁夫，成天在遭罪，各種生死和意想不到的事隨時都可能發生。

八、蓋馬口

經過梁子上的漁夫們精心管理，魚兒已在箔廂裡積滿了，這時就快到「開梁子」的時期了。這時梁子上的水就不流了，露出了箔口牆子，但還要等幾天，得把水放盡。

這時要注意的是別把箔牆子凍壞了，於是就要蓋馬口。打魚人要日夜注意著馬口。

馬口，指箔上即將出魚的口子。這兒是非常敏感的地方，也是所有的箔的流水處最集中的地方。魚兒在此集中，這兒水不停地流動，但天已經是結冰的時候了，千萬注意別讓「馬口」凍了。如果馬口上凍，開梁子放魚時就出不

來，而且冰越積越厚，箔裡起冰，魚就會順著箔頂逃走。所以蓋馬口就成了重要的活計。

蓋馬口包括除冰和防凍兩種活。

除冰，是跳到馬口處，把篩子上的冰條、冰塊，時時除去，保證剩餘的水還能汩汩外流。防凍是指別凍壞箔牆。

保護箔牆的人，時時在冰水裡作業。他們在腳上綁上一種叫「綁」的東西，就是一塊上等的軟牛皮，用繩子紮在鞋上才能下水，不然魚紮腳。

在東北的漁業活動中，許多種魚是漁民害怕的，如鰲花、鯰魚類，還有老頭魚和穿丁子魚，都有「刺」，而且魚的鱗、嘴、臍、尾也扎人，弄不好一踩上去立刻把人腳扎冒血，在大冬天這些傷口往往不易好，就不能下水捕魚了。所以給箔牆防寒，一定要先保護好自己，這才能打好梁子魚。

九、開梁子

接著就到開梁子的時候了。

開梁子，又叫放梁子。

這時，節氣已到了小雪之後。

北方的時日，民間稱「大雪小雪又一年」，查干淖爾的漁民見面往往問：「多咱（什麼時候）開梁子？」

對方往往會喜悅地告訴你：「快了！過小雪吧。」

北方，過了小雪的節氣，梁子上的水已不淌了，梁子上就剩下魚在箔厢裡了。而大地上早已是千里冰封，萬里雪飄。這時各個梁子開始放梁子，開梁子了。

一個梁子一旦開，就每日每夜不停地撈魚了。這時漁夫們日夜不停地待在梁子上。往往一個網隊分工是這樣，一個班（一個伙子）四個人或五個人，又叫「老口」。「老口」指水不淌了。所說的不淌，也不是一點兒也不淌，這種在梁子上的箔厢裡往上抄魚的活計，也是頂水作業，身上的棉褲和鞋子，全是

冰碴兒。

從箔裡往外抄魚，腰要有勁兒。那時魚都是「個」子魚，就是一條一條的，一條有百十來斤，太大了。抄一天下來，膀子都紅腫了。

魚兒像山一樣地堆在冰面上，看了真叫人心裡歡喜。箔水趕著抄趕著凍。還有冰層下的魚就得鑿冰眼，下去捕。這一切都幹完了，叫「掃冰」。

十、掃　冰

掃冰，就是指梁子捕魚活結束，也有叫「老口」的。掃冰和老口都是指捕魚人要干乾淨淨地結束這次捕魚行為的一種心情，也是總結自己。那時，北方梁子上的漁夫見面往往打聽：「老口沒有？」

「沒。」

「還有多少日子？」

「快了。」

老口後，就掃冰，就到分紅分賞的日子了。

掃冰，也是指冬捕梁子上最後的「打掃戰場」。這時開始收拾梁子上的工具，把空箔廂苫蓋好，預備著明年再使用；歸攏各種工具；把魚賣給老客；把剩下的魚裝筐，準備外運⋯⋯

這時是熱鬧和豐收的時日。漁民們臉上帶著笑，和來買魚的老客討價還價，而一些「燒鍋」的老客們則會背著一簍子一簍子的老酒，一夥伙地趕到梁子上的網房子門口，大聲吆喝著：「好酒！好酒！」整日不斷。

酒是漁夫們時刻不能離開的東西，特別是在梁子上下箔的打魚人。查干淖爾和庫裡漁場一帶的漁夫，平時每人一天二兩酒由把頭分給，而不夠時則要自己預備了。掃冰預示著「一季」的活兒要結束了，該好好慶祝一下了，慶祝的方式就是喝酒。魚在梁子上換了錢，錢又換了酒，大家三五一夥地慶祝一番，喝得酩酊大醉，然後準備歸家。

從梁子上回家的漁夫們往往背著錢和酒，一步步奔回家鄉，完成打魚人一輩子一輩子的生死輪迴。

冰槽子捕魚

在北方，捕魚活動深入到人類生存的每一個角落，各類捕魚工具又名目繁多，無奇不有，冰槽子捕魚是又一種冬捕方式。

冬天，北方江河湖泡上冰已凍平了，這時，漁夫們將冰開出一個三十多釐米大的長槽，一頭衝著冰下的水流，一頭用東北平原高粱的稈——秫秸，把口編封住，這就是冰槽子。

需要注意的是，使用冰槽子的季節往往在深秋初冬，這時水雖然冰凍了，但冰並不厚，而且有時夜裡結冰，白天太陽一照或風一刮，冰又破裂，稱為跑冰排，俗稱跑冰。

跑冰時，魚兒敏感地躲冰，並自己尋找不被冰所劃所碰的地方，於是不知不覺地就進到冰槽子裡去了。

自古，動物就尋找著理想的生存之地，可是它們的智慧終究不能和人相比，這既是漁民們設冰槽子的來歷，也是人類掌握自然、探索自然的一種繼續。

北方江河冰排封凍會發出一種嘎嘎的響聲，恰恰成了「趕」魚的響動。這時魚兒游得非常忙，而且一下就游進了冰槽。這種冰槽捕魚也就十幾天的工夫。冰上凍，不跑排不行；冰凍厚也不行，只能又凍又跑排時才行。一個上等的冰槽子，可以捕幾千幾萬斤的魚。有一年在老什王魚梁子，漁民們一個槽子打了三萬多斤小白魚。魚在槽子裡，黑乎乎一片，把江上的冰都焐化了。

冰槽子捕魚用的材料，古書中把它稱為「粱秸」，東北的方言中又叫「箭桿」或「將桿」。從前，生活在北方的滿族先人女真人很早就會種高粱，粱果為人吃，稈稞為牲口料。那時他們的居室從樺樹皮馬架子、撮羅子到後來的泥坯草房，秫秸都是重要的建築材料。

據《桓仁縣誌》載：「草房則覆以荻葦、茅草或秫秸。」《奉天通志》載：

「橡上蓋以葦笆或秫秸，上覆稗草。」而從前《郭爾羅斯旗志》《乾安縣誌》《綏化縣誌》也都有用秫秸制房和打槽子捕魚的記載。

另據江漢力在《滿族的生產生活與秫秸》（《北方民族》1992 年 1 期）中記述，北方民族生活的方方面面，幾乎都離不開這種植物的稈棵。

秫秸浸濕後，用篾刀破成三瓣，用碾子壓平，製成席篾，編成炕席鋪炕（見《吉林匯征錄》），亦可編成苂子，用來圍囤糧食，還可編成錐形的醬帽子，蓋在醬缸上防雨。

秋天打場前，農人挑選秫秸節較細纖者預留，冬閒時，滿族婦女用其穿蓋簾，由橫順兩層秫秸穿成，釘線呈「回」或「萬字」形，用以蓋盆、缸等，木材缺少的地方也把它當鍋蓋用。還有的用秫秸梢編成小筐、籮筐等，用它盛針線、小餑餑等物。最常見的是農村人家的「杖子」（院牆），往往是用秫秸來「夾」，擋風擋雞鵝，整齊而美觀。

松嫩平原的漁獵民族對秫秸的使用太廣泛了。網房子裡的許多用具，包括門窗幾乎都用其來製作，因這種材料各家都有，而且又「直溜」好使，特別是冰槽子捕魚。這種「材料」下到水裡，溫度低於零下六攝氏度時就會變得又硬又結實，但又不像柳條枝條那麼硬，撞不破魚兒頭和鼻。

魚在冰層水下，當它們發現自己已至「絕路」無處可走時，往往會「自殺」，就是猛然間一頭撞去。這可能也是動物的一種本能。特別是鰉魚，它們的口鼻很嫩，很嬌貴，從前，一旦它們的口鼻被撞破，朝廷怪罪下來不說，還賣不上大價錢，所以秫秸是一種保護鰉魚口鼻的上好材料。

漁民的住宅

捕魚人住的房子叫網房子。查干淖爾網房子多修在靠江泊岸邊平坦一些的地段，網房子又叫網屋，是捕魚人來往活動的處所，房前往往是一個大院子，或是一片開闊地，可以隨時放爬犁、車馬、曬漁網。

網房子一律是土坯大炕。

土坯是北方特有的一種建築材料。

查干淖爾漁夫們在夏秋之際，將草和泥混合在一起，然後一塊塊地按在固定的木製模子裡（坯模子），做成一塊塊一尺長短的土塊子叫「坯」，在陽光下曬乾後用此來壘網房子和大炕。

吉林地區屬大陸性氣候，冬季嚴寒，夏季又溫熱，一年之中有將近五個月的寒冷天氣。用土坯蓋房，既冬暖夏涼，又經濟實惠。

土坯的種類分黑土坯、黃土坯、沙性土坯和棒性土坯四種。吉林民間把「脫大坯」算作「四大累」之一的繁重勞作。脫坯時，先將坯土堆積在平地上，把土中的疙瘩和雜物挑出，把「羊角」（草的民間俗稱）層層放置於土中，然後澆上冷水，經過一天或半天時間的「悶」，使草和水都浸透泡軟，再用一種名叫「二尺鉤子」的用具去攪和。這樣水、草、土完全混合在一起，再用木製的坯模子為輪廓，把泥填進去抹平，然後將模子拿掉，一塊土坯就做成了。

還有「草坯」。草坯其實就是草垡子，這種東西漁民們也用來蓋網房子。

遠遠望去，那用土坯和垡子砌成的房屋，牆縫整齊，給人一種堅實和溫暖的感覺。網房子裡的大火炕也是很出名的。因為一個大屋子往往要睡上幾十名小股子，所以火炕要搭得又寬又大，從灶門一直排到炕梢，而土堆的煙囪要搭建在網房子外的一頭，俗稱「煙囪安在山牆邊」。

查干淖爾漁村人家屋裡也都有火炕。南方人怕北方，主要是怕這兒的寒冷，其實在北方，外邊寒冷，而房子裡卻暖和，這都是因為有火炕。火炕，來

源於從前東北的「火窩子」。

火窩子是指人們燒熱的「土」，從前叫「燒地臥土」。大約在原始社會時期，生活在北方的原始先民從事著農耕、狩獵和游牧活動，他們時時在野外露宿，後來發明了火，就把動物烤熟了吃。在用火燒烤動物時，火下邊的「土」也被烤熱了，於是人就懂得了挨著火堆挖個坑，坑內點燃柴草，使那些草燒盡后土坑受熱，他們在坑內鋪上獸皮和草葉睡覺、住宿，稱之為「火窩子」。這可能是最早的火炕。

這種火窩子，由於有煙有火，所以野獸也不敢靠前，於是人們覺得這樣既溫暖又安全，而野獸見了「坑」，又以為是陷阱，也就不敢前來了。

後來，當原始人逐漸集中，有的進了村落，這樣，也把這種生活方式帶進了村落裡，於是便有了早期的火炕。

據考古發現，大約在漢代時，東北的一些民族已有了火炕和火牆，到遼金時，火炕逐漸傳入中原和關內。還有人斷定，現在西北地區的「火塘」「火池」等也是由東北的火窩子延續而來的。火炕的後端加上煙囪，就是房屋內走煙過火的「設備」，又叫「煙筒」或「煙道」。「囪」是屋子的另一種「通口」，是「煙」和「火」的通口。因為煙囪往往立於房上或高於房牆，於是又稱為「煙突」。

查干淖爾的冬季很寒冷，這兒的網房子這樣安煙囪也是和其百姓的生活方式分不開的。據《北盟會編》載：關東民眾「其俗依山而居，聯木為棚屋，高數尺，無瓦，覆以木板或樺樹皮或以草綢繆之，橫互籬壁率皆以木，門皆東南向」。這裡的人們，把土炕視為戰勝嚴寒、度過隆冬的重要設備，因而便不能不考慮它的性能。而火從灶燃起至變煙飛出，以柴或草的燃燒力，均在八至十米內（指平均溫度）。一般土屋中的火炕，大致六至十米，有的小一些，但做成「連二」火炕，滿族的炕為「萬字火炕」，其長度也在十米之內。可見煙囪安在山牆邊，是為了延長煙火的走向，讓柴或草的熱度保留在炕內。

關東民間，在沒有使用煤之前，山區以雜木為燃料，素有「滿山小雜樹，

燒柴不用愁」之說，而烏拉的平原地帶則燒「羊草」。這種草又粗又硬，干後很耐燒。無論是山裡還是平原地帶，煙囪安在山牆邊都是保持炕內溫度和節省材料的絕妙之法。

在查干淖爾漁夫家裡，冬天的主要燃料是草、莊稼稈、牛糞和木頭柈子，這些燃料也得節省，但房子裡一刻也不能停火。因從冰上回來的小股子，盼的就是暖乎乎的屋子，火炕得整天燒，炕頭的炕席燒煳了也得燒，圖的就是給打魚人一個熱乎的環境。

另外，這種糊窗子用的紙與一般的紙不同，人們稱之為「麻紙」，也有叫「麻布紙」的。《扈從東巡》載：「烏喇無紙，八月即雪。先秋，搗敝衣中敗苧，入水成氄，瀝以蘆簾為紙，堅如革，紉之已戶牖。」這裡講的是把麻浸泡後做紙。土炕高尺五寸，周南、西、北三面，空其東，就南、北做炕。

關東天寒地凍，室內全靠火炕取暖，由於火炕都是靠窗子，這就和窗外有較大的溫差，如果把窗戶紙糊在裡邊，就容易緩霜，使得窗戶紙經常脫落。為了使屋裡保持暖和而窗戶紙又不至於損壞，於是就有了這種「房屋裝飾法」。

東北的老窗戶紙是一種纖維特別長的老紙，在民間，造這種窗戶紙的作坊俗稱「紙房子」，在這兒從事造紙的師傅、夥計、徒弟一律稱為「紙匠」。

造紙也是一項技術性很強的活計，首先就是收拾料，也稱「剁繩頭子」。民間造紙用的是蘆葦、蒲棒草、花麻、線麻和繩頭子。在使用之前，要把這些原料統統剁碎，用碾子軋。這種碾子要立起來使，碾盤是深深的槽，使料和水充分衝撞，頭一遍要軋半天，然後開洗。要在槽子裡撒上石灰塊，然後轉動碾子，使料和石灰拌水走。約莫兩袋煙工夫，料和著水開始從有眼的碾子底淌入旁邊的池子裡。這時，紙房子掌櫃就喊：「成垛！」早有準備的小半拉子拎來大耳朵柳條筐，把麻從水池裡撈出來，控盡了水，使碎麻成筐樣的一坨一坨的，然後，把這些坨子抬到屋裡的大鍋上去蒸。蒸麻，是紙房子很熱鬧壯觀的活計。小夥計們把上百斤重的麻坨子，一坨一坨地摞在鍋上，要摞得很高很高。垛和鍋台周圍是一個一個手操棒子（槤子）的力工，他們喊著：「嘿

呦——！嘿呦——！」一層一層，一摞一摞地使勁兒用槓壓水，使坨裡的水分外出，以便開鍋時不透氣，不跑氣，全上氣。

壓水時，紙匠們「嘿嘿」的有節奏的喊聲，配上開鍋時「哧哧」的蒸氣響聲，加上揮槓舞棒的人在朦朦朧朧的霧水蒸氣裡走動，給人一種說不清的神祕之感。

什麼時候蒸到份兒，全靠紙房子技術大櫃一句話，而這個大櫃，全憑他多年的經驗。蒸麻時，小打們一抱抱柴火或一背背大柈子，堆放在灶坑前，低頭燒火，大櫃不說停，就得加火。什麼時候他發話：「好了。不用添火了⋯⋯」小打要馬上住火。於是，一鍋麻蒸好了。

蒸完起鍋，挑到水池子裡開攪。直攪到水裡看不著毛，像一池子豆腐腦一樣了，掌櫃的又喊：「打線！」

線，是另一種池子。祖先留下的關東民間造窗戶紙的老法，使「打線」這個活別具一番風味。打線的人，每人手拿一根二尺半長、帶個彎、頭上有磨茬的小棍，也叫「沙拉子」或「沙拉刺」。打線是苦活累活，固定一個線打三千六百下。

一聽說紙房子要「打線」了，前村後屯的大人孩子，大閨女小媳婦都趕來看熱鬧。這時，紙房子的大院子裡，打線的紙匠們一個人一根小棍，圍在那一個一個「線」（池子）旁，共同揮動手中的工具，「刷刷」「沙沙」地打線。

經過打線，水沉澱一宿，第二天開始撈紙。撈紙是大技術紙匠的活兒，講究計件。俗話說曬紙容易撈紙難。要講究手勁兒、心勁兒，還有好體力。

紙從池子裡撈出來，從簾子上一張一張地揭下，然後碼在池子旁，當夠一定數，就用「壓馬」壓上，壓馬是利用槓桿原理製成的一種擠壓工具，一頭拴上個大石頭，使另一頭增加壓力，把壓力傳到另一頭木板上，木板上是撈出的從簾子上揭下來的紙。

這樣一壓，第二天早上基本幹了，但還是潮乎乎的。於是，小打用小車子把這樣的紙推到「風牆」裡去。

風牆，是用立磚砌成的一個四尺寬的牆過道，上邊用莊稼秧稞苫著：晾紙時，揭開上方的秫秸，北風和陽光透進來。小工把紙一張一張地貼在風牆上，讓它自然風乾。如果天氣好，幾袋煙的工夫就可以幹了。

這種關東民間的麻紙，又粗又厚，上面再用膠油勒上細麻條，刷好桐油，典型的「窗紙」就做成了。這種紙不怕雨水和潮氣。雨水打在這樣的窗紙上，能順利地淌下去，潮氣在裡邊一打，化成水珠，也無法浸入到裡邊，而是滴了下來。

在關東，風大雪硬，可狂風再大，也不能把窗紙吹裂吹壞，春天風起，狂風塵土也不易把窗紙擊碎。這是關東人生存的經驗積累。冬夜，當北風揚起沙雪，老「嘩嘩」地擊在窗子上，像千軍萬馬在奔騰追逐，像戰鼓在「咚咚」地擂響，使人心裡充滿了一種神奇的感受，可是屋裡卻溫暖寧靜，窗紙抵擋住了寒風冷雪的襲擊，關東父老暖暖和和地睡在土坯房子裡，度過嚴寒的冬季。過了冬天，網房子夏天還有人住，主要是夏季捕魚的漁民或孤身的跑腿漢子們，他們沒有家，這兒就成了他們的家。而糊著窗紙的老窗，夏天就支起來，稱為「支窗」，這是為了房子裡能通風換氣。窗戶紙糊在外，這是生活在查干淖爾一帶的人們聰明和智慧的記錄。

漁民的穿戴

查干淖爾漁夫的穿戴往往和北方的農民差不多，但是他們的鞋、帽子、手悶子（手套）、腰帶子什麼的，一定得講究。這種「講究」，不是說為了多麼美觀，而是指一定要保暖實用，特別是要適應在冰上作業。

一、手悶子

在冰天雪地裡捕撈，首先得用手，手悶子很重要。手悶子，就是手套。在查干淖爾，冬捕的漁民都喜歡戴四個指頭合併在一起、大拇指單在一個套裡的手悶子。四個指頭放在一起，可以保存熱量，做時又省工省時。

提起手套，這種東西在遠古時就有了，最早，皮手套僅僅是作為人類服飾的一件附屬用品。日本皮革研究專家獲原長一先生在他的《皮革生產實踐》（輕工業出版社 1988 年版）中記載，從前手套的主要目的是為了「防止冷、熱以及其他危險對手的傷害」。根據古希臘的歷史學家記載，早在西元前五〇〇至四〇〇年，當時的希臘人戴皮手套主要是為了防熱。西元前一〇〇年，希臘人在收穫橄欖時也常戴手套。西元前二〇〇年，雅典藝術家在吃飯時，將很燙的食物先放在皮手套上。目前已知世界上最古老的手套是埃及國王土吞克哈曼的皮手套，至今還保存在埃及的博物館裡。

查干淖爾漁夫戴的多是棉布手套（手悶子）或羊皮、兔皮、麆子皮、狗皮、貓皮的手套。「手悶子」，是土語，指保暖、熱氣「悶」在裡邊的一種服飾，但皮手悶子的製作很複雜，首先要「選皮」。

選皮是選擇動物特別是母麆子、母牛、母羊的皮，用它們來製作手悶子較為合適。要先把皮子在「劃槽」中浸水，不停地晃動木缸子，經過一夜，第二天早晨換水洗。然後是「浸灰」，就是用「刮子」把皮張上的肉刮去後拌灰，再在缸子裡晃動。然後靜靜地放上一夜，第二天早上再清洗出缸，並用刮刀將

皮刮到一點八至二點〇釐米厚，接著進行第二次浸灰。

這種「灰」就是農家的柴草灰或穀草灰，土語叫「把干」。接下來是脫灰與軟化，然後浸酸，加鹽粒子，再靜放一夜然後「開搓」，就是把皮子放在一個木凳子上像揉麵一樣不停地團揉，直到把皮子揉熱揉軟……

這時，要使皮子冷卻下來，主要是搭在「搭馬」上（一種木馬似的木凳，用來曬皮子），放在院子裡或草地上晾掛，等回濕後，拿回去剪裁縫製。這樣的手悶子在捕魚時戴起來非常暖和，看起來外表很土，但裡邊暖和舒服。我問老漁把頭石寶柱大爺，戴上它好嗎？他說，你自個兒戴上，品品吧。

二、老皮襖

漁民多穿皮襖。這本身就是一種滄桑的東西，動物的皮，披在人身上。可打魚的漁夫一定要穿它。

老皮襖又稱老皮筒子、皮殼子什麼的。這是用整張羊皮製作的，毛朝裡，讓板子露在外，腰上扎腰帶子。老皮襖都是打魚的從鎮上皮鋪買來的。從前，大賚、鎮賚、卜奎（白城）、前郭、沙吉毛吐，都有許多像樣的皮鋪。每到秋天，皮匠們就從來自草原上的皮貨商或牧民手中收購大量的皮張，然後熟制。

熟皮製衣是一道古老的工序。皮匠們戴著一條長長的拖地的皮圍裙，整天在臭烘烘的作坊裡忙活著。

這種熟好的皮張，柔軟厚實，做成皮襖很是扛雪壓風，每年漁民都要從鎮裡的皮鋪拉回大量的皮襖，穿上它上冰。

也有網戶達（東家）去皮鋪替打魚人賒賬，等打上魚後再給錢。但許多時候都是打魚人自己用熟皮子做皮襖。打魚人都是聰明好手，為了省錢，他們往往自己把動物皮張（一般是羊皮）拿來熟，手法和上面的差不多。也有漁村自己開的「皮鋪」，漁民既是漁夫又是皮匠，熟出的皮襖不比鎮上的差。

冬天在茫茫的風雪中穿上這種老羊皮襖，打魚人會顯得分外威風和有精神頭，而且這種皮襖領口和袖口開闊，也便於頭和手活動，是一種漁民十分喜愛

的穿戴。冬天到查干淖爾來的人都想穿上一件老羊皮襖到冰上去打魚，或者純粹為了體會這種漁獵文化。

漁民們家家都有這東西。從櫃子裡、倉子裡拿出一件，穿上去照一張相片，那浸泡著查干淖爾潮濕魚草氣息的老皮襖是十分有趣的。

三、牛皮綁和水襪子

有時，我簡直不敢相信自己的耳朵，聽聽這名，只能來自查干淖爾打魚部落。牛皮綁，其實就是一塊皮子的別稱。

這塊皮子，相當軟和，下水底修箔補箔時一定要穿上，並可用來防止魚紮腳。

這種「牛皮綁」，也是漁民們自己熟的，而牛皮綁裡往往要套上「水襪子」來取暖並軟和腳趾。水襪子是一種棉線織的厚襪子，因牛皮綁在外邊兜著，這樣多大多厚的襪子，也就不顯得笨重了，裡邊穿上水襪子，腳趾頭可以自由伸動，便於拿土站穩。

冰上和梁子裡的活，全都是冰冷和打滑的，要穩定身體，全靠腳的力量，腳不穩則全身晃，使不上力氣。而平底的牛皮綁配上軟軟的水襪子，正好適合冬捕時漁民使用。

這種水襪子又叫棉襪子，在江河湖泊邊上作業的漁民，一年四季都離不了這種水襪子。如在夏天，船在靠岸時往往由於岸邊水淺靠不了，這時漁民就要穿「水叉」（一種鞋褲相連的服飾）涉淺水上岸，水叉裡就要墊水襪子。

四、纏腰布子和圍脖巾

打魚的，一定要有一條纏腰布子。

就像西北黃土高原上的人要有一條白羊肚手巾一樣，東北的漁民要靠這「纏腰布子」來像徵自己的職業特徵。

纏腰布子就是一般的白花旗布染成黑色或藍色的布，鎮子裡的布店或鄉下的染坊都有。一條纏腰布子要十米長，得可腰纏，一下子可纏個十道二十道

的，這樣起到壯腰保暖的作用。

冬捕打網和下樑子的漁民，人和冰水打交道，別說水往身上落，就是「氣」也冷。這種「氣」，指「冰氣」。冰氣從冰上起，吸人身上的熱量。而人幹活時散發熱量，就容易出汗，一出汗，就容易受風。特別是腰部如受了風，人就無法再站立，於是人們就想到了使用纏腰布子來保護自己。因此，纏腰布子是打魚人的一寶。

纏腰布子多是梁子捕魚漁民所用，而圍脖巾多是冬捕時打冬網的漁民所用。這是一塊長方形或三角形的藍麻花布子，有時紮在腰上，起到了腰帶子的作用，可以使皮襖緊緊地貼在肚子上和身上，有時風大，冰水四濺就把這種「布子」紮在脖子上，並把一角一掀，蓋住頭，包住頂，免受冰水冷風的襲擊。

說起來，這種家染的老麻花布子也有悠久的歷史了。據史料記載，我們的祖先早在商周時就已掌握了染色技藝。《尚書・益稷篇》就有「以五彩彰施於五彩作服」的記載，說明當時人們已經掌握了用五彩染料染制各色衣物的技術。又據《考工記》記載「……三人為纁，五人為緅，七人為緇」。說明古人已掌握了重複染制調整被染物品色度的本領，而東北民間的「老染坊」就專門染布子。

古人染色所用的染料都是天然的莖、葉的汁液（藍色），茜草的汁液（紅色），還有少數動物類的如胭脂蟲的分泌物以及少數礦物如銅綠（綠色）、硃砂（紅色）等，當然都是在麻、棉一些紡織物上著色。打魚人使的麻花被、褥子和腰布子、包袱皮子，都屬於用草靛印染出的農家土布，也是查干淖爾漁夫們穿戴和使用最普遍的一種。

五、貉殼帽子

北方的冬天，捕魚人的帽子非常重要，因為這兒太冷，帽子要不扎風，人就會凍麻。這裡的捕魚人愛戴的是貉殼帽子。貉是北方平原靠崗近水邊的一種

小動物，喜歡在江邊柳叢一帶奔走，它的皮毛特別的珍貴，主要是毛細密，根部柔軟，毛髮直長，特別扛風遮寒。

在查干淖爾一帶，冬天如果誰能戴上一頂貂殼帽子，那是讓人羨慕的事情，而漁把頭，必須要戴上一頂貂殼帽子。這是他的威嚴。

據老漁把頭呂祥義和石寶柱他們講，漁把頭在冰上領人冬捕打魚，自己一定得打扮得威威風風的，戴頂貂殼帽子，這才像個把頭樣。

這也是打魚人的心理。他們也染料，大多屬於植物類，例如蓼藍，希望得到人們的看重。

冬季，各種帽子要到鎮上的帽子鋪去定做或買來，但「皮貨」，也有自己用熟皮製作的。「殼」就是皮的意思，是指幹了以後的「皮張」。如漁把頭蔡少林師傅，他就會熟皮子。

貂殼帽子戴上後，對耳朵和後脖梗子起絕對保護的作用。在冰上捕魚，冷風最愛吹掃後脖子，脖子一受風，就會紅腫，於是人便會缺氧頭發昏，就會站不住。而貂殼帽子的毛正好可以擋住吹脖風，保住這關鍵部位不受寒。好的貂殼帽子還會「吃霧」，雪花落上，一抖就掉；風一過，老雪又會從帽子上的軟毛上飄走，真是神奇的帽子。

六、靰鞡頭

漁民的鞋，叫靰鞡頭。

靰鞡是東北民間用牛皮做成的一種鞋。

傳說有一年，乾隆皇帝東巡來到關東地區，一看這裡百姓腳上用一張動物皮裹著，乾隆帝問：「這是什麼？」

百姓答：「鞋。」

乾隆是位聰明的帝王，他說：「此鞋奇特，又備受邊民喜愛，既然沒有名叫它烏拉鞋吧！」

這一下，這種鞋可就出了名了。因烏拉是地名，而這種鞋又是皮革所制，

所以就以靰鞡二字代替。

據農安「聚盛永」鞋鋪掌櫃趙喜貴大爺講，當年在關東靰鞡的製作十分講究，一張牛皮只能出四五雙靰鞡，而一到五排靰鞡之間最好的是二排靰鞡。頭排取皮在牛尾巴根那兒，稱為「糟門」皮，二排取皮在牛屁股和脊骨處，是最好的位置，所以二排靰鞡價格最貴，往往比頭排和三、四排貴三四倍，鞋也特別耐穿耐磨，三排是腰骨處，皮質打橫，製作不出優質靰鞡，只有二排靰鞡叫「十字花骨」，是優等貨。

做靰鞡要練手指和手腕的勁兒。靰鞡不分左右腳，但手活一定要靠，用單線別褶，別一針透一個。上臉別褶都是講究的工藝。做靰鞡的皮子要用穀草熏。東北的穀草，經霜梗硬，葉厚，點燃後煙大。用穀草熏後的牛皮乾濕適度，扯拉得體，上針不抽不走，拿完褶上完臉，還要在後跟上釘兩個扁釘，以便走起路來往後「沙」，抓地穩。關東靰鞡分大褶靰鞡和小褶靰鞡。大褶靰鞡產於烏拉街一帶，一般是八個褶；小褶靰鞡產於遼寧海城的牛莊，一般是十個褶。

查干淖爾捕魚人喜愛靰鞡，就像喜歡自己的兒女一樣。打魚的人俗話說，冬天在冰上打魚，只要腳不凍，人身就不易坐病，而最好的保護腳的服飾就是靰鞡了。穿這種鞋，裡邊要墊靰鞡草。靰鞡草是東北草原和山林間生長著的一種小草，秋天割下，用木槌一砸，墊在靰鞡裡，關東人把它稱為「三寶」之一。墊上靰鞡草。冬天走在雪地上不起「丁腳」。「丁腳」是指鞋後跟上凍起的冰土疙瘩。北方氣候寒冷，冬天在外作業的人，最怕鞋子下邊起「丁腳」，長了「丁腳」則走路發滑，抓不住路，而穿靰鞡就不打「丁腳」，並且不累腳脖子，不勒腳趾頭。又由於鞋裡塞進足夠的靰鞡草，腳套在裡邊，又暖和又舒服，又寬鬆，不勞累，還不得腳氣。有時在別人看來靰鞡穿上沉，其實打魚人不怕沉，在冰上，沉又成了「輕快」，因為在冰上走會發滑，腳下沉反而身子穩，穿靰鞡的人在冰上走得很穩，所以靰鞡是打魚人最喜愛的「寶貝」之一。

漁獵習俗和禁忌

一、吃魚看臉譜

查干淖爾漁民家，往往珍藏著許多珍貴的魚文化臉譜，什麼冰神、霜神、黑魚精、鯰魚精，等等。

在查干淖爾做客，家家招待你的時候都少不了魚。

出魚的地方，做魚花樣翻新，其中有一道最有特色的美食，叫「拌生魚」。

這兒所說的拌生魚，單指冬捕時節和開江季節的魚。冬天，江底的魚兒經過一冬的沉寂，肚子裡的泥呀草呀都「吐」得干乾淨淨，就剩下新新鮮鮮的肉啦。開江的魚也是這個特點，所以這時才吃拌生魚。拌生魚最理想的魚是嫩江或查干淖爾的老黑魚。當然鯉魚、胖頭、狗魚也不錯。做法是這樣，先把魚的鱗片和內臟去掉，然後扒魚皮。這時，魚的脊肉露出來了。要用快刀片下魚的嫩嫩的脊肉，切成細絲，放進裝醋的碗或盆裡攪動。等醋汁渾濁了，就換一下，直到醋汁變得清亮，魚肉絲變成粉白色為止，就可吃了。

吃時，一定要備好鹽末、味精、香油、蒜末、鮮姜和芥末，根據自己的愛好可加辣椒、海米和芝麻醬，然後夾起來蘸著吃。

還有一種吃法，乾脆不先用醋「拿」魚腥，而是就著大江大湖的原始腥氣兒，蘸上一點醋，這樣吃才有一種原始的自然味道。

這種拌生魚，吃一口頓覺全身清爽，使人胃裡積存一冬的濁氣頓時全消，使人精神倍增，渾身有勁兒。

如何吃魚，還有很多講究。魚端上來了，整整一條或煎或紅燒，要將魚頭對著客人放。夾魚時不能先動魚頭，更不能先碰魚的眼睛。老漁把頭石寶柱說：「動了它的眼睛，魚就找不著道了。」

漁民說，魚奔亮。而捕魚活動是一件亮亮堂堂的事，所以魚都奔來。吃魚時，再看一看那些奇特的魚神和季節神臉譜，聽一聽每一位魚神的來歷和傳說，真有一種奇妙的感受。

二、入鄉隨俗

來到查干淖爾，人要學會適應這一地區的民俗和風情。比如魚來和來魚這種概念在查干淖爾漁民的心裡是堅信的，誰也不敢去破壞這種信念。在查干淖爾漁場，一網魚打上來，旁邊幫忙的或是看熱鬧的想拿一條魚回家吃，打魚人見你拿了魚，就會順口問：「回不回來啦？」

如果你說回來，這啥事沒有，打魚人還會高高興興地讓你拿走；如果你說不回來了，那就瞧吧，打魚的把頭說啥也不能讓你把這條魚拿走，你就是拿著跑出二里地，也得把你追回來。你想想，「魚」不回來，還讓打魚的下網打個啥呀？

在網房子或漁民家最忌諱的是背著手走路。特別是從網房子出來，背著手走了，這叫「背氣」。背，是不吉利、不順當的意思，也指手氣和運氣不好。到漁民家或進網房子，無論幹什麼，只要是頭一次來都必須說吉利話辦吉利事。首先要「道快當」，就是會說話，如「快當快當！」或「各位心裡敞亮！」這時捕魚人也會回答你「快當快當！」或「一樣一樣！」

這叫「道辛苦」。

道辛苦，是對人的一種尊重和理解，也是人的一種品質。你對他們道了辛苦，打魚的覺得你夠朋友，看得起他們了。只要你向他們問了好，道了辛苦，網房子裡的人就會拿你當朋友待承，並會熱情地說：「上炕坐著，抽菸！」像對待自家人一樣。

三、漁民和二人轉藝人

東北二人轉藝人有時到網房子裡給打魚的人演節目，俗話叫「唱網房子」，他們認為這是「窮人」看得起「窮人」，於是互相擔待。打魚人下網或

起網，藝人就歇著；他們回來或吃飯，這邊鑼響就唱，這叫「兩不耽誤」。

但有時一個段子唱到半截，人家就幹活去了，藝人就得留著「茬口」，等他們回來再接著茬口唱。「茬口」指到一個段落，下次能接上。

網房子不許進女人。

捕魚人都是男子漢，唱戲的要上女角色就得「包頭」，男人裝女人。有的男角一打扮，一上妝，就和女人一模一樣。曾經有農村那些光棍傻小子看得直尿褲子。

在農村或網房子，人們看看「包頭」的藝人演出，也解解總也見不著女人的思戀之苦，所以這也是可以理解的。在網房子唱二人轉，事先不講價，唱到最後一天臨走時，網房子統一「給賞」。賞，就是給魚。

賞多賞少，就看這幾天魚打的多少。如果魚打得多了，就多賞點兒；如果捕撈得少了，就少賞點兒。但一般情況下，捕魚人不讓藝人吃虧。他們往往說：「咱們捕多捕少，有時能找回來，年成好了，水肥江富，就興許多撈。他們走南闖北，看人家臉子行事，不易呀！」這是查干淖爾漁民的人品。捕魚人的心地是好的，藝人的心也是善良的。有時一季不景氣，捕魚人給錢，唱戲的就不要，往往說：「給點兒魚得了！」還有時先賒著，來年再說。

總之，藝人和捕魚人都是窮人，他們的共同特點是別看人窮，可都要臉兒。

就像捕魚人知道江風冷暖一樣，他們也深知唱戲人的不易，下晚睡覺總是把背風的地方騰出來，讓給藝人睡。平常燉魚總是挑個大個兒的下鍋，表示對藝人的「敬」。而唱戲的藝人呢，只好拿「藝」來回敬。

在查干淖爾給捕魚人唱段子主要是注意別說不吉利話。

這些人願意聽喜歌、喜段子和笑料口。有時他們也想聽「春的」「粉的」。因為在網房子不是按出給錢，所以藝人往往也不忙，往往該春就「春」，該粉就「粉」，穩穩當當，有頭有尾，一點兒不摳不減，把肚囊裡的「玩意兒」都亮出來，報答網房子裡捕魚人的熱情善良，安撫他們的辛苦和勞累。

四、漁民的忌諱

漁民最忌諱說話不算數或被人看不起。在網房子或「梁子」上，他們最忌諱的是外邊來人就問：「屋裡有沒有人？」

「沒人？」那是牲口啊。

在江沿上，不能小看人，小瞧人。進屋上江，不能隨便從打魚的工具上邁過去。冬網在冰上捕魚時，除了爬犁外，再涼再累也不能坐在打魚工具上歇著。

打魚人不「傷害」工具，這是他們的品質。他們尊重工具，更尊重那些有打魚經驗的上了歲數的老漁把頭。

網房子裡的炕頭，一律是留給漁把頭的。因為冬捕時天寒地凍，網房子裡唯一暖和的地方就是炕頭，這地方叫「頭鋪」，挨著頭鋪的地方叫「二鋪」，這是一個屋裡的「最佳」住處。這個地方就專門留給大把頭、二把頭，不是一般人能住的。

這個地方平時也不能隨便坐。

過去來了客人，土匪鬍子或拉魚的老客，打魚的往往「讓」說：「台上拐著！」（請上炕去坐著）這是對人的尊敬和高看一眼。

平時這些小規矩，打魚人也要時時記住。如網壞了，出窟窿（出洞）了，不能說「壞了」，要說「出亮子了」，大掏、水線折了，叫「生了」，吃魚吃完一面要翻過來時，叫「劃過來」，這和烙餅一樣，叫劃過來。

在船上和冰上，碗和盆不能扣放，不能把筷子橫放在碗和盆上，不能用筷子敲打碗盆。夏天不能在船頭撒尿，冬天捕魚在冰上不能衝著太陽撒尿。

拿魚時，不能拿魚頭或拎魚尾，要拿中間。在冰上冬捕，所有的魚都要拎在手上或扛在肩上，不許夾在腋下。

夾，他們認為不吉利。夾是「卡」「刮」的意思。這都容易使人聯想到夾網、卡網，這些都是不順利的意思。打魚圖的就是順順當當，這也許是他們的

一種心理禁忌，一切與「不順」有關的行為、聲音、動作他們都忌諱。他們最煩趕車拉魚的老闆子「夾」著鞭子進網房子。對打魚人不敬，他們認為也是對江河湖泊中神靈的不敬。

打魚的「規矩大」，是指他們在江河湖泊等自然環境裡生存，危險性大，他們希望自然的神靈來保佑他們，所以開網前祭河神，冬捕鑿開冰後，還要殺豬，把豬血淌進冰眼的水中。據說這樣，「河神」就領情了。

敬河神的心理過程一直延續在他們一生的生活歷程之中。這表現了人對自然的一種依賴。

網房子灶坑裡扒灰，不能往大江或大泡子水裡倒，這是怕「嗆」著河神爺。

有一回，一個不懂事的小孩上網房子玩，他也不明白呀，尋思幫爺爺幹點兒活吧，於是把灶坑裡的灰扒出來，一筐筐地倒在泡子的冰上了。正好這天冰網上的人回來，說網打空了。把頭往外一看，問：「這是誰往冰上倒的灰？」

大廚房的師傅說：「不知道哇！」

小孩說：「是我呀！」

把頭說：「誰帶的孩子？」

大師傅愣了。這是一眼沒照到，讓他犯了規啦，於是「撲通」一下就給把頭跪下了，說：「都怪我，孩子不懂事呀！」

可是，說啥也沒用。漁把頭不但沒給他股子，還把他當時就辭退了。

在船上，桅杆不能叫「桅杆」，要叫「桅」，大桅、二桅、小桅。桿和「乾」字連音。「乾」指不吉利。水乾魚就少，所以打魚人特別禁忌提「乾」字。

繩，在船上處處有，冬捕也時時離不開繩。但是打魚人不能單提「繩」，要叫什麼什麼繩。這一是單提一個字不順，要雙字雙音，表示多，不單一。再說也是捕魚生產的需要。如把頭向小股子要繩，說要什麼繩？哪種繩？必須說清，所以船上的繩統統分別叫「蓬上繩」「絞繩」「抱桅繩」「錨繩」，等等。

五、祭水神

捕魚要特別注意觀察自然的變化，天、地、雪、風、水、氣，起什麼霧，刮什麼風，漲什麼水，堆什麼土，這些都關係到捕魚。在嫩江和查干淖爾，捕魚人最怕的是「河神爺修府」，所說的河神爺修府，是指江泡裡的烏龜在江裡挖坑要「修窩」或下蛋。

具體的特徵是，只要打魚人突然發現江水起沫子，或沿邊上的泥土「噼里啪啦」地往江裡滾。這時，打魚的就緊張了。他們往往互相說：「河神爺修府了！」

在江河水底，龜的體積大，它的硬殼一攪動，岸邊的土就會滾到水裡，很有破壞力。

鱉魚「修窩」很厲害，有時眼瞅著岸上的窩棚或網房子一點點地倒塌在江水裡。自古人們對「龜神」十分崇拜。這時捕魚人要趕快祭河神，就是「殺豬」，也叫「許豬」，是許願的意思。

把一頭豬抬到江邊，把豬按在江邊開殺，讓血流進水中。這時漁把頭點上香，跪下向著大江磕個頭，說：「河神爺，別在這一帶修府了，讓我們快當快當吧。等我們打了魚，再來祭祀你河神爺……」然後放鞭炮。

這時，網房子要把豬肉燉上，所有來人誰趕上了，進屋說一聲「快當」，然後上炕就吃就喝。

對鱉神的祭祀在網伙子組織好後要先去祭它的廟，並由東家和老把頭一塊兒去，特別是冬捕的時候。祭祀的爬犁安置得十分隆重。殺好的雞、新蒸的饅頭、上供的香、疊好的紙碼、鋪供的老紙，都要帶上，漁民們大人小孩送到泡邊上，遠遠地看著大爬犁在灰濛濛的冰雪原野上駛向天邊，漸漸消失。

查干淖爾河神廟坐落在如今乾安縣陳字井泡沿的一處高土檯子上，裡面除了鱉神牌位之外還有山神、土地神、河神、老把頭等。

這時爬犁到了。人先把紙鋪在廟前的雪地上，擺上供，把頭和掌櫃的齊刷

刷跪下，先磕三個頭，然後挺起身說：

> 河神爺，俺們來了，
> 來看望你祭祀你來了，
> 求你保佑俺們照看俺們吧。
> 我們這就下湖開網啦，
> 讓我們打紅網多打魚，
> 能平平安安順順利利的；
> 等打了大魚，
> 再來祭祀你河神爺老把頭。

　　人類的圖騰崇拜最早都是來自於對崇拜對象的恐懼。動物學家在久遠的歲月中發現了龜有頑強的生命力，對它的崇拜也有祝福人類自己長壽之意；和這種動物生活環境近的人很瞭解它的習性，崇拜它有很多時候是為了保護自己的安全。查干淖爾漁夫崇拜鱉神也常有原始崇拜的形態，足見這種崇拜的珍貴和古老。就是今天，冬捕夏撈如網中有龜，人們要把它們放回水中。老漁把頭蔡少林和石寶柱都跪下，先磕三個頭，然後挺起身說：說：「不知是怎麼回事，現在俺也不吃它的肉……」這是一種文化和觀念的傳承和延續。這種歷史越悠久，文化的力量就越巨大。

　　查干淖爾人的河神廟原在湖的西北方向二十多公里處，這一帶總刮西北風。如今位置已在泡子底了。

　　燒完香，然後回去。回去後，就是「開網宴」。

　　開網宴，主要是漁把頭或網戶達請網上的「四梁八柱」（主要負責人）。往往是在東家或鎮子裡某某家的大館子裡舉行。由把頭擺上菜，倒上酒，然後把頭把酒高高地舉起，對「各位領頭人」說：「諸位，如今要開網了，咱們是一個伙子。沒別的，喝了這碗酒，咱們就擰成一股繩，每個人各負其責吧。領

網把頭，你要精心，跑動要及時，前後都得你呀！跟網把頭，你要眼尖，小股子們咋樣，全靠你發配！馬輪把頭，你要趕好套子，絞大掏不是玩的，要跟上拖力……」總之是對所有把頭囑咐一遍，然後大吃二喝一頓。這算是開網飯。

六、神祕的冬捕儀式

地處嫩科爾沁草原的查干淖爾冬季捕魚儀式很隆重，嫩科爾沁草原久遠的歷史過多地積澱在它的漁獵文化上。如今祭湖儀式由查干淖爾邊上的妙音寺喇嘛來主持，他們詠咒經文，禱告水神保佑漁夫們的安全，而其實是提醒打魚人一定要團結，一定要集體行動，他們叨唸著「水神」的名字，手舉皮鼓，虔誠地翻動著經書，然後圍著敖包奔走，接著舉行大型的「跳鬼」。

跳鬼就是跳查瑪舞，這是一種古老的原始祭祀活動。從前草原人稱為「博」。博是一些有很強能力的傳人，他們懂得生活中方方面面的知識，他們會看病，會給牲畜和動物治療；他們懂得草原上各種植物的來歷，他們知道天氣變化的原因；他們甚至知道人和一切生靈的生死。他們是草原的智者。他們還精通各種民俗掌故和傳說。而這一切都是通過舞蹈來展現的。

查瑪舞是查干淖爾冬季捕魚節中古老的民俗事項。跳者都戴面具，通過那些做成動植物形態的面具，去講述人類遠古時期各類動植物神靈戰勝邪惡、乞求平安的故事。音樂採用原始的古樸蒼涼的樂調，配以咚咚大鼓擊打，讓表演者以鮮明簡潔的動作去述說情節。這樣，音樂和舞蹈都不煩瑣，給人以清楚而新鮮的深刻烙印，反映出原始文化的特色。查瑪舞舞蹈語言生動強烈，無論是出擊還是奔走，都形象地講述了這個民族在游牧、農耕、狩獵等生活中的體會，充滿經驗性和歷程感。

查干淖爾地區民俗文化的規範化說明了嫩科爾沁人們具備了很強的生存能力。人類生存能力和生存經驗往往是通過文化和民俗活動來一代代地傳承下去的，因此民俗活動越豐富越規範的地區，說明人與自然的融合越典型，就越應該引起世界各民族的重視。

接下來是「醒網」儀式。醒網，是指「網」在秋季以後一直放在一旁沉睡，現如今要冬捕了，網該「醒醒」了。這其實是人在生存歷程中對他們發明的工具的崇拜。

人類改造自然往往依靠技藝，對技藝和工具的崇拜表現了人類對創造這些技藝和工具的祖先的崇敬，這表現了人類崇高的品質和情懷，因此「醒網」也叫「祭網」。其實祭網是祭所有的捕魚工具，並以網來代替。

他們先把網放在供桌上。喇嘛們點燃了一種「年息香」，這是用草原上的一種植物製成的，點燃時不許用火柴，要使用原始的火石自然取火。這其中也包含著對自然和原始科技能力的歌頌。點上香後，漁把頭大聲叨念：「網啊，這一季冬捕了，就看你的了。你幫俺們多捕魚；你能幫我們，你有這個能力。等俺們打上魚，再祭祀你呀！」說完，把頭舉起了手中的酒碗。

這時，站在冰上的若干名漁把頭每人端起了大酒碗，一漁把頭搬起一個酒罈子，往每個人的碗裡倒上酒。

當大家都滿上之後，總漁把頭喊：「喝了它！」

於是，所有的漁把頭一齊將碗中的酒喝下。這叫「壯行酒」。這是一種烈酒，每一名「網片」把頭都要一飲而盡，但不能叫「乾」。因為「乾」字不吉利，不提它。喝完後，把頭喊：「上冰！……」這時所有的人都跳上拉網的大車或爬犁，浩浩蕩蕩地開赴冰面去捕魚作業。

這時，在冰面上的濛濛雪霧凍風裡，冰鑹鑿擊冰的咔咔聲，馬輪拖網的吱吱聲，以及漁夫們用行話喊叫的聲音及出魚時的歡笑聲，久久地在風雪瀰漫的查干淖爾冰原上飄蕩，傳播著查干淖爾人久遠的冬捕歷史和濃郁的北方風情。

到了冰上還要祭祀。

有錢的大戶人家帶豬羊，沒錢的帶雞什麼的，都行，但一定要帶紙、香，還有鞭炮。在查干淖爾，最窮的漁民冬捕時也得抓頭豬留著祭祀，不然不行。當第一個冰網眼打出後，把頭讓人在冰上擺上供品，把酒倒在大碗裡，然後命人殺豬。

豬要在大冰眼前殺，讓血淌進冰層水底，然後讓爬犁把豬拉回去，他手端酒碗在冰眼前跪下，用手指尖蘸一點酒，向上一彈，這是撒給老天爺，打魚的靠天吃飯；再蘸一點，抹在自己額頭上表示對天的敬仰；再往冰上撒一點，這是敬河神，是大湖給予了漁民豐厚的生存資源。接著高喊：

　　　　水神湖神，冬網開始了，
　　　　保佑俺們多打魚，別出事；
　　　　　　拿了紅網，
　　　　年年祭祀你呀！

然後把酒碗端到唇邊，一口喝下。大喊一聲：「下──網──！」這時鞭炮齊燃，震落風雪和寒霜，整個冬捕開始了。

漁獵傳奇

一到了冬天，查干淖爾處處充滿了傳奇，每一個小股子、漁把頭、看網房子的都處在產生傳奇和進入傳奇的角色中，這是因為冬捕是人類和大自然的一場獨特的搏鬥，生活的每一個角落，都被冰鑹擊冰和馬兒拖拉馬輪絞網的聲響調動起來，那是生活和大自然的神經，當若干年過去之後，這些被歲月磨洗過的故事和傳奇依然會精彩。

一、地老天荒

冬天捕魚，人和大自然去較量，俗話說，不是男子漢，當不了打魚的。是嚴冬，是風雪，養育出北方彪悍的捕魚人。

有個漁把頭，叫楊顯生，他從十五歲開始，就腰扎麻繩，穿上老皮襖，跟著大車去打魚了。他先和一個叫藍青山的在安達泡子打魚，趕馬輪子，一共掙了十一元錢。到後期，冰快化了，把頭說：「行網——！」

行網，就是搬家，指換換地方，挪挪泡子。可往哪兒行呢？有人提議：「上查干！聽說那兒魚厚。」

漁把頭說：「中。」

大夥齊喊：「開拔！」

從安達泡子走，起大早，一直往西南。馬拖著裝網的木車在荒涼的草原雪地上狂奔。長途怕馬累著，人捨不得坐車，有好幾個小股子累得在地上跟著馬車爬呀。

到黑了，才遇上一個屯子的小店，把頭花了錢，大夥進去就睡。第二天天還漆黑，大毛星還沒退呢，把頭就喊「起——！」

打魚的都齊心。大夥坐在車上，馬兒跑在雪上，人們一口一口啃著凍豆包、凍窩頭。天一放亮，已走出六十多里地了，這個地方叫烏蘭毛都。他們向

一個撿糞的老頭打聽：「老爺子，到查干淖爾還有多遠？」

「啊？」風大老人聽不清。

「查干淖爾？」

「皮裡兒？」老頭一勁兒打岔，「我這帽子是兔子毛。」

大夥暗暗叫苦。這時候在荒原上，連打聽道的都遇不上啊。大夥正發愁，就見遠處的雪原上來了幾匹馬，近了才看清是幾個遛馬的蒙古族人，漢語說得不太準。聽說去查干淖爾，他們一指說，不遠，也就三四十里地，一條「毛道」。

蒙古族人走後，把頭問大夥是走還是歇。

按實情應在本地打打尖（吃點兒飯），但一聽說「不遠」，大夥就說聽把頭的。把頭說：「不就三四十里地嗎？我看咱們趕路。兄弟們，辛苦點兒，搶上時間就是錢哪！」

大夥也說：「大櫃，出門在外，聽你的。」於是立刻停車餵餵馬，就又開拔。一口氣幹到晌午歪了，前邊還不見查干淖爾的影子。大夥感到奇怪，這是怎麼回事呢？這時，人挺不了啦，更主要的是牲口不行了。俗話說，打魚的，拉大車跑外的，人吃不吃的可以，但牲口虐待不得，那幾匹拉漁網大車的馬一個個跑得都蹄子「拍巴掌」了。拍巴掌就是指蹄子拖地，不抬腿，任憑你棒打鞭抽。

這時，遠處來輛拉草的車。打魚的問：「大把，你上哪兒？」

拉草的老闆子說：「烏蘭毛都。你們上哪兒？」

「查干淖爾。」

拉草的一聽，大吃一驚，說：「你們咋造這來了？」

「這是哪兒？」

「五馬沙坨子！」

「離查干淖爾還有多遠？」

「還有八十。」

「離烏蘭毛都呢？」

「整整一百二十里。」

呀，大夥吃驚不小，一頭晌造出這麼遠，這也不怪聾老頭和蒙古族人，是他們沒聽清人家的話，就走開「毛道」了。不行了，卸車餵馬吧。於是，小股子們立刻燒火、飲馬地忙乎開了。

天黑下來了，四野還有些亮光。東北風、小清雪在荒甸子上打著旋兒地刮開了。荒冷無邊無際。

吃完飯，就套車。荒原雪地上，一群黃羊子奔上來，跑得撲騰撲騰的，足有四五百隻。那時的嫩科爾沁，草場草原，水足地肥，野生動物很多。這些黃羊是東北亞地區的典型物種，又叫普爾熱瓦爾黃羊。

把頭說：「黃羊子找水吃冰！咱們按它們的道走。」

於是大車魚隊上了路。跟著黃羊跑起的煙塵走，一走走到午夜兩點，到了查干淖爾的北沿，還有十多里地就到冰上了。這時，大夥也累得實在不行了，正好前邊一個屯子，漁把頭進村子裡敲門：「俺們是打魚的，借一個宿吧！」

屯人間：「多少人？」

「八九十人。」

「不行，太多呀。找屯頭（管事的）吧！」

可是，半夜三更的，多麻煩人哪，乾脆自個找窩子睡吧。把頭摸黑一看，屯子一頭有一溜破房框子，牆上刻著老花邊，這可能是清朝兵營的一個倉庫，正好空著，住上吧。於是，就進了裡邊。

人一進去，頓時塵土四起，驚得無數狐狸和黃皮子（黃鼬，又叫黃鼠狼）從窗櫺和人的腳下奪路而逃。打魚人一人一捆穀草，鋪上狗皮或自個帶的棉襖，一個個睡得賊香。

第二天一早，屯大爺來了，一問是來查干淖爾打魚的，就說：「你們咋不早打招呼，這樣不坐病嗎？」

把頭說：「就是怕麻煩您呀！」

屯頭說：「查干淖爾就是打魚人的家呀！只要你們來了，有我吃的，就有你們喝的；有我睡的，就有你們住的。沒吃沒喝，一個蝨子咱們一人一條大腿！」

說得大夥都笑了，可心裡是暖的。

於是，屯大爺派下飯去，家家有份兒，半個屯子都招待著這伙遠道而來撲奔查干淖爾的打魚人。

吃完飯，太陽升起一竿子高了。把頭對領網的人說：「看看人齊不齊！齊了就套車。」於是，這夥人又馬不停蹄地一口氣趕到了查干淖爾最裡邊的泡子梢上。藍把頭說：「這有個空地方！」

楊顯生說：「我相相（看看的意思）。」

他跳下車，在泡子雪上走一走，用腳把雪搓開，蹭蹭冰。只見冰色發灰，而且「魚花」（氣泡）多極了。他大喊一聲：「卸網吧！」

藍把頭拍了一下他的肩膀，說：「中啊。」

楊顯生說：「咱們打上一網看看。」

轉眼間，一排冰眼打出來，大夥立刻在領網的指揮下，把大拖網下到冰層中。晌午頭，馬輪子開始「吱吱」叫喚，大掏升騰著濛濛水氣。太陽落紅，日頭平西，青口開始「並掐」（合網），只見大個子魚一堆堆被拖上來，冰面上立刻堆起了魚山。這一網足足打了七萬多斤……

本來幾天幾夜沒吃好，沒睡好了，把頭本想讓大夥住網，歇一歇，可是小夥子們一見魚來勁兒了，一個個的喊：「再來一網！再來一網！」

打魚這行當，可能有癮。大夥來勁兒，把頭也架不住了，於是說：「行！」

又來了一網，這一下四萬多斤。大夥不回網房子了，乾脆爬冰臥雪地在冰上幹了兩宿三天，網房子的小廚子把蕎麵卷子搬到冰上，就連做飯的也抄起兜網從青口往上抄魚……

豐收是人創造的。他們一共打了七網，共是三十多萬斤。魚垛堆在查干淖

爾的冰上，魚山蒙著薄薄的白雪，人和馬都變成了灰茫茫的顏色，人的鬍子眉毛上全是冰凌。人，凍得已不會說話。一個個齜著牙，只會從嘴角冒白氣。

兩個抄網的小股子累得倒在冰上呼呼地睡著了，睡得是那樣香甜，可是，手和胳膊插進冰洞的水裡也不知道，等醒來，別人一碰，胳膊叭的一聲，就掉在冰上了。

他，一點兒也不疼，直喊：「大櫃！大櫃！你看俺這胳膊是咋的啦……」

把頭跑過來一看，大叫：「我的媽呀！」

把頭把小股子的胳膊從冰上撿起來，一手摟著小股子，一手抱著那隻掉下來的胳膊，哭了，說：「孩子，大叔俺對不起你呀！這麼小就領你出來闖查干淖爾……」大夥也都落淚了。寒風又把淚凍成冰疙瘩。

小股子卻說：「大叔，別哭，別哭。」他自己卻哭了，說：「大叔，俺不怪你。都怪俺自個兒不聽規矩。打魚的早有規定，放冬網不能在冰上打瞌睡，都怪俺呀！」把頭說：「孩子，啥也別說了。從今往後，你就是我的骨肉，大叔我養活你！我給你成家立業，娶妻生子。到老了那天，沒錢買棺材，我用葫蘆瓢給你蓋臉！」從此，把頭把這個小股子當成了自己的骨肉。

查干淖爾的風雪，日夜在白茫茫的曠野上吹刮著，許許多多鮮為人知的故事，在這亙古荒原上生成。那是人與荒原的傑作，別地無有，別土不生。

二、住快當

查干淖爾冬季捕魚的季節，是當地盛大而歡騰的節日，捕魚的人忙，周圍的屯屯戶戶也在忙，大家都在想著怎樣去充分體現這種歡樂和品嚐這種壯麗，因為當地有一種古老的習俗——道快當。

道快當，是指在冬捕的季節裡，任何一個過路的，只要來到網房子，推開冰面上網房子的門，說一聲：「大櫃，辛苦了！」捕魚人就會心底一熱，忙招呼你進屋上炕，熱情款待，並給你做各種魚吃；臨走打魚人還會指著魚堆說：「拿幾條魚回家過年吧。」道快當的人往往扛上兩條魚，千恩萬謝地走了。

為什麼在東北，在查干淖爾，在那無垠的黑土地上，來人只要問一聲好，就可以讓人感動，而且瞬間便成了朋友呢？

　　我站在查干淖爾冰原上，眺望那伸向遠方的無盡頭的白雪平原，感受著北風的呼嘯吹刮，我深深地悟出一個實實在在的道理，那就是黑土地給予人的博大與寬厚。你救俺，俺救你；你幫我，我幫你。不需要講任何條件，誰講了條件，就會被東北人看不起。

　　人們都說北方的黑土地荒瘠，荒得沒文化，是啊，初來的人一眼望去，到處是白雪和草原，與江南相比，這裡似乎缺少了那些「溫馨而精緻的曲曲彎彎」，而且「透著點兒蒼涼和浩茫」（余秋雨《山居筆記》）。可是人一到東北，這片土地上的那種情懷，卻深深地感染著他們。人的情懷、人的精神，潛移默化地融在深深的黑土裡。余秋雨把這兒稱為「流放的土地」去挖掘人性的深深的內涵。余秋雨挖掘的「流人」中的洪皓，恰恰是被南宋朝廷流放到「寧江洲城」（今松原）之地，這不正是查干淖爾嗎？

　　《山居筆記》中說，從前的東北，地可不是這樣的地，流放者去了，往往半道上被虎狼惡獸吃掉，甚至被餓昏了的人分而食之，能活下來的不多。流放是對人的長時間的可怕的折磨，死了倒也罷了，問題是人活著。許多人在等待著有朝一日朝廷的免罰或開恩，但是「茫茫的寒冷荒原否定了他們，浩浩的北國寒風嘲笑著他們」，沒有幾個人能被「召回」。

　　他們的性格和感受，開始融合在黑土地民族中。

　　東北的歷史學家王維憲在《洪皓在松原及其他》中說，洪皓被流放到北方，每日挖野菜充飢，拾馬糞取暖還凜然不屈。一次，一位比較友好的女真貴族和他談話，兩人爭執起來。女真貴族生氣地說：「你到現在還這麼嘴硬，你以為我不能殺你嗎？」

　　洪皓說：「我可以死，但這樣你們就會蒙上一個斬殺來使的惡名，恐怕不太好。離這兒三十里地有個叫蓮花池的地方，不如我們一起乘舟去遊玩，你順便把我推下水去，就說我是自己失足，豈不兩全其美？」他的這種從容態度，

把女真貴族給鎮住了。女真人有欽佩英雄的習俗，後來當洪皓真的回歸朝廷並又死於流放途中時，女真人還經常打聽他們的「朋友」，並對他的子女備加憐惜。

中原人的文化和北方民族的性格，在深深的交融中獨立，好的精神會融合，同時會被一個民族深深地接受。

對於流放的遙遙無期，流放者的「朋友」深加同情，並不惜用自己的生命和年華去「送流」和「陪流」。

送流，是說朋友送朋友去流放。

陪流，是說朋友竟然陪著朋友來流放。

在東北的黑土地上，甚至諸多被流放的清朝官員與反清人士結成了好友。融合、理解，一切恩恩怨怨都在塞北的風雪之中消解了，黑土地是人對人生命價值重新確認的見證。

在東北的黑土地上，患難之交是真情，東北處處是生命對生命的呼喚，友誼對友誼的碰撞。據《山居筆記》中說，元時浙江人駱長官被流放東北，他的朋友孫子耕竟然一路相伴從杭州千里迢迢相送而來；清康熙年間兵部尚書蔡毓榮獲罪流放寧古塔，他的朋友上海人何世澄不僅一路護送，而且還陪著朋友在東北住了兩年才返回江南；更多的是流人和當地人成了生死朋友，從而改變了這些人的處世哲學。余秋雨在《山居筆記》中還記述了一個出生在上海松江縣（今松江區）的學者藝術家楊碹，他多次莫名其妙地獲罪，直到七十多歲還在東北曠野上流放掙扎，可是後來，他終於認識到北方的黑土地是他生存的很好的情土。他在一首《謫居柬友》的詩中寫道：

> 同是天涯萬里身，
> 相依萍梗即為鄰。
> 聞騎定衛頻來往，
> 小擘霜螯忘主賓。

明月滿庭涼似水，

綠荷三徑輕於茵。

生經多難情愈好，

未覺人間古道倫。

　　隨著光陰的磨洗，無數的生命與黑土地上的民族相融合，產生了金子一般的珍貴情誼，那是一種患難之中的互助，余先生斷言：「在漫長的中國封建社會中，最珍貴，最感人的友誼必定產生在朔北和南荒的流放地，產生在那些蓬頭垢面的文士們中間」。於是，生命才放出了一道奇異的光彩，於是，北方的黑土地上才有了「道快當」這種奇異而又普通的民俗。

　　打魚人都是苦人，苦人是社會中的最低微者；出賣勞力，無有他求，一句暖心窩子話，便可成為朋友，便可分享他們用生命換來的所得，中原人往往稱東北人太「虎」。

　　他們所說的「虎」，除了指粗獷剽悍外，就是「傻」。可是，傻人，實在，用東北民俗學家王兆一先生的話說：「虎人好忘己。」這是一種美德。

　　有了「道快當」於是又有了「住快當」這樣一種文化延續。

　　在東北查干淖爾，農曆十月的時候，秋風送去南雁歸，風雪交加蓋荒原，大片的草和蘆葦由綠變黃，冬季來了。

　　這樣的季節是東北行幫土匪「貓冬」的季節。

　　貓冬，北方土語。貓，不是指動物貓，而是「藏」「躲」起來的意思。就是躲在一個地方，等待冬天過去，他們再集合起來騎馬奔走。在那樣寒冷的茫茫荒野，他們能去哪裡？於是，打魚人的網房子就成了他們搶手的熱點住處。這往往在他們「散隊」的日子前，誰去哪個網房子「貓冬」已成定數，而且「小崽子」還撈不著。在一個像樣的匪隊中，只有大當家的和四梁八柱才有資格。

　　生活在查干淖爾西南的老匪「長江龍」，原是沙吉毛吐人，他「起來」得

早，十七歲就「落草」拉桿子。由於他起局是得罪了爹娘，爹從小給他介紹劉家油坊的掌櫃閨女，他卻偏看上了胡家皮鋪的丫頭，於是燒了劉家油坊隻身落草，冬天到來時他無家可歸。

土匪們講究秋散春聚，就是青紗帳倒了先分散回各村各家，到來年青草一掩蓋住馬背再聚首。於是，每到散隊前大夥都讓大當家的先挑貓冬的地方。這時，眾匪往往說：「大櫃，你先踢坷垃（找安身網房子）！」

長江龍說：「那俺就不客氣啦。」

弟兄們笑著說：「來吧！來吧！」

查干淖爾近百里的茫茫水面，早被無數打魚隊分割成數塊地盤，而且匪們講究去年去過的網房子今年不能再去，這叫有再一再二，沒有再三再四。人們都按著「習俗」傳承著平等觀念。

於是長江龍說：「我上湖西北宋把頭的網房子……」

在從前，每到冬捕季節，各網房子的大櫃也知道會有鬍子來貓冬，他們早就給他們準備好了吃住和被褥。人們聽來不禁要問，這不是「通匪」嗎？

其實北方人不這麼看。

北方人覺得，這些胡匪已成為江湖浪子，爹娘們盼他們回頭都盼不來，如今他們來貓冬，正是應該挽救他們的時候，何不借此機會暖暖他們的心。因此，查干淖爾漁民的每個網房子每年都接待幾個無家可歸或有家不能回的老匪來貓冬，這是北土人的情誼呀！

查干淖爾人都是些熱心腸子。現在人叫「奉獻」，或說東北人都是「活雷鋒」，從前的話是「借鞋連襪子都脫」。這種風俗在查干淖爾甚是普遍。其實來者和接待者互相都知道彼此的「底細」。鬍子和土匪來網房子「住快當」，也有一定的說話「套數」。他們闖網房子，往往是在天黑以後，或是暴風雪的深夜。

查干淖爾漁夫看網房子的人都習慣給這些「浪子」留門。老把頭睡覺前，往往看一眼跳動的油燈火花，說：「留心點兒，今晚可能有客到。」

小股子往往說：「這麼大的風雪，拉魚的也不會來呀。」

「不是拉魚的，是住快當！」

於是，小股子們終於明白了，但還是渾身哆嗦。許多土匪馬賊他們只是從老一輩打魚人嘴裡聽說過。

大風雪在空曠無垠的查干淖爾荒野上煙似的吹刮著，北風像一位喝醉酒的大漢，粗獷地肆意喊叫，帶著長長的尖厲的哨音，長久地在冰面上迴蕩。

有時，北風沉寂了，那也許是醉漢醉倒了。大自然也有勞累的時候，暴風雪沉寂的時刻其實是最可怕的，那是狂暴的反差，不知下一刻狂暴怎樣開始。等待狂風暴雪起來之片刻讓人焦急。難熬的等待，突然，網房子門外傳來了動靜，似有人敲門。小股子驚恐地溜下火炕，操起魚叉推開門，卻是風吹動了網房子房簷上所掛的羊皮裹著的馬燈在晃動。這時遠處有人走來了。小股子顫抖著問：

「你是誰？」

「我是我。」

「壓著腕。」

「閉著火。」

多年野外冬捕打魚生涯，他們對夜行人的規矩也是瞭如指掌的。來者正是貓冬的鬍子長江龍。只聽對方說：「西北懸天一片雲，烏鴉落在鳳凰群。我今凳高了，馬短了，想來你這貓冬！」

小股子問：「是吃快當？還是住快當？」

「是住快當。」

小股子手一揮：「大櫃，房子裡有請，炕頭上被都鋪好了。」到此，一個貓冬的關東響馬就被熱心的查干淖爾打魚人接納了。

可是，也有許許多多的歲月讓人心驚膽顫，那是北方的每一個人都記得的事情。那樣的日子說來就來。

大片的黑土荒地伸向天邊盡頭，那是北方的蒼涼和遙遠。這時，人們突然

會發現地平線上湧起了烏雲，貼著地平線黑壓壓地向村落滾來。是烏雲？是風暴？是沙塵？都不是，那是東北特有的「隊伍」胡匪的馬隊。馬蹄雨點般敲打著荒土由遠及近，塵煙土沫飄蕩起來遮住日頭。天色變得朦朦朧朧。村落裡雞飛狗跳。鬍子來啦。

男人們背負著爹娘向門外移動；女人們抱起孩子麻利地跳過院牆；來不及走掉的大姑娘小媳婦趕緊摳塊鍋底灰往臉上抹；死也不離開的老太太手抓炕席坐在炕上哭號著……

鬍子終於進了屯子。大當家的叫喊：「從西往東，挨家壓（搶）！」於是，家家院門口響起了對話：

> 看皮子，掌亮子，
> 備上海沙渾水子，
> 小嘎子，壓連子；
> 空乾？草乾？
> 空乾啃富，草乾連水，
> 非空非草齊個草卷，
> 掐著台上拐著！

這是東北黑土地上胡匪自己的「語言」，村屯的百姓也一定要聽懂，會說。這段話的意思是，「看護好你家的狗，別讓它咬人；點上你家的燈照亮；預備好鹹鹽和豆油；小孩去給我們遛馬去。」於是這家主人要客客氣氣地說：「大櫃，餓了還是渴了？餓了就吃飯，渴了就喝水，不渴不餓給你一顆煙，拿著坐炕上抽去。」

胡匪們進了人家屋裡，高喊著「乾淨媳婦」，坐在炕上的老太太嚇得哆哆嗦嗦地說：「我們家沒有乾淨媳婦，就一個埋汰（髒）媳婦還回娘家了！」

眾匪們被逗笑了，說：「不是媳婦，是掃炕笤帚……」

終於，女人被土匪從藏身的木櫃或倉房裡翻了出來。他們強行褪掉她們的褲子，在她們雪白柔軟的肚皮上打牌，輸贏竟是女人的青春和生命。

三、巧遇老才旺

老把頭蔡少林說，在查干淖爾冬捕遭罪不用說，最擔心碰上土匪鬍子。這些人經常在江沿上遛，打魚的得懂他們的規矩，不然就會遭殃。可是，他卻曾遇上了一個挺有趣的土匪。

一年，快冬捕了，他請來了丁木匠帶著兩個徒弟給修理爬犁。幹完了讓小廚房給炒了點兒菜，預備了四個人的飯，他們就喝上了。正吃著，就見網房子門一開，進來一個人，手拿著一個大蠅甩子。開口就說：「搬三呢？」（喝酒的意思）

他一聽這「行話」，就明白了：來者不善，這不是一般的人。只有土匪、鬍子才來網房子這麼說。但他是誰呢？難道是「老才旺」張占鋒？

於是他說：「吃點兒？」

來人說：「不吃。」

「上炕坐吧。」

「好。我拐著（坐著）！」

蔡少林看他乾坐著，就順口說：「打聽個人。」

「誰？」

「這一帶有個老才旺嗎？」

「有哇。」

「他現在……」

「死了。」

他說著，依舊甩著蠅甩子。

看看蔡少林他們吃完了。他突然問：「你們吃完了？那我吃點兒。」

蔡少林一愣，說：「方才你不說你吃了嗎？」

他笑了，說：「方才我看你們只有四個人的飯，我一要就沒了。現在你們吃剩下了，我就來點兒。」

吃完飯，大家嘮嗑。蔡少林問他「搬三」啥意思，他說：「喝酒。老才旺就是我呀……」蔡少林吃了一驚。老才旺是這一帶出名的鬍子頭，他「起」得早，人馬多，槍法也准，傳說他的絡子是「局紅管亮」。

蔡少林說：「你多少弟兄？」

「七百。」

蔡少林開玩笑地說：「你可是個大鬍子頭啊。」

他說：「我是。但我從不『拉房身』（不在自己家門口幹），這叫兔子不吃窩邊草啊！」

蔡少林說：「大櫃，這些年沒人找你嗎？」

他說：「有，但是俺有功。」

「當鬍子還有功？」

「當鬍子就不興有功？當鬍子有功，就是大功，因為俺們拜的是十八羅漢。十八羅漢從前是一家人，老太太領十八個兒子過日子。一天娘說，兒啊，人家都會點兒什麼，你們也出去學點兒手藝吧，於是兒子們就走了。一年後兒子們回來對娘說，天下富人少，窮人多，什麼手藝人都有了，就缺一個殺富濟貧的，我們幹這個吧。娘一聽，嚇得說，可你們『殺人放火』，人家一看這不是我兒子嗎？兒子們說，不能。我們都化化妝，下巴上都貼上鬍子，離家門口遠點兒幹事，這樣就誰也不知道了。於是，從此世上就有了這麼一行，所以叫『鬍子』，而且不在家門口『做事』……」

他講的「鬍子」的故事讓人們都聽入迷了。蔡少林又問：「你不說自己有功嗎，講講。」

他說：「來根草卷……（要煙抽）」

蔡少林把煙給他點上，他邊抽邊慢慢說著。

他有個拜把子弟兄人稱「王炮頭」，他表弟是八路軍遼北支隊派來「收降」

土匪隊伍的，一天在執行任務時，讓乾安一帶的大土匪「兩點」給抓住了。兩點把王參謀捆起來，說：「你打死了我的弟兄，我什麼也不要，就要你的命！」於是王炮頭找到了老才旺說：「大櫃，想啥法也得把我表弟救出來⋯⋯」王炮頭特意和才旺說了表弟的「根脈」（來歷）。老才旺是個開明的人，一聽就答應了：「這樣的人得救。咱們吃這碗飯的人也不能吃一輩子！你放心，救不出來，我就捆他兩點！」於是直奔乾安。

這一天，他來到了乾安兩點的絡子。

一進院門就喊：

西北懸天一片雲，

烏鴉落在鳳凰群。

不知哪位是君？

不知哪位是臣？

兩點自己是有兩百人隊伍的大櫃，見來了「裡碼」（同行），只是欠了欠屁股，說：「報報迎頭！（問你貴姓）」

才旺說：「人為財死！（指自己姓才）」

兩點一聽，愣了，難道是嫩科爾沁草原上著名的土匪老才旺？這可是個惹不起的主。於是，立刻跳下了炕，雙手一抱拳說：「啊？難道是才掌櫃的？」

才旺說：「稱不起掌櫃，我是老才旺啊。」

兩點立刻讓人沖茶倒水，並把才旺讓到了炕上。才旺一上炕，故意把屁股上的德國造的擼子露了出來，就是想讓兩點看看，因他知道兩點愛槍。

果然，喝著水，兩點說：「大櫃，你的跑梁子（槍）啥牌？哪兒造的？」

「純德國貨的傢伙。」

「給俺看看，擼擼草籽子中不？（打兩下子）」

「中。誰跟誰！」

兩點一摸，槍嘴子冰涼，就知道他走了很遠的路，準是為著「王參謀」而來。於是問：「打兒哪過來？」

　　「查干淖爾。」

　　「這麼遠來，真的抽他？（要他）」

　　「不然能來嗎？」

　　「好。可大櫃，你知道，我是想用他換跑梁子發給弟兄們。如果你真的有心，就把你這顆跑梁子扔下吧。」

　　「一言為定？」

　　「一言為定。」

　　「好。」

　　於是，兩點命人將王參謀帶了進來。王參謀蒙著眼睛，綁著。才旺說：「給他鬆綁，我帶走。」

　　兩點說：「不行。」

　　老才旺：「怎麼？你變卦啦？」

　　兩點：「我先挑（走）！剩下人你帶著。這樣穩妥。」於是老才旺把王參謀領到房後，解開繩子說：「你等我！」然後衝天放了一槍，又回到屋，告訴兩點人已處決了。不一會兒，兩點人馬走了，王參謀被才旺救下，並認了才旺為姑父。才旺一直把王參謀送到開往哈爾濱去的火車上。王參謀說：「姑父，今後有個為難遭災，你找我！」

　　這以後，王參謀當上了一個地方的大官，可是他心裡總是惦記著老才旺，並決心尋找他。而老才旺呢，就在他救了王參謀不久，他的隊伍被打「花達了」（打散了），他一個人逃到查干淖爾西北的大布蘇鹼房子裡去撈鹼，每天穿著破棉襖、破棉褲，造得不像個人樣。

　　這一年春季的一天，王參謀終於在鹼泡子上遇見了老才旺，爺兩個久別重逢，抱頭痛哭。於是，王參謀把老才旺領回了家。一進屋，媳婦說：「大姑父，你那破棉襖趕快扔了吧！我給你換季（換換新衣裳）。」

老才旺說：「侄媳婦，還是我給你換季吧。」

「你給我換？拿啥？」

老才旺：「你抖抖我那破棉襖！」王參謀媳婦一抖老才旺的棉襖，嘩啦掉的可地都是錢。原來，那棉襖的每塊補丁裡都藏著銀錢，從此，他才過上舒心的好日子。

蔡少林說，人們只知我是個打魚的，卻很少有人知道我還知道東北土匪老才旺，江沿上故事多，是因為東北鬍子多。可是一般的土匪鬍子不動打魚的，因打魚的也是「江湖」上的窮人哪。

古語說，鬍子不離江邊，這一是因為東北江河湖泊的周圍都是「條通」（成片的柳條叢，當地人又叫柳條通），便於藏身；二是因為湖泊的四周往往是大片的野甸子，便於他們的馬自由奔走。一般人走進茫茫草甸子，其實這是靠近了土匪窩，而冬季查干淖爾漁夫的網房子卻是鬍子喜歡吃住的地方。其實是打魚的用自己的「鄉情」感化著土匪鬍子們，土匪有許多是種地的「土民」，他們一見到和自己一樣的「弟兄」（打魚的），往往也忍著性子，使「住快當」成了東北黑土地上典型的民俗。

四、吃快當

文化和習俗，是人類心底的力量。

有些人來到網房子只要道一聲「辛苦」，就可以拿走魚，但北方人知道捕魚人辛苦，那魚也不是大風颳來的呀，於是一些來網房子道快當的人往往也不空手，有的拿一串辣椒，有的帶一瓣蒜，然後拿走幾條魚，也就算雙方扯平了。這是這兒的鄉親和百姓的一種情誼，於是就有一些非常獨特的習俗隨之產生了。

古老的查干淖爾，有多少奇異的文化可以列入世界文化遺產之中去加以保護和探研呢？有一年夏秋之際，一個南方人長途跋涉來到北方的查干淖爾，當時他又飢又渴，正好見一個婦人在井台上打水，於是他就走上前去說：「大

嫂，請給點兒水喝吧。」女人望了他一眼，順手從地上抓起一把草末子，灑在提上來的柳罐的水上，說：「請喝吧！」那人一看，心裡這個氣呀。向你討一口水喝喝，你竟然把土撒在水上。

　　但這人又一想，出門在外，什麼委屈也得受啊。於是他忍著心底的氣，蹲下來，雙手把著柳罐斗子，邊吹著水面上的土草，邊喝著，終於喝完了，解了渴。女人卻什麼也沒說，挑著水走進了村子。

　　那人沒動地方，只是站在井台上，遠遠地望著她走進了村裡的哪戶院子，這才奔旁邊的一個屯子走去。於是，一個主意在他的心底產生。

　　這個人是幹啥呢，原來這個南方人是個算命先生，他來東北就是為了闖蕩天下，尋找人間的奇情怪事，挑水婦人對他的「待遇」，使他堅定了一個信念：「俺要在這住下來，報復一下這個女人。讓她也知道知道我的厲害。」於是他就在離女人不遠的另一個村子住了下來。

　　由於他會給人算命，看房地、墳場有一套本事，所以很快就落了腳，並且有吃有喝，還被人高看一眼。這一年，查干淖爾的冬捕開始了。

　　一秋一夏的日子裡，南方人已打聽好那女人的丈夫是個領網的漁把頭，心裡就有了故事了。女人的男人姓孟，叫孟尚春，這年冬捕他領著一夥子人上冰捕魚，南方人瞭解到當地有「吃快當」的習俗，於是就找了一些和他好的地戶給他們出主意說，「打魚人打的魚也不單是他們的，大夥應該都分分……」

　　村裡人說：「想吃了，去道個快當，弄幾條來，不也行嗎？」

　　南方人說：「幾條？太少了。」

　　「那還能成筐背？」

　　「不但用筐，還可以用車去裝。」

　　村裡人哈哈笑了，「不可能吧。人家不讓！」

　　南方人說：「讓，準會讓。」

　　村裡人一聽，愣了。還有這好事？於是，南方人就一五一十地把自己的打算說了。村裡人不敢這麼做，但又有事總求這個南方人，於是只好按他說的試

試，並且只到孟把頭的網房子。

　　說來也巧，那一年，眼瞅著到了年跟前了，孟把頭的隊只打了一車魚，這天天剛黑，看網房子的老五叔就聽有人敲門。

　　老五叔說：「黑燈瞎火的，快到屋吧！」

　　這時就見一個人手提一串辣椒走進來，說：「掌櫃的，快當！」

　　老五叔一看是來「道快當」的，忙回：「快當！」

　　「也沒啥拿的，給，燉魚時放點兒！」

　　「唉，來就來唄，客氣啥！」老五叔說，「快上炕暖和暖和吧！」於是接過這串辣椒。

　　來人說：「不啦，我得走。」

　　和往常來人道快當一樣，老五叔照舊說：「別空手，拿魚吧！」

　　來人說：「不拿了。」

　　老五叔：「這怎麼成？這是規矩……」

　　在查干淖爾，到網房子來的人，回去空手走，等於罵打魚的；而且也不吉利，這等於咒打魚人再也打不著魚。老五叔熱忱地說：「不中！不中！你得拿。」

　　那人說：「拿，可我族裡的人口多，少了不夠吃，多了你不讓。」

　　老五叔笑了，說：「捕魚人在冰上見面，就成了朋友了，啥多了少了的，少了不夠，你就用車拉俺也不會說啥呀！」其實老五叔說的是笑話，但也是心裡話。因為他知道，誰能用車來拉呀？

　　可是，他簡直不敢相信自己的耳朵，只聽那人說：「真的？」

　　「真的。」

　　「這可是你說的？」

　　「打魚人一語出口，駟馬難追。我說的！」

　　「好。」那人說完就出了網房子。

　　老五叔急忙跟著追出來，只見那人向房後喊道：「裝魚──！」

立刻，網房子後邊的雪堆旁真趕出兩輛木輪子大車來。老五叔一看蒙了，忙上前阻攔，可那人說這不是你剛才說的嗎。就在他和那人撕扯著時，來的人已把魚裝上了大車，臨走甩給老五叔一句話，「把頭回來，讓他到蘇克瑪找我南蠻子！」

　　當天夜裡，孟把頭領人回到網房子聽說有一夥「吃快當」的來了，竟用車把魚拉走了，覺得很吃驚，於是，就按那人說的，第二天就找到了蘇克瑪。

　　南方人說：「孟把頭，這事辦得是損點兒，吃快當也不能這麼吃呀。可是我這一手是和你婦人學的！」

　　孟把頭說：「我婦人？」

　　「對呀。」

　　「她怎麼得罪你了？」

　　「你問她。去年夏天她挑水，一個過路的討水喝，她怎麼待人家……」

　　孟把頭愣了，急忙返回家。回到家他問婦人，是有人向她討水喝的事嗎？

　　女人說：「有哇。我當時往裝水的柳罐斗裡扔了一把土，這才給他喝。」男人說：「這就對了，人家和咱結下了冤仇。」

　　「什麼冤仇？」

　　「人家用咱查干淖爾吃快當的風俗，狠狠地吃了咱們一傢伙，用車來裝魚！」

　　婦人說：「他怎麼能這樣？當初，我往水裡撒把草末子，本來是好意……」

　　「往水裡撒草末子，還是好意？」

　　婦人說：「我見他走得氣喘吁吁，人急喝不得涼井水，不然會炸肺坐病，於是我才往水裡給他撒上一把草末子，是讓他邊吹著邊喝，這樣可以使他不得病呀！」

　　「咳！那你當時怎麼不告訴人家？」男人急了。

　　婦人說：「他一個大男人，我這個女人家怎麼好和他細說什麼呀？再說，

他一個走南闖北的大男人，連這點兒民間常識都不知道，還當陰陽先生？」

後來，這個事傳到了南方人的耳朵裡，他後悔壞了。人家明明是為了怕自己坐病，才往水裡撒把草末子讓他慢慢喝；而自己小心小眼，為了報復一個女人，竟然住下來，利用當地風俗去坑害人家，自己還是個人嗎？

後來，南方人羞愧地走了，離開了查干淖爾，再也沒有回來。

在查干淖爾，這只是一個故事，可是查干淖爾人代代講述著它……

五、捕魚的要飯

打魚人吃的是「季節」飯。到了捕魚的時候，捕到了魚，賣出去才是錢；有了魚賣不出去，就等於你是個窮光蛋。

一年，一夥薩爾圖一帶的打魚人來到查干淖爾，他們在湖上占了塊地方，就鑿冰下網，網網也就打個千八百斤的，由於他們來得晚，快開春了，冰上的魚賣不出去。

那時賣魚，都是老客到冰上來，講完價，拉走，可是這一次由於快到年跟前了，人家該買的也都買完了，於是這堆魚，就只好堆在查干淖爾冰面上。魚本身也擋風隔熱，一點點的，就把冰面捂化，魚沉到湖裡去了。

網戶達一看急了，埋怨小股子們，可小股子們也埋怨網戶達，說都到春天了，也沒來外客買魚，這能怨誰呢？可是倒楣的卻是打魚的，他們向網戶達要工錢。

網戶達說：「你們沒掙著錢，我給你們啥？」

小股子們說：「啥都行啊。」

網戶達說：「一人給你們一百豆包。」

豆包是東北農村上好的乾糧，是用黏米做成的一種吃食。網戶達說給打魚人黏豆包當工錢，這還是個不錯的網戶達呢，你不要就啥也沒有，於是打魚的只好每人背著豆包往家返。

道遠，沒有車，再說，就是有車，也沒有盤纏哪，於是領網的就對大家

說：「這樣吧，咱們到村裡的紙匠鋪，每人買或賒上一疊『財神』，一邊走，一邊往各家子送吧！」

大夥說：「這不是要飯嗎？」

網戶達說：「這不比要飯好聽嗎？」

大夥含著淚，這麼辦了。

走啊走啊，進了屯子。每人分准一家，站在人家院外喊「恭喜發財！財神到了！財神到了！」

東北人都明白，這是變相要飯的。可是已快到年了，家家的財神早已請到了，也不能請個沒完哪。於是，迎出來，問：「你們哪兒的？」

「打魚的。」

「打魚的咋造這樣？」

「唉，東家，別提了，這不，往家走，分文皆無，一人就這一袋豆包。」也有看怪可憐的，給幾個小錢，把他們答兌走了。

說起來，這給一袋子豆包還是不錯的呢。

有一年，查干淖爾上一夥打魚的趕上「背氣」，在哪兒下網哪兒沒魚。也是因為湖上打魚的網隊太多了，幾乎是網挨著網了，於是臨到年跟，硬是沒啥分的。大夥大眼瞪小眼地在網房子的地上瞅著漁把頭。

怎麼辦，漁把頭和網房子做飯的一商量，說：「數數，看看還有多少豆包，多少人，匣子裡還有多少錢。」

一數，一人平均九個豆包，一元錢。

漁把頭落淚了，說：「弟兄們，我熊，我沒看準網窩子，實在對不起大家了，請多包涵著點兒；一人一份，拿著吧。明年好了，我給大家補吧！」

大家還能說啥呢，於是一人九個豆包，一元錢，這就是一冬天捕魚的收穫，回家過年，其實和要飯的沒啥區別。

六、半拉子賣魚

出魚的地方往往也出故事。

在查干淖爾以西有個叫小塌拉紅的泡窩子，有一年一夥打魚的碰上「紅網」（魚很多）了。開網十來天的工夫，冰面上的魚垛就垛了一趟子一趟子的，來買魚的人擠滿了網房子。這些買魚的南來北往的都有，有遼寧海城、鐵嶺、昌圖、遼陽一帶的；也有四平、梨樹、長春的；還有黑龍江和其他地區的，南腔北調操著各種口音。這其中有一個從梨樹來的老客，姓于，叫于洪濤，此人面相凶惡，一副豬肚子臉，帶著十多個人，在大小廚房橫逛，別人行事都看他的臉色……

為了顯示他財大氣粗，他穿著一件破皮大衣，十個手指頭成天扎撒著，每個手指頭上都戴著一個金餾子。

冰上開網已經好多天了，魚堆得都已經幹不開活了，只剩下「葫蘆心」（中間的一塊窩子）了，網戶達急得對把頭說：「這麼多魚，咋還不出手？」

漁把頭說：「已經說好了，明天裝車。」

下晚，把頭特意從冰上趕回網房子，命小廚房炒了幾個菜，燙上烏蘭塔拉的老酒，然後舉起酒碗說：「諸位老客，如今我們開網已多天，諸位也歇得差不多了，明天你們就裝車吧！」

老客們一個個喝酒，誰也不吱聲。

漁把頭明白了，這是因為于洪濤的魚垛橫在冰道最前邊；他不裝，別的老客動不了。從前，裝魚的不許挑揀，也沒法挑揀，只能以先來後到的順序自然排隊等著收魚。可如今，碰上了這個霸道老客，他不動，別人誰也不敢開價裝車。

漁把頭說：「于掌櫃，你差啥不裝車？」

于洪濤一邊啃著魚肉，一邊說：「差兩分錢的價！」

漁把頭一聽心裡真來氣。

本來這魚價已經夠低的了，于洪濤這麼一壓，就等於整個查干淖爾魚價都被壓下來了，這也對不起別的網。而且，于洪濤在前面這麼一擋，其他的老客也沒法再等待。這時一個個買魚的老客放下酒杯酒碗，說：「漁把頭，對不起，俺們不能等。只好告辭了！」於是，一個個的跳下炕，飯也不吃，走了。

只有于洪濤這伙，坐在炕頭上幸災樂禍地喝著小酒，說：「怎麼樣漁把頭，乾脆趁早降二分包給我，不然一時半會兒你也賣不出去，爛在冰上，小股子們也得找你算賬！」

漁把頭說：「掌櫃的，世上沒你這麼辦事的，有能耐你去對付高官警察，坑我們一個窮打魚的算什麼能耐？」

可是于洪濤皮笑肉不笑地說：「話也不能這麼說，誰坑你了？買東西還得有個討價還價吧？我出個價，你不賣，你還不讓我算計算計嗎？」

「可你，到多咱是個頭？」

「快！快！也就十天半個月的。」

「哈哈哈……」他那幫無賴一個個的笑上了。

漁把頭一想，也是該著倒楣，讓他「遇」上了，於是心一橫，大喊一聲：「小半拉子！」

「來啦！」這是家住庫裡的一個小嘎（小孩），由於小，來網上幹不了活，他牽一匹馬頂半個股工，他在大廚房拉風匣再算半個工，名叫小德子。這小嘎子人雖小，心眼多，大夥看他有出息。

漁把頭當著于洪濤的面說：「小德子，你別燒火了。明個你帶兩車魚上大賚行不行？」

小德子一愣說：「我？」

漁把頭說：「你去。賠了算網上的！掙了算你的……」

于洪濤一見漁把頭出這個招，想發怒，但魚是人家的，他也不好說話。眼瞅著漁把頭領著小德子，到冰上就裝了兩車魚，又多加了兩筐，也不稱，就全扣在車上了，說：「上路！」

漁把頭又對小廚房燒火的說：「我們三天不回來，把飯送冰上去！」說完，領著人走了。于洪濤毛了，但還裝硬氣，喝完酒躺在網房子的大炕上就睡。

再說小德子，已知道把頭是和于洪濤這伙損老客治氣，心想一定要賣下這批魚，不然就「起」不走于洪濤啊。

車來到大賚鎮，已經到了晌午了。進了魚市小德子就喊：「新魚，查干淖爾的新魚！」話音剛落，有本地的魚販子，外地的魚販子，還有魚店的掌櫃，就都圍上來了，問什麼價。

小德子說：「你們給什麼價？」

大夥到跟前，一看真是當年的頭一趟魚。

有人說：「三千。」「兩千五。」「兩千九。」

賣魚的講究「袖裡吞金」。小德子一會兒「打不開」，一會兒「打得開」（同意或不同意），最後，以三千八賣了魚。這一賣，一下子把市價給要起來了，當地人都知道查干淖爾的魚肥、肉好。跟車的老闆子和掌櫃的都挺樂，大夥到雜貨鋪買了些手巾、肥皂、煙和糖塊，簡簡單單地吃點兒飯，就往回趕。

快半夜了，車趕回到網窩子。

老闆子離老遠就喊：「把頭，這回咱小子可造上了！賣了大價。」

把頭說：「當初我就有話，小德子賣了魚，就給他獎賞。這不是幾個小錢的事，咱們這口氣得出啊……」小德子也樂了。就把帶回的煙，一人一盒地分給把頭、領網的、跟網的，還有趕馬輪的。大夥在冰上歡蹦亂跳時，于洪濤派來「聽風」的人急忙奔回網房子，對于洪濤說：「大哥，不好了，小德子把魚都高價賣出去了！」于洪濤一聽，傻了。他氣呼呼地對大夥說：「還愣著幹啥！快去網窩子裝魚呀！」

可是，等他們趕到網地，一份份的魚都賣給別的伙子了，于洪濤一看要賠，就急忙領著他那夥人奔別的網地了。

七、蘇爾丹和狼

嫩江的南岸是鎮賚，北岸是黑龍江省的泰賚，在嫩江科爾沁草原，一切時序都是跟著江和泡來運轉，特別是冬季的冬捕，那是這一帶的所有人家、買賣、字號都在算計的日子，這是因為勤勞的人們只能靠著自然的時日來安頓自己的生活。

有一年，嫩科爾沁草原上的查干淖爾又快到冬捕了，泰賚縣麻繩鋪掌櫃蘇爾丹的鋪子裡十幾名繩匠都被人請走了，這天夜裡，突然又有人敲門。

已經睡下的蘇爾丹問：「誰呀？」

「掌櫃的，俺是從查干淖爾來的。」

「啊呀！這麼老遠……」蘇掌櫃趕緊下地開門。一看是一個人騎著一匹馬，牽著一匹馬。

原來，這是查干淖爾網戶達吳連甫家的一個小股子，奉命前來請蘇掌櫃去給打麻繩。蘇掌櫃有些不信，說：「你們東家咋才想起下手哇？」

小股子說：「別提了。今年一開始東家本來打算歇一季，可是他有個小舅子從海南迴來，據說有一肚子打魚經驗，三攛攛兩攛攛，他又幹了。於是，非讓俺請到你不可。這不，馬都備好了。」

恭敬不如從命。人家從吉林到黑龍江來請人，不去太不給面子。當下，蘇爾丹把老婆曹桂芳喊起來，佈置她看好門市，然後背上打繩工具和查干淖爾來的小股子就上路了。

從鎮賚到查干淖爾路程本來不太遠，也就二百多里地，可是，他倆一過鎮賚就走「麻達」（迷路）了，小股子說往左，蘇爾丹說往右，兩人爭執不下，又沒有一個過路人可打聽。

天漸漸陰起來，飄開了小清雪。北風一刮，刮鼻子刮臉的嘎嘎冷。蘇掌櫃畢竟比小股子有經驗，他瞅瞅前邊有個土崗子，好像影影綽綽有幾棵樹，也不知是不是人家。於是就對小股子說：「你在這等著我，千萬別動。」

蘇爾丹讓小股子牽著馬，看守著工具，自個找了根樹棍拄著往前面的土崗子走去了。

俗話說，平原地帶望山跑死馬呀，那土崗子看上去近，走起來足足有二里多地。當他登上去一看，哪裡有什麼村落，原來是一片亂樹窠子，雪末子和荒草遠遠地鋪在那裡，四野荒蕪一片，沒有人家的樣子……

他準備返回找小股子的時候，突然發現身後十幾米遠處坐著一隻灰黑色的東西。舌頭伸在嘴外，兩耳立立著，頭和身上的長毛在風中飄動著，兩眼發出綠瑩瑩的光亮，一動不動地端詳著蘇爾丹……

狼，這是北方荒原上的一隻惡狼。

蘇爾丹知道，北方嚴冬的狼十分凶狠，就是在大白天，它們甚至都敢大搖大擺地走進人家的院子，去雞窩裡抓小雞吃，眼下是荒無人跡的荒甸子，它一定更凶惡。蘇爾丹突然想起小時爹曾經告訴他，狼最怕「土堆」，它再聰明，也怕。他試探著往後退了兩步，狼果然往前走了兩步；他停下，它也停下……

於是，蘇爾丹明白了，如果不和這惡狼鬥智，今晚他是逃不掉了。再說，要退，也得朝著小股子的方向，二里多地遠，兩個人可以對付它呀。想到這裡，他迅速蹲下去，用雙手麻利地在雪地上堆起一個雪堆，然後急忙扭轉身子，往來的方向轉去，鞋都跑掉了也不顧了。

看著蘇爾丹移動了，狼立刻站了起來開追。可是來到蘇爾丹堆的雪堆前，它猶豫了，不敢貿然越過。惡狼見蘇爾丹又要往遠去，就急忙用兩隻前爪扒著雪堆，當它發現裡面什麼也沒有時，這才跨過雪堆向蘇爾丹猛追過來；可是，就在這時蘇爾丹又埋好了另一個雪堆。就這樣，狼扒開一個，蘇爾丹又修一個，每次走不了二三十米，狼就立刻追上來……

蘇爾丹也記不清自己堆了多少個雪堆，手和腳已沒有一丁點兒知覺，他還是機械地埋著雪堆……

漸漸地，惡狼離他越來越近。而且，惡狼彷彿已經知道雪堆裡並沒有什麼，扒得也越來越快。又翻過一道土坡，蘇爾丹突然聽到了查干淖爾小股子喊

他的聲音。

他樂了，可找到小股子了。可是他已經嚇得發不出聲音，只是拚命地扒雪，埋雪堆。

小股子又喊：「我在這兒呢！」

已經離著小股子和馬只有五六十米遠了，小股子才看清是惡狼在撐麻繩鋪掌櫃的，於是，他急忙抄起一根樹棍去追打，狼這才遠遠地逃掉了。小股子走上去扶大叔，誰知一摸，蘇爾丹的一雙手掌從腕處齊刷刷地凍掉下來，蘇爾丹卻一點兒也不知疼，又說：「快扶俺起來……」小股子上去一扶，雙腳也從腳脖處齊刷刷地掉了下來。從此，麻繩鋪掌櫃成了禿手瘸子。

八、漁獵世家

冬捕季節過去後的早春，我去看望「關東漁王」——查干淖爾的漁把頭，今年已七十八歲高齡的石寶柱大爺。他告訴我，他的已九十八歲的老娘也在。而且，他要告訴我關於「娘」的故事。於是，頭一天我就去往查干淖爾漁場西山外屯，住在漁場招待所裡，等著石大爺來領我。

早晨四點鐘，陽光已金黃一片了，查干淖爾漁村西山外屯一片喧鬧。

那種喧鬧，來自於鳥鳴。各種鳥在黎明的村落樹林子裡嘰嘰喳喳地叫，一邊叫，一邊飛來飛去，漁村的三面都是水，聲音很清晰。

偌大的查干淖爾海子把漁村變成了一個島。早春的查干淖爾，水裡的冰雪已經融化。水平靜得如一面鏡子。被冰雪圍困了一冬的水在早晨陽光的照射下升起了微微的乳白色的霧氣。陽光透過每一根樹枝，明亮地灑在早春的村落土地上，讓這個早上變得如此平靜和普通。村狗從夜裡醒來，懶洋洋地在林子和村道上走，不理會人對它的打量。小鳥像「石子」在空中飛快地飛來飛去。漁民石寶柱來了，說好早上領我去他家。

石寶柱站在陽光下的土道上等我。

他依然抽著紙卷的葉子煙。在如今有各種各樣香菸的年代，他卻專門傳襲

著他自己的老習慣，捲紙煙。方寸大的一片小紙兒，從妻子年輕時給縫的青布煙口袋裡捏出一點兒紅紅的煙末，按在紙上，一卷，再用唾沫一貼，只有耗子尾巴那麼大。但點著一抽，很解饞。

那是一種辣土煙。別說抽，旁邊的人偶爾吸進一口，就被嗆得咳嗽不止。他也只是抽兩三口就到了煙尾巴。他捏著煙尾巴時，我已走出來。我們一起默默地向他家走。我想，查干淖爾漁把頭有什麼樣的故事要告訴我呢？

陽光還是平靜地明亮地照耀著清晨漁村的土道。

他在前，我隨後，我們走向水邊林間的漁家村落。

他怕我吃驚，於是邊走邊耐心地說，她老了，渾身有味兒，屋裡也有味兒。你別嫌乎。那是一種古老的年代氣味兒……

其實這些年的我，正是四處尋找那種攜帶著久遠年代氣息的人。許多時候，人們總以為歷史已經過去了，沒什麼可以再聽到了，其實這是誤區。人的許多生動鮮明的記憶其實依然獨自地存活在民間，有時是我們自己盲目地忽視了這種存在。這就叫「田野」（社會）活態考察。我正準備去面對我所見到的活態原色。

面對著外屋門，是一個小道雜。裡面是一面小火炕，炕上坐著一個老太太。她獨自坐在那裡，正在「洗臉」。

洗臉，本來是應該打來一盆水，蘸濕毛巾，去擦去洗。可她不是打來水，而是用自己的「唾沫」用指頭蘸著，一下一下地在洗。

已經近百歲的人了，眼睛已完全失明；我們又是悄悄地走近她居住的小屋，站在她的炕前，這使她渾然不覺。平時，就是有腳步聲靠近，她也習以為常地以為那是自己近八十歲的兒子和近七十歲的兒媳來給她送水或飯，所以並不理會。現在，她依然故我地洗臉，根本不理會一切。

她的洗臉，使我想起了農村鄉間的「貓」……

在東北民間，農家的家貓常常站在陽光普照的火炕的炕沿或窗檯上，用一隻爪子，蘸上自己的口水，然後一下一下地去擦自己的臉。孩子們都知道，這

叫「貓洗臉」。貓總是用自己的口水把自己的臉洗得濕濕潤潤、乾乾淨淨，然後前腿一臥，頭枕在上面，呼呼地睡去。現在，她也有如一隻貓。她用右手的二拇指在口中蘸上口水，然後一下一下地去洗著自己的臉。

春風起來了。在外面的曠野上呼呼地吹刮，把房蓋上的木枝子吹得吧嗒吧嗒有節奏地響……

偌大的一鋪炕上，就只有她一個人，她靠著一面古老的但已刷上白漆的大櫃，面朝著從窗子投進來的早晨明亮的陽光若無其人地在洗臉。唾沫從嘴唇抹出時的細碎的蔑蔑聲，以及口水抹在臉上時她的頭主動上下襬動時，頭和襖領摩擦時發出的窸窸窣窣的聲音，加上陽光灑在炕上那光柱裡透出的灰塵的影動，突然，你會感到，有一種久遠的歲月感被眼前的人物疊印著釋放出來。

我回頭望了一眼正吃驚地看著我的查干淖爾漁夫石大爺的眼神兒，他也望著我，彷彿在向我解釋，或在求我，你別見怪，她老了，她什麼都不知道了……

我們的雙眼互相盯住對方。而思緒卻一下子回到久遠而蒼涼的往昔歲月，查干淖爾，一種往事正在穿越千年……

查干淖爾這片荒原，是名副其實的荒原，是荒原就有荒草和葦子。這裡的葦子叫葦海。東從靠近黑龍江的薩爾圖，北臨興安嶺和呼倫貝爾，以西靠近昭烏達、哲裡木和錫林郭勒。那葦子鋪天蓋地般地長著。這兒，彷彿世界上所有的葦子都集中長在這裡。於是從前，無論是蒙古人、錫伯人、女真人還是漢人，大家都靠葦子而活。

葦子在夏季旺盛生長，秋季開始揚起葦花，使蒼茫的科爾沁變成白茫茫一片。葦穗揚起蒼白的花，從日出的東方一直翻滾至日頭平西，最後連夕陽都沉淪進白色的葦海盡頭。這些自然之物本應屬於自然，可是一些「葦霸」卻早早地將這些東西劃為己有。那裡，有無數的「葦霸」星羅棋佈般地分佈在草原上。在查干淖爾，最大的葦霸叫「小齊國」。

小齊國姓張，叫張殿甲。他從小就聽草原上著名的「琴書」藝人白音倉布

講唱「秦吞六國」長篇評書，內中有齊國《曹劌論戰》以少勝多的事例，最後他把說書藝人綁在「潮爾」（木琴）上的紅布條解下來，綁在他的土槍上，占草為王當了土匪。

土匪都有報號。「小齊國」——當不起「大齊國」，於是就起了個「小齊國」的報號。這種聽上去略顯「謙虛」的背後隱隱有一種威逼，他成了這一帶出名的「葦霸」。葦霸掌管著草原上幾十個村落的「刀戶」。

刀戶，就是專門割葦子的人家。他們使刀割葦，所以叫刀戶。

在茫茫的科爾沁，每當秋風送走了南歸的大雁，每當寒風在幾夜之間把草原吹黃，萬物枯死，葦海便揚花飄絮了。接著，又是幾場寒霜，大雪落地，濕地葦原一帶便結上了硬硬的冰凌。

濕地凍硬，就到了實實在在的割葦的季節了。

夏秋，那些吸足了水的葦根，此時已凍成了冰棒，它們凝固在葦稈裡，正好上葦刀。這時的葦刀，一碰葦稈，那些乾透的成葦便會順勢「咔咔」脆響，省刀又省力。

割葦刀戶人家的割葦手俗稱刀客。

按照常規道理說起來，彷彿揮刀去割就能辦到，其實完全不是那麼回事。在科爾沁的冬季，雖然草甸上經霜的葦稈已脆生無比，但「刀客」使刀卻有種種講究。當刀和葦稈相碰的一瞬間，刀客要以肉眼迅速去判斷眼前的葦草結凍時辰。如結得早，刀碰葦要用「柔勁兒」，因葦稈裡的冰正在發漲，硬碰上去，葦管易裂，賣不上大價錢；如果是低窪地，結霜晚，割葦就要快速下刀，以免「連刀」（葦發皮，不易割齊），造成「亂茬」。

亂茬，指刀手技藝不精。葦茬參差不齊被割，使來年春水倒灌入稈管，葦根易爛，不利第二年葦的成色。

還有，最重要的是割葦的刀客要有「膽」。

膽，就是膽子，或叫膽量⋯⋯

冬季的查干淖爾草原，那一望無際的葦海裡是土匪、強盜、殺人犯、惡棍

或被世人追殺的殺手們極佳的天下和藏身之地。他們成幫成伙地匿藏在這片茫茫的葦海之中，這使「割葦刀客」們頭疼。刀客們常常被這些人逮住，或殺掉，或扒皮。在冬季，四野已沒有吃食，有時這些割葦人常常被這些人抓來，烤上或煮上吃了。而且，還有「野牲口」也等著吃他們。

在東北平原，冬季的葦塘中最惡狠的牲口就是狼。

科爾沁沙地上葦塘中的狼，在冬季，一隻隻早已紅眼。它們飢餓已極。刀客們來割葦，對於它們，那是送上口來的肉食。狼們很盼著能吃上這一口。

在這裡，割葦的刀客面臨的往往是九死一生。

還有，就是不遇上土匪、馬賊、強盜、惡狼，刀客們往往也會被凍死……成群地凍死。

冬季，科爾沁寒冷無比。

無垠的茫茫荒野，沒有人煙。炮煙兒雪一起，轉眼間把天地攪得灰濛濛一片。北風如鬼一樣，日夜在遠方號叫。

割葦都是在遠方，必須遠離村屯，沒有人煙。

刀客們往往是帶上十天半月的乾糧，開進蒼茫荒涼的野地，一住就是幾十天，根本回不起家。來回走，一是耽誤活計，二是也累牛馬和損車軸。所以只有住雪野。

那種住，就是在葦野裡挖雪屋子，搭雪帳子。可是寒冷卻無法抵擋。往往一冬天，就有無數伙割葦的「刀客」被凍死在野外。

凍死的刀客，一個個懷裡抱著葦刀，坐在一起，臉上好像在笑。

那是凝固的笑。十分恐怖。把臉上的皺紋都凍硬了。皺紋縫裡還留著塵土和殘雪。

直到第二年的早春或初夏，一些去草地或葦塘裡放牛或撿野鴨蛋的人，才會發現一堆堆的死屍。他們有的已被餓狼們啃得只剩下一副副骨頭架子。

後來，這些白骨便一點點沉進濕地裡面去了。若干年後，人們會從那沙塵吹刮的塵土裡發現一塊塊生了紅鏽的鐵刀片，人們便知，這是從前的凍死的或

被惡狼們咬死的割葦的刀客們的遺物。

小齊國擁有二十屯子刀戶，二百多個健壯的刀客，而其中最得力的一個「刀戶」叫唐銼子。唐銼子，本名唐萬久，是光緒元年（1875 年）由山東萊蕪闖關東來科爾沁租蒙古王爺「草荒」的地戶，由於好耍錢，不久便把種荒的地租輸個一乾二淨，於是淪為「小齊國」的刀戶。刀戶，其實都不如一個乞丐。他不但要在嚴寒的冬季去割葦，而且還沒有一點兒人身自由。唐銼子有兩個姑娘，三個兒子。唐銼子人長得敦實，但屋裡的漂亮，兩個姑娘因此生得天仙似的，不久大姑娘就被小齊國看上，抓去當了小。

那時節，小齊國已降到了大安的駐軍陳麻子部。陳麻子在北方這一帶說一不二。天下兵荒馬亂，誰都得互相維護。有一次，陳麻子的大老婆趁換防時把唐銼子的大女兒「聘」給了家住套保（今白城東南）一帶的一個大戶人家。小齊國回來一聽說「小」的沒了，剛想發火，又一想，唐銼子還有一個女兒，就直奔唐銼子家，說要繼續討媳婦。

別人很明白小齊國的打算，他是奔唐銼子的小姑娘去了。

別人就勸，你別鬧了，人家「刀客」唐銼子的二丫頭唐丫都許人了。

許人？許誰了？誰敢娶她？

小齊國大喊大叫，我他媽的非「插了」（殺了）他不可。

他叫囂是對的。因為在這一帶，在查干淖爾以南的安廣、大安、黃龍府、王爺廟和哈達山一帶，提起小齊國，誰不哆嗦？自從陳麻子部開赴葛根廟戰爭前線，這一帶的人提起他來更哆嗦。

唐丫的爹唐銼子更怕。

他是人家的「地戶」，只能給人家種地、打魚、割葦。現在，自己的大丫頭跑了，人家理所當然地要娶二丫頭，這彷彿也是理所當然的事情。可是唐丫不幹，她不想嫁給一個「土匪」。

唐丫，一個如花似玉的女兒，她每天以淚洗面，對天哭號，誰要我？誰要我？誰領我走吧……

可是，誰敢娶她要她？

科爾沁的風雪，吹刮上千年了。大地上的荒草，一年年的青了又黃，黃了又青，南飛北去的大雁，一歲歲從頭頂上過去，叫聲遠了又近，近了又遠，光陰就這樣一歲歲地消逝著。

我和漁夫都沉默著，不敢打擾老太太。

她依然默默地坐在炕上，默默地用唾沫洗臉。

她把手指頭蘸上自己的唾沫，一會兒洗洗眼泡兒，一會兒洗洗鼻翼，一會兒洗洗腦門兒……

四周沒有一絲聲息。春風颳了一會兒，又平息下來。四野靜極了。這是極靜的北方漁村的清晨。

從咸豐和道光年起，石寶柱的爺爺石海就從科爾沁王爺手裡「領」來了大片的「荒」轉手租給從中原闖關東而來的地戶兒租種。這也是當年許多東北人的活法。許多人勸過他，那些地戶一個個的雖然在山東是農民，但到達東北特別是科爾沁草原荒地，他們不一定會種地，你要小心轉租給他們。可是誰勸說他，他都和別人發火：這都是屯鄰，都是山東家的「鄉親」，我能看著他們挨餓沒活幹，沒地種？他滿身是理。

他有四個兒子。他租種了先期來到科爾沁的老白家大地戶（地主）白妞子的荒，讓四個兒子輪流種地，他每天叼個大煙袋，四處奔走，專門「救濟」窮人。

這一年，從中原來了一個地戶，說是山東齊家府石家屯的老鄉鄰老表親袁大哥，找到了石海。石海領袁大哥找到白妞子，想說合著給片荒地租種。白妞子說，保人呢？爺爺說，俺就是保人。於是他替老袁家在租據上按上了手印。

那時，石海的四個兒子漸漸長大了，石寶柱的父親石殿文是老大。他對父親說，爹，這事可有點兒使不得。萬一收成不好，咱們拿啥抵人家白妞子家的租？石海說，你們少管閒事。我來管，我來頂。一句話，把兒子們頂了個倒

仰。可是，事情正讓兒子們說著了。

那年春起，老袁家把地種完了，開始青苗長得還不錯。老袁家對爺爺千恩萬謝的。

可是接下來，風不調雨不順了。

一夏天，科爾沁草原突然大雨不停，到秋白亮亮的大水把莊稼沖了個顆粒不收。老袁家人一看，根本繳不上租子，於是在一個月黑風高的夜晚，人家套上車跑了。

秋天，大水一住，白妞子家的租子櫃的人就背著槍收租子來了。

人家拿出按了「保人」手印的地契，你不給？

奶奶秦氏，是個剛強的老太太。她一急碼著北荒的車轍就追到黑龍江望奎牛家坎子，找到了老袁家。可袁家一家老小都給奶奶跪下了。人的一輩子，不怕惡往往怕軟。奶奶心軟了。是啊，你打死他們也還不上租啊。沒招，奶奶回來。到家一說，爺爺當晚吃了一頓好的，就見他從大櫃裡找出一身好的穿巴上又找了一根麻繩子，第二天就到了白妞子家。他把情況一說，順兜掏出麻繩就搭在白家門外的一棵歪脖子樹上了。

白家人說，你要幹啥？

他說，上吊。不就是一死嗎。

白家人轉過臉去。

爺爺把脖子鑽進套裡，掛上了。

他以為他一死，就能完事，可人家白妞子家依然不依不饒。

爺爺一死，奶奶主家，她只好讓四個兒子輪著去給白家扛活還債。當年，石殿文才二十歲，就一頭紮進白妞子家的四十家子荒地去給人家扛活。他知道，他還的是父輩的債。可從那時起，一種剛強的性子留下來。

當年，二十四家子正挨著大安，這兒正是小齊國降的圍子，又是唐銼子管轄下的「刀客」之屯。這一年家家都傳著小齊國要強娶唐丫之事。

唐丫哭哇，喊哪，可是沒有法子。人人都傳說，不久，小齊國就要來

「娶」唐丫了。

這一天，在白妞子家扛活的石殿文上大安給東家買馬，他路過唐銼子家房後，聽院裡有哭聲。他就打聽誰在哭。

路人說，是一個丫頭，不久就會被土匪領走。

村人說，完了。挺好一個人，要完了……

他說，咋能完呢？嫁給別人不就完事了嗎？

別人說，你說得好聽。嫁給誰？誰敢要？誰敢娶？那叫「土匪」「鬍子」的人。

他說，要是有人敢要呢？

別人說，那就得和「小齊國」對命。

石殿文二話沒說，他把馬送回白家，反身就回到大安老唐家。他對正哭的唐丫說，你別哭了你。你告訴小齊國，你已經許人了。唐丫不相信自己的耳朵。說道，許給誰？他說，許給俺了。

當晚，他就領著唐丫走了。上哪？上生他養他的查干淖爾。那兒水大，水多，夠吃夠喝。

從大安的四十家子往北就是茫茫的查干淖爾。

那時，這一帶荒無人煙，只有一些開荒的、打魚的。多年走南闖北，有許多人是石殿文的哥們。他告訴大夥，先不要告訴唐丫他是誰。人們把他和唐丫藏在查干淖爾那荒涼的網窩棚裡。

石殿文說，你不要害怕。

唐丫說，有你，俺不怕。

為了防止小齊國的追兵，他們整日地躲在查干淖爾深深的葦地裡。石殿文自個兒出去給唐丫弄飯、端水。唐丫捨不得吃，捨不得喝。她心疼男人。有一回，男人給她煮了一個鹹鴨蛋，她一頓飯用席蔑棍兒摳一塊就飯，二月二煮的，直到端午節才露出蛋黃來。為了怕男人累，她常常捨不得花一文錢，一個人靠在屋裡度日月。但是，石殿文膽子大，他發誓要把唐丫明媒正娶，他要告

訴小齊國，他是唐丫的男人。

　　查干淖爾，有漁夫的深層的記憶和人們從未聽說過的事情。

　　石殿文的一番話，讓唐丫雙眼閃出強烈的求生慾望和感激，她拚命地打量眼前冒出來的這個人……

　　　　石殿文說，我家可是窮掉了底。

　　　　唐丫說，我只相中你這個人。

　　　石殿文說，當媳婦那天，我家拿不出描金櫃。

　　　　唐丫說，編個草囤子，一樣裝東西兒。

　　　石殿 文說，當媳婦那天，我家沒有花被子。

　　　　唐丫說，我情願蓋張小狗皮兒。

　　　石殿文說，當媳婦那天，我家沒有鵝毛褥。

　　　　唐丫說，我情願鋪查干淖爾葦子席兒。

　　　石殿文說，當媳婦那天，我家出不起鴛鴦枕。

　　　　唐丫說，你就給我找個木頭墩兒。

　　　石殿文說，當媳婦那天你沒有花轎坐。

　　　唐丫說，雙腳走到查干淖爾，一樣去成婚。

　　　　石殿文說，我家請不起喇叭匠。

　　　　唐丫說，找倆小孩吹吹柳樹皮兒。

　　　　石殿文說，我家可沒有鑼開道。

　　　　唐丫說，找倆人敲敲破銅盆兒。

　　　石殿文說，我家可離你家挺遠哪！

　　　　唐丫說，那我就騎俺家小黑驢。

　　唐銼子說，小黑驢我還留著推碾子拉磨呢！

　　　唐丫說，那我就起個大早再貪個黑兒。

　　　　　　　……

消息，一下子傳到小齊國耳朵裡。他吃了一驚。是誰這麼「膽肥」？敢和他爭豔奪美？可細一打聽，這才知道這石家可也不是好惹的戶，老石頭為了「地戶」竟然用「上吊」去「幫」別人「還債」，老太太領著四個兒子過日子，在查干淖爾一帶一提起來，也是一個使人「刮目相看」的人家。小齊國想，天下女人多的是，別和他鬥這個氣了。但他又不甘心，決定再去試試唐丫。

　　聽說小齊國要找唐丫討「口供」，石殿文於第二天就領唐丫回到四十家子，用板凳綁成一個「花轎」，他當著眾人的面把唐丫娶回了家。

　　後來，小齊國也終於見了唐丫的面。唐丫告訴小齊國，自己已是石家的人了。小齊國無奈，只好走了。但是，心裡還是記下了這個仇。從此，南北二屯都傳著老石家的老大膽子大，唐丫，就是石寶柱的母親。

　　小齊國的馬隊時不時地路過白妞子屯。他常常放言，我要讓唐丫和老石頭「沉橋」（死）。

　　唐丫說：「老石，領我走——！」

　　「上哪兒？」

　　「過塔虎城，還是回咱們的查干淖爾吧。那邊不是小齊國的地界。魚多，日子好過！」

　　於是，在一個月黑風高的夜晚，父親領著母親，輾轉又回到了茫茫的查干淖爾。那年，石寶柱一歲。自己的娘唐丫用小被緊緊裹著愛子，在打魚人廢棄的一間網房子裡住下。科爾沁的草甸，江河泡泊一處連一處，網房子都搭在靠近水邊的高地處，周邊往往是一望無際的蒿草和蘆葦，石把頭記得最清楚的是狼嚎蚊子叮，還有匪和兵……

　　白天，爹和娘出去種地打魚，炕上扔下他和一條黃狗。臨出門，唐丫總是對狗說，黃啊黃，好生守著小寶柱，可不行讓狼咬蚊傷。可是說是說，爹娘前腳一出門，狼和蚊蟲立刻來了。它們知道炕上的小孩肉嫩好吃。

　　先是蚊子。

　　科爾沁的蚊子，夜裡成百上千地裹在野草和葦稈上歇息。早上，當陽光照

得草甸上濕濕的露水一蒸發，它們便四外覓食了。草原上的牛馬常常被它們咬得在地上瘋奔，有時牲口們被叮咬得不得不跳進水裡去躲，住戶人家只好靠屋子來防它。臨出門前，唐丫點燃三盤「火繩」（一種以艾草編的草捻，俗名草蚊香，點燃以驅蚊）把孩子擺在三盤蚊香之間睡。黃狗來回觀察，如果哪盤蚊香不燃了，它便叼起那盤燃著的將那盤不燃的對著。辛苦了黃狗。而且，黃狗為了看守小寶柱，還用尾巴不停地去哄趕蚊蟲，可小寶柱還是時不時地被偷襲進去的蚊子咬上一口，於是小寶柱就委屈地哭。這時，黃狗便會衝他生氣地叫「汪──！汪汪──！」

那意思再明白不過了，「你還有啥委屈呀？你還不願意呀？不是俺不盡力，是蚊子過多。你忍著點得了！」

寶柱也就明白了。不再哭了。黃狗還是走上來，用舌頭舔去孩子眼角的淚珠。

為了怕孩子餓，唐丫臨出門都用豬腸子給小寶灌上兩袋奶水，掛在房檁上，並囑咐黃狗定時給孩子吃奶。吃奶時，黃狗會從房檁上摘下奶袋，一角衝著小寶柱的嘴，讓孩子自己去吮。可有時，小寶柱沒吃飽，又哭，黃狗便又「汪──！汪汪──！」地叫上了，意思是：「你美呀？就這些。那袋奶，是下一個時段的。」於是寶柱也就明白了不哭了。黃狗這才把空奶袋叼走，重新掛在奶鉤上留明天使用。

科爾沁的狼根本不在乎人的存在。為了提防狼襲擊人和家禽，人家的雞窩和豬圈都搭在屋裡，只不過是在外屋，是在靠近灶坑的對面。對人家的這樣格局，狼十分清楚。每天，當爹和娘一出門，狼便會定時地走到院子裡來。它們坐在院當心，想著下手的時機。

當黃狗處理火繩或給小寶柱哄蚊子或喂奶時，狼開始對雞下手了。

狼先伸出前爪從門或窗格中到雞窩裡，抽冷子把雞拎出去，當雞一叫，狼已坐在院子裡撕扯雞毛吃肉了。黃狗忙不過來，這時往往又出去保雞攆狼。它常常被狼群咬得遍體鱗傷……就在寶柱八歲那年，他家老實的忠心耿耿的黃

狗，終於積勞成疾，死了。黃狗的墳就埋在嫩江岸旁的江通裡。

十歲起，石寶柱就和爹去下樑子捕魚。

樑子，又叫「亮子」，是東北平原上一種常規的捕魚陣式。樑子有多種，千奇百怪，可根據不同的時辰、不同的水域、不同的季節、不同的魚去下不同的樑子。但守樑子，卻往往是在夜裡。

夜，嫩江平原和科爾沁草甸江河的夜是魚和魚群十分活躍的時候，大量的魚類，都是在夜間出來。它們穿過層層水域，奔往該去產卵或生子或交配的地方。夜裡，這一帶是喧鬧的江河……

從長白山發源的松花江流到吉林西部的科爾沁草甸一帶，江水開始變得寬闊起來了。發源於內蒙古伊勒呼裡山的嫩江在這一帶與松花江匯合稱為三江口，又叫「北三江口」。這兒大批的河、江交匯分支，許多魚遍佈在這些水域裡，而最出名的就是「鱘」。鱘，又叫黑龍江鱘，又叫鰉魚或牛魚、麻特哈魚、淫魚等許多名字。它們個大，往往成群從烏蘇里江以北的鄂霍次克海游到松花江上游一帶產籽，然後再洄游到海洋，沿途常被這一帶的漁民捕獲。它們上來的季節大約在早春五至六月的時段，漁人們非常熟悉它們到來的規律。在科爾沁一帶，人越是以一種平和的心走進自然，越會發現諸多的奧秘。如石殿文和唐丫一家，人越是為了躲避世亂而走進自然深處，許許多多的神祕也越會走近你。爹領著兒子一點點地對水和水中的「物」更加渴望起來了。

這一地方的人，多少代了，一直盯著水，希望從水中發現什麼。發現什麼呢？也許只是夢想。守樑子的那些夜晚，是一些可怕的寂寞的夜晚。蚊蟲在叮咬，蛇，在夜色的草和水中蠕蠕爬動……

荒江的夜風悶熱而潮濕。這時的人，多希望有一點兒動靜啊。哪怕是一滴雨滴落下，哪怕是一隻蛤蟆從江邊的草叢中躍出又一頭紮進江中。

漆黑的夜，猶如墨一般。要下雨了。閃，在遙遠的天邊，一亮一亮的。聽不見雷的滾動。民間俗稱天邊的那種閃為「假閃」。

突然，「嘩啦」一聲，水裡站起個黑影。

那黑貨立著起來，看不清臉。像一個人，貓著腰。它帶起的渾濁的江水從它的頭上流下。淌水的聲音格外清晰，而且，彷彿還發出一聲嘆息。

漁村人家的狗在挺遠的地方叫了。黎明前，這一帶的一些漁民往往提早出去查掛子。狗咬的鐘點正是天亮前大毛星開始升上中天的時候。四野總是一片黑暗。可是今天，天陰得不見大毛星的一點兒影子。

「它，來了……」爹小聲附在兒子耳邊說。

「誰？」兒子問。

爹說：「魚……」

在吉林西部的松花江流域，在古老的科爾沁，夜裡人不敢打量水，說水裡有鬼。一個打魚的人說的，每當夜裡他蹲梁子都會來一個人和他嘮嗑。後來，這人告訴漁夫，他是個淹死鬼。本來想來找替身的，可打魚人心眼好，幾次三番地放走了替身，於是他只好自己再回到地獄裡去吧。夜裡從水中站起來的不是人。這一帶，連鬼的故事也非常溫情。

江邊的人在黑夜裡既怕寂靜又怕水裡的動靜。因為人已分辨不出黑夜中的水裡是什麼來了。但越害怕，往往越傳來了聲音，而且，還帶著喘息和嘆息。什麼東西在嘆息呢？爹和兒子都聽得清清楚楚的。

那是一種粗粗的嘆息，很慢很長。彷彿一個極疲勞的人從遙遠的地方奔波而來，它是累壞了。那嘆息聲彷彿貼著水面飄蕩過來，一下接一下。喘一下，中間停一下，接著是淌水聲。好像水面上有一個地方塌陷下去，水順著這個漏點淌下去，淌進深深的河底地心。甚至還有清晰的嘩嘩的水流的回聲，接著又是一聲嘆息。

江風，帶過來那喘息的氣息，是一股冰涼的略帶著江底泥沙和土的濃濃的嗆人的氣味，風颳得江邊的水草向岸上一邊傾斜著。

隨著那股氣息的濃烈，敢於和胡匪爭奪唐丫的父親也顫抖開了。這是他緊緊攥住兒子的手時兒子充分感覺出來的。此時，江岸的草窠疾速地晃動起來……

爹說：「快走──！」

他拉起寶柱就跑。可是，直覺著江裡衝起的熱氣奔他而來。他緊緊地把兒子抱起來，貼在前胸處時，突然，覺著左屁股像被萬隻鋼叉插進來般的疼痛，他「哎呀」地苦叫了一聲，就身不由己地滑倒在江水裡⋯⋯

在他朦朦朧朧的一瞬間，他看見兒子突然掙脫了他的懷，兒子順手操起爹掉在地上的魚叉，一掄，「呼」的一聲，寶柱手中的魚叉和他死死提在手裡的燈籠一齊向水草中的黑怪飛去⋯⋯

江上燒得一片火紅，那黑影「撲通」一聲投入水裡去了。

偌大的水面上，燈籠的紙火漸漸地燃盡，江面上又沉入一片蕭靜和黑暗，寶柱扶著受傷的爹趕回了窩棚⋯⋯

後來爹告訴他，這是查干淖爾最為凶猛的魚──「鰔條」。這種魚在產卵前後可吃人，咬死動物，那種立起的身子和彷彿在嘆息時是它最危險的時候。寶柱從小就記住了和爹守梁子的那些恐懼的夜晚，也使他從那時開始便具備了一個查干淖爾漁夫的能耐。

十三歲，石寶柱已開始獨立走江。

查干淖爾一帶的江河湖泡是錘煉人膽子的地方。漫長夏季蚊蟲的叮咬，漁人們身上爛了一層一層的皮。他採些草藥塗在身上。在妙音寺後面的山坡上，一種叫「老鴰眼」的植物開著藍色的小花，他把它們採來，上鍋去蒸，然後在碗裡搗碎，塗在那一片片的蟲咬紅包上，於是，紅包消了，爛處結上一層硬殼。

小齊國的隊伍在大安一帶越鬧越大，他不斷地揚言一定要「領」回唐丫。那時間，母親石唐氏又非常害怕，加上父親被魚咬傷，石寶柱就勸父母領著哥哥先再往北走一走，上大興安嶺，上加格達奇，而他要固守查干淖爾。他在心底暗暗想，要會一會小齊國。石寶柱十五歲那年，科爾沁發生了一場大旱，老天從春起到陰曆五月二十三沒掉一滴雨，草原草都讓「老爺」（太陽）烤著了。莊稼顆粒不收，這使得石寶柱打上的魚就賣上了大價⋯⋯

一天，他挑著魚趕到了三江口老鎮。只見三江口街上到處是乞丐花子。只見有一夥花子（乞丐）正圍住一個大車店討要呢。那家大車店的掌櫃也死心眼，說啥也不肯施捨，花子就擺開了「討要陣」。

這討要陣有講究。先是「罵陣」。罵陣主要是選那些口頭利索的花子，手打「哈拉巴」（一種豬骨，討要工具），邊打邊罵。什麼：「你不給，我就要，要到天黑日頭落（lào），看是你靠還是我靠！」

一看「罵陣」不行，就上「劈頭陣」。劈頭陣是一些不尖不傻的傢伙們，但一個個的敢於「玩命」。他們手握一把大砍刀或手攥一塊大石頭，當著討要人的面，「咣咣」往自己頭上猛砸猛砍，轉眼間，這些人一個個的血肉橫飛倒在你面前。

一看「劈頭陣」不行，就開始了「哭喪陣」。

哭喪陣，往往都是一些女子，俗名叫「吃米的」。她們一個個的有拐有瞎，當時戴上孝，就在人家門前大哭大號，俗稱「報喪」……

「我的天哪！你死了吧！」「快嚥氣吧。死去吧！」

這是最「狠」的一招。一般人家受不了。

當哭喪陣開始前，花子頭往往手使一根黑桿的皮鞭子，一揮，一幫「吃米的」蜂擁而上，「我的天呀——」她們往往齊聲開哭並報喪。

這時，吃米的女人陣裡突然亂了。只見一個女子不肯去哭，衝出人群便跑，花子頭揮鞭追過去就打，街頭上立刻亂成一團。大車店的掌櫃的再也架不住這種陣式，立刻開門放人，並讓花子們用車裝糧。花子頭「大筐」趕過去忙這些事。寶柱趁亂，拉住這個被「大筐」打翻在地的女花子撒腿就跑開了。這人叫劉琴，日後成了寶柱的媳婦。

種地老天不一定風調雨順，打魚卻可以保住溫飽。因為在查干淖爾，往往天無絕人之路。母親唐丫是逃出土匪小齊國手掌的女人，妻子劉琴是逃出丐幫花子頭皮鞭下的女人，查干淖爾卻敞開廣垠的胸懷收留了如她們倆這樣命運悲苦的女人，從此她們成了這裡的漁戶。

漁戶，在這一帶，就是四季弄魚的人家。

從十五歲上，石寶柱就娶妻立家，在查干淖爾正式開啟了他的捕魚生涯。魚在這一帶，最出名的就數「鰉魚」了。這一帶有個屯子叫「錫伯屯」，是從前專門為朝廷捕鰉魚的部落，石寶柱常去錫伯屯，找到一個錫伯族老頭，從前專門是「哄魚」的能手。

鰉魚，全靠「哄」。

夏季，當打魚人發現了江裡有了鰉魚的蹤影時，立刻派人「跟蹤」。跟蹤鰉魚，只追不打。不能碰它，不能傷它，要靠「哄」它。哄它，是使它跟著人遊進沿江沿汊修好的「圈」（juàn）裡，等養到冬天，再撈出來，綁上送往北京。

打魚人可吃任何魚，但不能吃鰉魚。鰉魚只能送給皇上。但鰉魚很嬌貴，特別是它的鼻子，是「脆骨」，碰破一點兒，它便會死。所以引它進圈，全靠「哄」。

哄魚人是清朝時打牲烏拉總管衙門特意從打牲丁中挑選出來的有一種絕活「手藝」的人，稱為「哄魚人」。

那時，江裡一旦發現了鰉魚，立刻使人跟蹤，換人不換船，日夜跟著它，同時立刻帶來「哄魚人」盯上它。

哄魚人有這樣一些「絕招」。

一是他要有好眼神。一旦被告知某某江汊裡上來了鰉魚，就由他跟蹤並去哄，如果跟丟了或哄不來，就犯了殺頭之罪。

清道光二十年（1841年），有孫家窩棚的哄魚人孫大跟頭跟丟了兩頭大鱘鰉，弄得當家人被斬，全家發配寧古塔去。哄魚人的頭一道本事是能從清水和渾水中分辨清鰉魚的個頭、性別、尺寸，以便根據不同情況去實施「引誘」入圈。

二是他要有拋籠頭的手藝。

哄魚人的主要目的，是給魚戴上「籠頭」，以便牽它入圈。但這種戴，不

像牛馬，它不聽話，你可以打它，或硬拉頭給它上套。鰉魚不行。要一點點地逗它，再趁它不注意時，一下子給它戴上籠頭。還不能讓籠頭碰傷魚的鼻子和嘴……

第三點就是哄魚人要會編籠頭。

籠頭不是用麻繩編織而是用長白山裡的獨特樹種黃波欏的樹皮裡層去編才行。

這種樹皮，要乘鮮採來，上鍋蒸後，編成一種「活扣」的籠頭。只要給鰉魚戴上，保證能套住，又不傷它才行。

第四個絕活，就是會拋這種籠頭。

哄魚人在江上跟蹤鰉魚時，要能掐會算。要等鰉魚在固定的地方頭伸出江面換氣時，順勢拋起籠頭，不偏不倚地套上才行。

這些手藝，非常講究。而石寶柱，就日夜住在老孫頭家，聽他講關於「哄」鰉魚的事。於是在這一帶，一點點地，石寶柱就成了一個名副其實的老漁把頭了。什麼魚，只要他一打眼，便可以叫出名來。

在這一帶的江河湖泡之中，這些魚是主要魚類。如胖頭、銀鮰、馬口、雅羅、蛇魚、紅鮊、哲羅、細鱗、翹嘴紅、狗魚、鱥條、泥鰍、池沼、虹鱒、鱖、青鱗子、草根、青魚、黃顙、鯉子、鯰子、團頭魴、烏蘇里、烏鱧、爪鯢、鱸塘等。在查干淖爾，只要提起像樣的漁戶，人們便會異口同聲地說就是石寶柱。

無論是夏天行船，秋天下樑子，還是冬天鑿冰眼捕魚，石寶柱把所有捕魚手藝全爛熟於心。他下了一個狠心，這輩子不離查干淖爾，因為這兒有爺爺的故事，有娘唐丫的故事，也有他自己的故事。

九、遺產的格律

「坐在車上，凍腳就用皮襖裹裹……」

娘總是一遍又一遍地囑咐上冰的兒子。可是她怎麼就不知道，皮襖只能蓋

住腰身……

　　母親唐丫還在用唾沫洗臉。蘸著唾沫的指頭伸進白髮覆蓋的額頭上，一下一下地搓抹著。眼角邊的皺紋暫時都舒展開了，她眯著本來早已失明的眼睛彷彿在看著人們，其實根本沒有……

　　查干淖爾風雪在這個女人的心中吹刮千百年了。

　　千百年的歲月，可以是一個時光的盡頭，查干淖爾漁把頭石寶柱娘的命就占去了十分之一。別看她不言聲不言語只用唾沫在悄悄地洗臉，那是她的思緒已走入一個深深的領域了。當年，為了躲避小齊國的追殺，她和家人逃往加格達奇，後來兒子終於在查干淖爾站住腳，成立漁業合作社人手不夠找到石寶柱，他說那得讓我媽和我兄弟們都回來，這個命運多舛的女人這才又走回這塊她無法忘卻又深深恐懼的地方，她告訴兒子，要好好打量打量這個地方。

　　她不知道，她眼前的這片大水從前叫「大水泊」，是地殼沉降使它成為一大塊沉降盆地，是四周的河水漸漸奔流切割匯成了這樣一個地方；她不知道歷史上什麼遼王朝皇帝行營於此舉行一種活動叫「捺缽」又來祭湖；她也不知道什麼嘉靖二十六年（1547 年）科爾沁十三部東遷，烏巴什率郭爾羅斯部占據此地，把大水泊正式命名為拜布爾察罕大泊，她只知道丈夫、兒子和魚。其他別的，她不用知道。

　　深秋初冬，她知道丈夫和兒子們要起早出發去甸子上割葦子。當天還黑著，她就爬起來，給出發去草甸上的人們蒸雞蛋醬。查干淖爾的人對大醬親，漁夫一年也離不了這一缸醬。往往是一大碗醬只打一兩個雞蛋，叫雞蛋醬。這種雞蛋醬里根本看不到雞蛋的白絲。雞蛋還要換錢給小孩子們買書本和把一個個幼小的生命養大。然後是用紗布子包好一捆子煎餅和大餅子，還有大蔥和鹹菜疙瘩，這就是打葦漁民最好的吃食。

　　適應季節的秋風一起，查干淖爾就荒涼起來了。各種野草野花在一夜間就枯黃。東北的寒霜來得非常迅速。割葦的人常常夜裡套車趁早出發，不然太陽一出來夜裡結的寒霜在早上太陽的照射下就漸漸變成寒露，樹葉和草葉上都是

寒冷的水層。這時的露水最使人和牲口受病⋯⋯

在黑暗中，娘總是細心地聽著兒子和丈夫在院子裡套車的聲音，她往往會對著其實什麼也看不見的動靜喊：「柱啊，打好腿布子。柱啊，千萬別著涼。」兒子長多大她都這麼叫。

兒子趕快回答：「啊啊。」

「吃醬時攪攪。別吃冰碴兒⋯⋯」

「啊啊。」

她往往總以為兒子沒聽清，又叮嚀，「聽見了嗎⋯⋯」

直到兒子回答幾個「啊啊」的連聲，她才不問了。

割葦的季節正是北方嚴寒持續的季節。天越來越冷，白天和夜裡結的霜再也不化。冬天，就這樣來到了查干淖爾。

割回的葦，主要是為編織漁具。投葦（投選）和編織都是在極度寒冷的但往往是太陽普照的晌午進行。葦管裡帶著的冰碴兒一冬天也不化。風吹來凍肉凍臉。夜裡在月亮地兒下編漁具幹活是常事。夜裡天上的星星和月亮分外的明亮。彷彿它們也被凍得更加晶瑩。而且，它們越亮彷彿天兒越冷。

兒子們編漁具的手，都被北方的寒冷凍裂了。娘在兒子進屋時，往往上去拉住，摸一摸骨肉的手。娘就心疼。

娘偷偷地掉淚。

她怕這些裂了口的手沾水疼，從此她不讓兒子給她端水洗臉，她寧可自己偷偷地用唾沫蘸上去洗臉⋯⋯

從此，這個習俗在查干淖爾女人的生存歷程中形成。

許多人叫她——查干淖爾娘。

查干淖爾有一片大水，可是查干淖爾娘卻捨不得用這水⋯⋯

北方寒冷的冬夜，四野寂靜無比，寒風呼呼地吹刮。

突然，有村狗在遠方咬起來。接著傳來「啪啪」的響聲。那是東北嫩科爾沁草原上的查干淖爾漁夫們為即將上冰的馬打「馬殼」了。

馬殼，又叫「蹄殼」。冬季北方的馬，由於戶外嚴寒，馬的蹄殼潮濕，夜間馬的腳底會凍成冰雪疙瘩，這被稱為蹄殼。不敲掉它，馬拖爬犁或大車在冰上拉漁網走不穩……

「啪啪」的敲打馬蹄殼的聲響一起，這時天上的大毛星已升上中天了。

這是北方最寒冷的時辰。響動就是信號。「啪啪」的響聲，引得各家的狗開始狂叫，各家的女人早早地點上燈籠，給男人燒水燙酒。轉眼間他們已揮鞭趕起大車或爬犁出了屯子了。

黑夜依然在繼續。行走全憑感覺。馬蹄敲打著茫茫的雪野，車輪輾壓著億年的堅冰，他們奔向那遙遠的彷彿沒有盡頭的遠方……

歲月可將一切所謂文明的東西保留下來，比如追求。人類的生命其實從生到死都是在追求著一種生存的目標，而記錄這種記憶的卻往往是那些彷彿使人司空見慣的程序。在地球的北方，查干淖爾彷彿就是為了人們如何對付冰雪而生。而娘只注意兒子。兒子起來敲「馬殼」時，娘總是提著馬燈站在一旁，照亮木棒子，別打偏了……

最後，她看著兒子趕著馬車出了院子，她才返身往回走。

北方的冰雪，億萬年來，以它獨特的存在與生活在這裡的人結成生死與共的夥伴，它與人不棄不離。

是查干淖爾獨特的環境使人類發明了生存的工具，漁具、梁子、馬輪、大車和爬犁……

查干淖爾的自然被人刻錄在行為上了。

打冬網，早起上網地（冰地），要穿越茫茫而寒冷的科爾沁雪原，冬季，那是寒風和冰雪交織的一塊自然層。冷，是這裡的本能。

當太陽還沒有出來之前，這裡的寒冷是亙古保留下來的資產。

那種冷，已使人不會說話。人身上的所有骨節都可能隨時停滯或凝固。在屋子裡的僅存的那一點點熱氣，只需瞬間便被北方的嚴寒收走。人身上的衣服，只會變成一種感覺，像一層冰冷的硬殼緊緊地貼在骨肉上。人簡直不敢去

碰它又不得不去碰它。

這時，人掌握了寒冷禦寒法。這是查干淖爾「遺產」。

往遠處出發，人要坐上大車或爬犁。

坐上去，是為著儘快趕往網地，不然，人們寧可跑步而去。

但這是生存的矛盾。

跑，固然能使人發汗，人會在寒冷中解脫。可是，熱汗只是瞬間存在的事。因為用不了多一會兒，熱汗便會變成薄冰一樣的冷氣，讓人更加難忍。但不跑，又凍得實在不行。於是查干淖爾漁夫學會了「跟跑法」。

跟跑，是指人要學「馬」的步法和樣子跑。

那馬，指一匹匹拴在拉漁夫和網具的大車後的馬，那往往是「備馬」，以備到冰上拖拉馬輪而用。所以讓它跟跑，節省一下它的體力。那時，跟跑的馬每每放開輕鬆的步子，彷彿悠閒地在雪地上奔跑。四蹄悠然甩動，節奏也得體而放鬆……

冬季上網地，漁夫們就跟馬學「走」這種步子。

馬走著，人走著。這樣，便把一種人類生存的遺產自然地傳遞下來了。

這是查干淖爾人的發明。但不能和馬那樣持久地跑。

跑一會兒，當剛剛感覺到身上要出汗時，要立刻跳上車或爬犁，使「汗」不至於出來。

而更重要的是，漁夫在保證不凍死、凍壞的情況下，也要注意保存體力，把足夠的體力留給在冰上打魚時使用。

風雪，在空曠的查干淖爾冰原上起勁兒地吹刮。

這種時候，人的皮膚要躲開寒風的勁頭。

寒風的勁頭在嚴寒的冬日，往往都是來自西北。西北，就是寒冷的西伯利亞方位……

東北寒冷的一切嚴寒之源，往往都來自於西伯利亞，這是因為，空曠的西伯利亞正是寒冷的發源地，還因為那奇特的貝加爾湖集中凝聚了北冰洋、庫頁

島、俄霍次克海以及蒙古高原的寒冷直接作用於科爾沁草原上的查干淖爾。

整個冬季，北方被西伯利亞嚴寒緊緊地包圍著，氣候異常嚴酷，但這是人類生存在自然之中的獨一無二的景緻。秋天流動的江河湖泊在嚴寒的驅動下漸漸地結成厚厚的冰層，冰水日夜湧動，把那些冰殼推向岸旁，岸土、草梗上都掛上厚重而巨大的冰凌，貝加爾湖已完全封凍了。那巨大的冰蓋「扣」在這片奇異的水域上，非常結實，這裡將有一百多天時間再也不融化了。接著，西伯利亞肆虐的寒風就吹刮開了。

庫爾圖克，這是貝加爾湖南端的一個地名，是常刮的一種風的名字。庫爾圖克，是刺骨的寒風夾著紛飛的雪粒子那種風。它從冰層上捲起，然後展開自己的身影，在貝加爾湖的毫無遮擋的雪野上奔馳，吹向遠方，形成存在於北方的著名的西伯利亞寒流，日夜席捲著包括呼倫貝爾和科爾沁等在內的這片冰原平野。人們常說，庫爾圖克是使人的眼淚還沒有淌下就已結成了冰疙瘩的冬風。

在科爾沁狂暴施展的寒冷之源就是古老的貝加爾湖。它，是世界上最深的湖泊，垂直深度超過一英里，蓄水量超過美洲五大湖的總和，大約有三百條河流入湖中，但唯有安加拉河這一條河流出，最終匯入遠在北方的北冰洋。由於地殼構造的不斷運動，貝加爾湖底每年都略有下降，但水質清澈，有的地方從水面上可以看到水下四十米的深處。

這種深度就是在嚴冬也保持著它的獨特之妙。冬季，當冰把大水域封蓋，當風把冰原上的厚雪刮得一堆一堆滾動，露出冰面的地方是人們來此觀看冰下水中世界的絕妙去處……

冰，彷彿變成一塊奇妙的放大鏡，把冰下水底世界清晰放大。人可以清晰地看到水底的魚吐著泡泡在游動。這與遠在它南端的科爾沁草原上的查干淖爾冬季漁民通過查看「魚花」而捕打冬網，幾乎如出一轍。

俄國小說家安東・契訶夫驚嘆貝加爾湖冰下水清澈，他在致莫斯科友人的信中說：「我親眼看到了冰層下岩石和山脈沉浸在綠寶石般的湖水中，脊背部

都起了一陣涼意。」

查干淖爾漁把頭石寶柱說：「我這輩子，沒走多遠，就在湖邊上轉蕩。冰上邊和水下邊一樣。你活，它也活；你死，它也死了……」

查干淖爾冬季的冰原和貝加爾湖冬季的冰蓋是世界上地球北部僅存的「兩塊」大冰。它們扣在地球北部，使人類生存的土地更加壯麗了。

在地球上，大多數湖泊形成的歷史其實往往不超兩萬年，而貝加爾湖和查干淖爾的形成已有二五○○萬年之久了。它們是一個獨一無二的生態系統。如貝加爾湖，它擁有一○○○多種地球上其他地方所沒有的動物和植物物種。幾乎沒有哪個湖泊的生物多樣性可與貝加爾湖媲美，這兒的湖底在接近湖床處是熱浪噴發區域，動植物們享受著底層水流帶來的富足氧氣，這使得貝加爾湖有一種魚，身體非常透明，透明得甚至可以隔著它看書。而另一種深水魚在浮上水面時，則會因壓差而導致身體爆炸。

冬捕，就是人類去探索貝加爾湖和查干淖爾冰下生命的奇妙存在。

馬蹄在寒冷的黑暗中敲打著凍硬的土地，雪風裹著從遠方匆匆趕來又匆匆遠去的車影，消失在茫茫的冬夜的漆黑中。

人在冰上走，往往不敢邁步，不單單是因為滑，還有一種心理上的障礙，那晶瑩的冰層能托住人的重量嗎？

就像大車的木輪、鐵輪，曾經在久遠的歲月中一代代碾過冰層一樣，貝加爾湖的冰蓋上還修了鐵道，這也許就像查干淖爾冬季拉馬輪的馬要在蹄殼上加一種鐵匠打製的帶「翅」的馬鐵，讓鐵和冰千年面對。

在歷史的記載中，俄國人在一九○四至一九○五年間的冬季在貝加爾湖上鋪設了一條鐵路，這使得莫斯科首次通過鐵道線與位於日本海的符拉迪沃斯托克（海參崴）連在了一起。在冰上造鐵路，不但造價昂貴還要抵得住冬季的酷寒。沿湖邊的濕地那些億萬年沉積下來的土層已被嚴寒徹底凝固了，冬季它們和冰一樣被凍硬，夏季也不會變得過於綿軟，鐵道實際是建在這種土層上，從貝加爾湖南端的伊爾庫茨克通往遙遠的符拉迪沃斯托克，就是為了將奧木爾熏

魚送往遠方。伊爾庫茨克是進入俄羅斯遠東的大門，這裡的商人靠運送奧木爾熏魚控制著俄羅斯西部與中國、蒙古和東西伯利亞之間的貿易，鋪在冰上的鐵道上的列車一過，四野就沉靜下來了。那些潮濕的隧道和腐朽的枕木彰顯著生活在北方的人類與嚴冬和冰層所較量的歲月。

人類的生存往往在於一次次驚奇的發現。就像貝加爾湖的奇妙生成了西伯利亞的寒風，使科爾沁草甸上的人也以獨特的感受去品悟著查干淖爾，直致使一種生存方式在這裡生成，那就是親近寒冷。

從居住地村屯的溫暖的火炕上爬起，穿上棉衣趕往網地，一路上要穿越變化無常的寒冰地帶。平野上的寒風就是那種來自於西伯利亞的著名的寒風庫爾圖克。它刮來時，一是來自於查干淖爾的西北，一是它會閃著一個個亮亮的光點，那種晶瑩的冰硬的雪粒在馬瞪起的眼神中被照亮。

風帶著亮光，抽打著世間的一切生靈。天地間一片昏沉。人在沉沉的北方凍霧中存在。人是在近距離親近寒冷。

當生命給自然以親近的時候其實生命這才實實在在地融進了自然本身。這是一種生存規律。這早已變成了查干淖爾自覺的生存行為。在嚴寒的冬季冰野上，生命與生命在互相融和、親近，它們融為一體了……

馬和人、牲口和人一塊兒組成了生存載體對付那獨特的環境——嚴寒，而一個獨特的遺產類型正拉開了它存在價值的內幕，向世界展示著其生命文化的奇麗，在黑暗和寒冷中開啟了千百年的遺產程序。

在冬季的嚴寒黑夜裡，大約經過兩個小時的長途奔走，拖網的爬犁或大車才能在東方剛剛露出魚肚白時到達查干淖爾冰原上的下網點。

下網點是頭一天漁把頭已經選好的地方，許多「網垛」已堆在那裡，單等黑夜從屯子趕來的漁夫們去展開並布網。

經過幾個小時的奔波，馬兒這時已累得口渴心躁。它們雖然身上結著厚厚的白霜，但已疲憊不堪。這時，漁夫們先要卸車、餵料、飲馬。人累了餓了可以說話，啞巴牲口虐待不得。

卸下的馬，先在冰上溜溜，讓它們先打打滾或「放鬆」一下。

這時，就要飲馬了。飲馬的水，就在厚厚的冰層之下。要用冰鑽先鑽開一個冰窟窿，讓冰水上來，這時再去飲馬……

馬兒早就渴了。它們一個個，乖乖地等在一旁。它們彷彿在對主人說，快點兒吧，把哥們渴死了。

每次從冰上回來，娘都問，給馬鑿冰眼了？回家要給娘細細地講這些事才行。

打好冰眼後，馬開始輪流喝冰水了。

馬喝著冰水，這時四野又颳起了雪風。風，把冰原上的雪掃淨，腳下露出晶瑩的冰原。

人們的腳下是藍色的、透明的，藍得醉人。

膽小的人，不敢看。以為一腳下去，人就會「沉」入冰底。

但那是凝固的水。

世人很少見過查干淖爾偌大冰原的壯觀。

首先，馬體會到了查干淖爾的荒涼和粗獷。

牲口喝完冰水，開始吃上了草料。

一切，都在冰上進行。

黑夜在漸漸地退去。東方一點點亮起來了。先是一片橘色的雲霧，接著，有初升的日頭的影子出來了。

吃飽了，喝足了，牲口開始等待幹活了。

因為，用不了多久，那一場更加持久的勞累便會重新回到它們身上。它們是自然和生命中這種遺產的主角。

而此時，漁夫們沒有絲毫的歇息。他們開始籌備冰上的繁忙作業。

天，漸漸地發亮了。

太陽也許還沒有出來，也許是剛剛爬上冰雪覆蓋的地平線。

人是大自然中會移動的雕塑，矗立在茫茫的查干淖爾大地上。

石寶柱說，娘的腦子裡總會裝著冰上的一切細節。每次從冰上回來，她都細細地問。然後就是沉思。她一點點地都全記下。你得天天回答她。

漁夫們分成若干伙組。有的開始「展網」，有的開始「打冰眼」。一切都按照一種古遠的格律進行。

首先，老漁把頭要選定入網口。

接著，小打在這裡開下第一個冰眼……

打冰眼十分講究，要先用冰鑹將厚厚的冰層扎透。往往是兩人一組，一人開鑿，一人舀冰。

冬季，寒冷在寧靜中放大，傳遞著一種久遠的神奇，冰雪的波浪凝固成柔和平靜，擴展出一種神聖，空曠無垠的地平線瀰漫著一種濃郁的神祕，彷彿在向人娓娓動聽地講述一個生命的故事。可是生命在哪裡？荒冷的冰野沒有一絲生命的痕跡。但是當人們細心去傾聽地表以上秋水凍成的冰壩和寒冷凝固的雪線下晶瑩的冰層，就會發現那裡正傳遞出一種遠古的呼喚。

北方的曠野給予生命走進生命的角度，更給予人們瞭解生命的機會。查干淖爾的生命之門一旦開啟，有心人便會一下子撲進大自然野生原野的懷抱。千百年來，嚴冬在這片土地上留下了太多燦爛的記憶，這是它自己的生存記憶，區別於一切記憶。也許是地球和大自然的一個偶然厚愛，使查干淖爾避開了現代社會的侵擾，盡情地享受著屬於自己的寒冷和寧靜。

娘什麼都不記得了，她只記得兒子什麼時候從冰上回來。

她等他，一塊兒吃飯。

有人問她，你兒子呢？

她會回答，上查干淖爾了，上冰上乾冰活去了。

冰活，就是冬捕時的冰上活計。

冰雪文化，有自己的程序。

冬捕，是一種奇特的「冰活」。

先是打鑹，冰鑹是那種一米多長的鋼尖頭工具，有二十多公斤重。一鑹下

去，冰末四濺。另一個配合的人要用「冰蹦子」把碎冰從冰眼裡攪碎，然後再用「冰撮子」和「攪羅網子」把冰末撈出，使冰眼形成。

下網的冰眼是一個長方形的「冰槽子」。由這個冰眼向兩側各數百步，方向是與正前方形成七十至八十度，插上大旗，漁民們稱其為「翅旗」。

這種翅旗，就把偌大的捕魚網點規劃成了一隻大鳥，如果從天上向冰面上看去，那恰似一隻展翅欲飛的巨鳥或即將騰空而起的蒼龍。翅旗，正是飛龍飛鳥的翅羽。

這時，該插「圓灘旗」了。

圓灘，指冬捕網的範圍，總體成圓灘形。插圓灘旗是為了打圓灘冰眼，以便下網。

打圓灘冰眼，就像運動場上的馬拉松賽。

只要下網眼一定位，漁夫們便從這裡開始向四周輻射並開始打運串聯桿子的冰眼了。

串聯桿冰眼要沿著翅旗處每隔十五米鑿一個，要與對面的對稱，分距離，相對排列，並列而鑿，一直要鑿出上百個冰眼，大約要排列出二里地之外……

冰鑱砸擊冰面的一瞬間，那銀色的冰塊和白色的冰末隨著冰鑱起落飛舞跳躍。太陽的光芒透過晶瑩的冰塊折射出閃閃的光柱和亮點，無論人從哪個角度看去都像到了一個神話傳說中的萬寶坡，遍地的奇珍異寶在閃閃發亮，冰凌帶著太陽的五色光澤在閃爍，人們切割著包圍記憶的硬殼。

當人站在冰原上時，其實已不知不覺地進入到一個童話中去了。

人，就是這個大自然的童話中的重要角色了。冰和天光的色澤一樣，藍汪汪的，伸向遙遠的地平線。

風，會把它上面的浮雪全都刮走。

一些刮不走的，是人或動物的「腳印」，把浮雪踩硬了，於是，那些「雪點」便清晰地「印」在冰上。

那些潔白的記號，就像一碗清湯上漂著的清晰的蔥花，柔和而溫情地

「飄」在冰的清爽之中……

大自然真是一處奇妙的所在。

洞穿腳下的堅冰，人要在漫無邊際的冰原上不停地遷徙。

讓冰扎（一種帶線繩的工具）去丈量無邊的冰野。貼在懷裡的巨大的閃著寒光的冰鑽是查干淖爾漁夫們的神筆，他們用它在這片冰原上書寫傳奇。那是即將向世界展示的屬於他們自己的神奇、神聖和神祕。

冰野上的漁夫就是與冰面對。當太陽剛剛露出東方的地平線，查干淖爾的漁夫已經開鑿堅冰了。

大自然把漁民們雕刻在查干淖爾冰原上，那是一尊尊會移動的塑像。太陽反被寒霧凍得發出奶黃色的光澤塗在查干淖爾漁夫身上。地平線的一側閃出黎明的光亮，在他們遷徙的冰路上，一眼眼鼓動著冰水的冰眼閃動著波光，那是查干淖爾漁獵文化之光。

有時候，被把頭指定下鑽的「窩子」是一堆厚厚的雪。但是，漁夫也不要擔心，你只管按照把頭的指點去下鑽就行。因為，表面上看去，那是厚雪，不見冰，但這恰恰是把頭的「眼力」。

縱然這兒是雪，但也逃不掉石寶柱這樣的把頭們的觀察和判斷。他早已從入冬以來的各種自然特徵中分析出在此處下鑽的道理。

娘說，柱啊，你可看準了。不走眼？

他說，娘你放心。不走眼。

於是娘點點頭，依舊坐在炕上沉思。

冬天，查干淖爾漁夫的所有穿戴，都有講究。初看上去，外表就是棉襖、棉褲。可其實只要你一觸摸便會得知，那是一種與其他地域不一樣的服飾。翻開褲裡，一層柔軟而長的皮毛縫在裡面稱為「皮褲」。

查干淖爾一帶的皮活，是這裡人的一種創造。所以寒冷也會對這些漁夫們甘拜下風。

皮肉在這些毛皮中，暖暖地活動著。

老娘每次都要給兒子把這些衣褲檢查一遍才讓他穿上。

鑿冰眼，又叫搬鑹。搬，就是「搬動」。這個詞用得非常的準確。那種鑿冰的工具冰鑹上的鐵質部分，有一米多長，遠遠地越過了木把的長度。鋼筋鐵鑹，沉重無比，沒有點兒力氣休想「搬」動它。

那是查干淖爾人的威武和溫柔。

漁民就這樣以它去對付那堅硬的冰原，把一種傳奇的大門一點點打開。

當巨大的冰鑹打透厚冰，天和地一下子通了。

那是天上與人間的溝通，是物質之門，是記憶之門。

隨著這層記憶之門的開啟，源源不斷的記憶，便會奔流出來，人也會隨著它，走進那新鮮而又豐富的期待中去。

在冰眼晶瑩的壁牆之間，人們無限的想像四濺飛騰，它吸引人去展開想像的翅膀，把人渴求智慧的心靈填滿。

最後，還要在二里地之外鑿出一個「出網眼」。

出網眼，要同「下網眼」差不多，也是長方形的一個大槽子，以便最後網從這裡拖魚而出……

鑿完這上百個冰眼，需要五六個小時，所以半夜從家裡出發現在看起來一點兒也不早。

這時，開始下「串聯桿子」了。

串聯桿子，就是通過「它」在冰下運行，把一張大網一點點帶往「出網口」，它的使命也就完成了。下串聯桿子，是個技藝性很強的手藝。這是查干淖爾漁夫千百年來傳承下來的文化遺產「絕活」。

如果說，做衣服縫衣裳要用「針」，這串聯桿子就是冰原上冬網捕魚連接「網片」的「針」，但這是一根巨大的「針」。而且這棵針要「一對」，在冰眼的兩排冰下排列，同時下桿、運行……

這種串聯桿往往要三十多米長，是一種古老的漁獵工具。

過去許多人弄不明白，冰面好好的，這漁網是怎麼「下」去的呢？

這種傳襲千年的冬網的「下」法，其實就是人類的生存能力，也是一種智慧的創造，更是一種珍貴的文化遺產。

黎明，當漁夫們在太陽還沒有升起來之前就來到冰上，當這邊的漁夫們選出網眼、下網眼和打下串聯桿子的冰眼時，這邊的漁夫們已開始「運網」了。

運網，又叫「布網」，就是先把網從爬犁上卸下來，布展開。

開始，這些網是垛在爬犁上的，這叫「網垛」。網垛在頭一天夜裡就在冰上，一冬天就這樣。

一切都被凍凝固了，彷彿連記憶也被凍凝固了。在大地的襯托下，人是豐富想像的背景。人和自然組合在一起，成為新的自然。

馬的眼睛時而閃出光點照在凍網垛上。

它們的眼睛瞅人時，正與人的目光相接，於是就變成了「亮」對「亮」。

但是，霜雪已糊住了它們的眼毛，亮澤從結滿霜掛的睫毛後透露出來。

走進查干淖爾，人便開始了令人震驚的記憶之旅。東北平原的冬魚是那麼鮮美，可那是這裡的打魚人用命換來的。

一年冬天，一個網隊的網片在冰底被掛在草根上，要有人下去「摘掛子」，這種危難要由新入股的小股子去啊。進去的人要一口氣扎入冰底，摘好網後鑽出冰眼人立刻會被另一個人用棉被一裹就扛走……

人被扛到了網窩棚裡先不能用火烤，先要用雪搓身子，不然人身上的肌肉轉眼變黑，血脈不通，人便失去知覺。

查干淖爾，處處流動著動人的傳奇。

這些漢子們，每一個人都有自己的娘，就像石寶柱有自己的叫「唐丫」的娘一樣。

娘，都是一樣的娘。

所以，查干淖爾永不會瀕危，那些關於漁夫們和漁夫的娘的故事就聽也聽不完，就像那偌大的結網的網繩，一層一層，一節又一節，一片又一片，一塊又一塊，一拉子又一拉子……

網在冰底布開，全靠串聯桿子的「勁兒」。這個「勁兒」，是向前「漂」動的「力」。這個「勁兒」和「力」，就是站在冰面上的漁夫用「扭矛」和「走鉤」給它「上勁兒」（給力）。

這是真正的「給力」。

其實「給力」這個詞，不是今天社會「發明」的，也不是小青年在生活的時尚中創造和產生出來的，它在遠古的漁獵文化——查干淖爾冬捕的歲月中早已產生，它是人類早已存在的漁獵文化遺產的代表作。

當網從下網眼「堆」下去時，漁夫們開始「給」串聯桿子「力」了。這種給串聯桿子加力，是一種絕活，全靠技術。

首先，當把巨大的帶著網的桿子順入冰下後，「扭矛」要搭住串聯桿子的一頭，然後以「手腕」的「花勁兒」一扭，那種組合又交叉的「力」，一下子使串聯桿子起動了。

當扭矛「一打」，那種「勁兒」迅速過渡到桿上，桿便運行起來。這種「打勁兒法」，年輕的漁夫望塵莫及。

而經驗嫻熟的老漁把頭已打了一輩子「桿」了。他的「勁兒」，全在「心」上。看起來他在用手，用胳膊，其實是在用「心靈」去打桿。

打桿使勁兒，要猛一打，不能打「滑」了。

所謂的打滑了，是指你在轉動「扭矛」時沒有掌握好「發力」的時刻，這時「一打」，勁兒消耗在「傳遞」上，使桿沒有受到力。

而「打桿」的一瞬間，要在「扭」上下功夫。

桿要前行，勁兒要「橫」打，如何產生「前行力」，全靠人去用心琢磨「起動桿」和「加速桿」的時間和力度。

起動桿時的「打勁」和「加速桿」時的「打勁兒」完全是兩回事，而且，扭矛掐在桿的什麼位置上，都很有講究。

老打桿老打桿，

十分力氣只用三，

他的桿子往前躥……

這是當地漁夫的民謠。至於對那些不會打桿的人，漁夫們又說：

小打桿小打桿，

別看你在用勁扳，

其實桿子身不翻……

能力和技藝是這種漁獵遺產的重要標誌。人類需要傳承的，正是這種珍貴的技藝文化遺產。這是查干淖爾遺產。別土無有，別土不生。

這時，人們可能還不知道，也不太懂，這不就是一張網嗎？怎麼這麼費事、這麼複雜呢？其實，這正是它作為世界級非物質文化遺產要受到人類去保護的理由。

在人們一般意義的理解上，捕魚只要把網向空中拋開，網緩緩地落下，罩住水面，再一提一拉，一網魚就拖上來了。這其實只是人們對夏季漁獵生活的一般性理解。而冬捕，特別是查干淖爾冬捕，在嚴寒的冬季那種冰下的網，不能像夏天那樣高高拋起，輕輕落下，它要在冰層下慢慢地「布」開。誰來「布」？表面上看是網自己在分佈。

而其實這種分佈，是靠人以智慧（文化遺產）來「指揮」網去「自己」自動展開並捕撈魚，這是一件多麼神奇的事情呢！

而更為神奇的是這種「網」。

這種網，成為「組合」網。平時不是一個整體，因為冰下的空間太大。冬捕的網，要分成若干「塊」。冬捕漁網一網由九十六塊網組成。

網，像鳥的飛羽，所以又叫「網翅」。一翅分三塊。一塊網三十米長，五米寬；一翅近百米長，三塊一翅，稱為「一拉子」。拉子，是出網時拖網的用

語。九十六塊網，就是三十二拉子。

可以想像，那將是怎樣的巨網潛伏在茫茫雪原的冰層之下。冰雪之下，真的是「布」開了「天羅地網」……

網垛在冰原上，是一座座「石頭」山峰。而山峰上，站立著一個個漁夫。那是一種奇特的人網的組合。

世上有各種網，但絕沒有如查干淖爾這樣的網，「一網」就堆成一座山。

網山在茫茫的冰原上起伏，像遠處的山岡。一座座山岡緊相連啊，查干淖爾，連綿起伏的網山把久遠的傳奇從遠古傳述至今天，還在往下傳承。

網，是地球生命的細胞。

查干淖爾冬捕網一張二〇〇〇米長，堆起來就是一座網山，鋪開就是冰下遠去的波濤。不同的是，它在智慧的查干淖爾漁夫控制下緊貼冰下的泥底而緩緩運行，它不去驚動那即將出發的生命。

濃烈的金光照亮了浩渺的查干淖爾，地表上的網山一點點為冰層張開的大口所吞噬。在人的腳下，在那五光十色的太陽光照射下的晶瑩的冰下，人們可以清晰地看到大湖的細胞和血管——網，那鮮明的紋路在漂動，在遠去。

人類與地球冰層下生命的對接是一根五百米長的大掏（粗繩索），它一頭繫著進入冰下的網綱，一頭要懸掛在地面的拖網馬輪的套索上。億萬年前，人類就對地球冰層下的另一類生命有一個聯繫的緩衝。

大概大掏的送遞，就是人類傳承下來的遠古的告知。

嚴冬，當古老的查干淖爾冰面閃著灰色的光澤，那是天空的烏雲把雪原塗成了這種顏色。如果太陽不出來，一冬天都是這樣，可是漁夫們能透過天和冰面的顏色去斷定拉網時刻。

拉網的又叫跟網的，這是查干淖爾冬捕活動的主要勞力。拉網漁夫見網已運行到出網眼時，要先把大掏的一頭系好網綱遞給馬輪手，以備套拖。大掏兩側是「網翅」。

如果打串聯網，網翅兩邊一邊八個跟網的；如果四個網，頭前就得十個六

人，這些人被稱為拉套的，又叫「拖套」。

這些漁夫的作業範圍很明確，就是協助馬輪將網翅一片片地拖向馬輪，減少馬輪拖拉的難度。

冬天，冰面上奇寒無比。網和繩上的水把他們身上淋濕，又凍成冰殼。查干淖爾漁夫一個個就成了會移動的「冰雕」。

厚厚的冰層「吞」進串聯桿子的一瞬間，人們也在尋思，這一網下去，誰知多少萬斤？

千百年了，查干淖爾該多少次的這樣把「桿子」插進冰層去，也插進了人們自己深深的記憶之中。而大掏又從歲月的底層把記憶拉出來，接成一段難忘的記憶。

眼毒（有眼力）的老漁把頭可以從頭幾條魚的顏色、氣味和它們的動作上充分地判斷出這一網的數量。那是他多年的能力積累。

這種能力，甚至來自他的父親、他的爺爺、爺爺的爺爺。那是一種才華的傳承。

這種能力其實來自多少次的冰原親歷。冬季，在茫茫的查干淖爾冰原上，有能力的老漁把頭往往只打一眼便知曉在哪兒下網魚多魚肥，這早已在他從春到夏、從秋到冬對水、對風、對下霜下雪的時間、時辰的觀察上就確定了。

大自然離不開人對它的總結和概括。億萬年之前，這種觀察就存在了，所以我們稱查干淖爾是一處奇特的漁獵文化發生地，魚兒就是這個地方的鮮明而突出的文化符號。

拖網的人稚嫩的面孔表明了他們的身分──小股子。

這是查干淖爾最普通的勞力。股，指一個勞動力，又是「股份」之意。因從前打魚都是一夥人互相湊在一起，各自帶來不同的工具，甚至牽來一匹馬，也算作一小股。

小股子在冰上作業主要是力氣活和一些雜活。幫馬輪拖網的，就叫拖網小股子……

小股子是每一個漁把頭自己的童年。

每一個漁把頭都是從當小股子一點點熬出來的。這叫多年的媳婦熬成了婆呀。查干淖爾讓每一個肯於付出的人最終完成自己生命的夙願。

歲月，把一個個小股子磨洗成漁把頭。

把頭，有說是「幫頭」，指一個幫、一個伙的領頭之人；也有說來自於蒙古語巴圖、巴特、巴特爾（英雄）。

寒風冷雪在他們落草於這片土地上時就注定了他們要走查干淖爾漁夫之路。

一冬天，他們要穿壞幾件老羊皮褲。多少次的生死使他們領略了查干淖爾的威力，終於讓一個人的生命放射出奇異的光芒，成為冰原人。冰原人，有自己的生命認識，馬兒就和他自己一樣。

當寒風把人凍得合不上嘴巴，他依然要掰凍得張不開嘴的馬兒的嘴，把溫熱的料填入「夥計」的肚裡。

查干淖爾，是生命與生命真誠碰撞的土地。

大網如果在冰下布開，可想而知，茫茫的幾十公里以下的冰下，那網已經展開，由串聯桿子帶動，一點點地運行到了「出網口」了。

出網口，其實和下網口的功能一樣，是網由此「出」來的口。但不同的是，這個「網」不是空網，而是「實」網了。實，就是「紅」，又叫「日頭冒紅網」。這是指網從夜裡和黎明開下，到當天的早上，也有中午或下晌，就開始起網了。

其實，那網一直也沒有停，它是在不停地運行，現在，已來到了出網眼了。但是，它太「沉重」了，因為有「魚」，人們豐收的果實在裡邊，一般的「力氣」是拉不動的。怎麼辦呢？

這時，人類要感謝動物了。

有時我們想，人類對不起動物……

但動物生來就具備了拖拉這種巨網的本能，於是人類發明了「馬輪」（一

種專門用來拖拉冬網的絞盤），以它來拉起這種大網。

終於，頭一批傢伙露出冰面。

當帶網的大掏露出出網口時，固定在冰面上的馬輪開始發揮作用了。

馬輪由輪和軸兩個部分組成，上下兩個輪盤，中間是筒套，筒套套在軸上，軸棒固定在底座的爬犁架子上。加力之後，上下輪和套筒一起轉動用來拖網，又叫「絞掏」。由於是用馬來拖拉，所以叫馬輪。

在世界範圍內，用馬輪轉動套索來拖拉大網，讓魚兒躍出冰層出世已經不存在了。這種原生態的生存方式，讓人充滿了對生命的理解……

在這裡，馬是一種獨特的生命。

絞盤，是一種巨大的冰爬犁，固定在厚厚的冰面上。拖網時，把被稱為「大絲」（tāo，俗語大掏）的粗繩子，連接在網上，另一頭系在絞盤輪上。由馬去拉動，就會牽引著兜滿魚的巨網從冰下緩緩而出。這簡直是世界的奇觀，是全人類僅存的歷史和文化創造。

馬，那些在黑夜就出發離家，來到冰上剛剛喝過冰眼裡的水，厚霜還結在身上的生命，這時要面對另一項極苦累的勞作了。

應該把更多的人引到查干淖爾來，那是他們沒有見過的各種場面。其實世上有許多陌生還需要人把這些變成熟悉。在陌生沒有變成熟悉之前，這些陌生永遠是新奇和生動的。

我想，查干淖爾這些馬日夜奔走，可是卻走不出冰雪的世界。那該是一個多麼龐大而遙遠的冰雪之原哪……

一副「馬輪」，往往由四匹馬來拉。趕馬輪手站在中心，手持大鞭一甩，馬兒便就地轉圈奔跑，彷彿在拉磨。但那是一個巨大的「磨盤」，連接著幾十噸上百噸的分量（魚摻著水），在馬輪的轉動下，巨網「吱吱」地響著，由冰下緩緩地「現出」……

頭幾「拉子」魚兒少，因為「前網」漂在上面。但接下來，沉甸甸的「紅網」就快到來了。

每年，當第一片雪花飄落，當寒風漸漸吹乾地上的草，吹落樹上的葉子，各家的馬兒都開始不安地躁動起來了。它們天天面對主人不停地刨地，並嗷嗷地嚎叫，彷彿在催促主人，快快行動，去捕魚吧。現在，馬兒也知道它們的作用了。

當馬戴上拖網的套在冰上奔跑時，那種激情一次次地感染著人。難道地球上的生命不是奇蹟嗎？它，就是不會說話。它如果會說話，主人一定會聽到它在呵呵地樂。

冰面被撕開巨大的裂口為出網口。水中升騰著茫茫的寒氣，就像是大地張開的歡樂的嘴巴，冰堆起的冰壩正是他老人家的厚唇。這時節，人與自然的陌生感，一下子消除了。

這時，人們會覺得，其實自然是多麼渴求人去親近和貼近它。而人類，也時時在力求去親近自然、貼近自然。這時人們才感受到自然歡快的喘息，大地散發出的氣息，表明地球是一個生命，也是一個奇蹟，一個實實在在的奇蹟。

出冰的魚，已迅速地在冰上被凍凝固了，雪被天罩成醉人的藍色。它們，翅和嘴的薄處，被陽光照透，變成橘黃或淺紅，也發出金色的光亮，其他部位，立刻被寒霜白雪裹住。魚變成了一具具浮雕，刻在自然的年輪上。

自然的年輪，又是歷史的刻度，它們來自何年何月？

雪痕與凍魚，組成歲月的刻度，留存在人類必將一點點消亡的記憶中。

在查干淖爾冬捕的冬日，一切寒冷、勞累、睏乏，都已拋到九霄雲外了。

網房子廚房送來的一碗餃子、一碗豆包、一碗豆麵卷子都含著無盡的香甜，讓冷風和糧食一起吞進肚裡。

家鄉土燒鍋（作坊）自釀的老酒帶著鄉親的火熱心情一同流進腸胃，燙熱了查干淖爾漁夫的情懷。

有的人，竟然幾天幾夜不下冰面。茫茫的冰原，就是他們的家。幾代人啦，都是在這樣的環境和季節裡生存，他們生就了一副抗寒耐冷的性格，別土無有，別處不生。只有查干淖爾最後的漁獵部落裡來往著這樣的漢子。

無論多麼寒冷，心底依然惦記著娘，那蒼老而難忘的人。

石把頭說，我不進家，她不吃喝。

她等著兒子，水不喝一口，飯不動一口，只是不停聲地問，媳婦，你男人呢？柱子呢？

媳婦給娘擦擦濕潤的眼眶說，正往回走呢。雪大冰滑，路遠天寒，還得等一陣子……

娘不出聲了。她把耳朵貼在老櫃上傾聽，靜靜地傾聽。她聽到的，只有風在冰冷的查干淖爾雪原上怒號，打著呼哨。一會兒，風也停下來喘息著，一切又歸於寂寞和沉靜。

十、漁獵文化傳承

在這個地方，如果魚不能豐富部落，部落人便會遇到飢餓和貧困，人們已逐漸地意識到這種規律了。於是這裡就有了生活中主動地歌頌著魚的存在和水土的富饒。魚的形態的出現其實不單源於查干淖爾，在中國傳統文化之中魚是同「余」（剩餘、富裕）觀念連在一起的，這是人類借物和音來表述人的希望和追求。在出魚的查干淖爾，魚的文化體現得更加細微和普遍，每至年節或一些民俗日，人們便扭起了「魚燈」秧歌，這是一種普遍傳承與特殊傳承的融合。在這兒，許多漁夫會扎「魚燈」並熟悉魚文化藝術。

在查干淖爾，百姓一年四季是以「魚」來過日子的。這兒，冬天捕來的魚，吃不完，就將其曬成乾，掛在自家的房前屋後，表述著一個漁獵之地的風情風貌。

而且，手藝巧的人還自己「扎」魚。那是一種傳統手藝。把草原上的莊稼稈棵（高粱、玉米或葵花稈）剁齊，然後用麻繩勒上，製成魚的骨架，再在外面用綢布（有紅、黃等顏色）黏貼在上面。魚就成了。

查干淖爾村落是魚乾的世界。

在這裡，無論春夏秋冬，人們往村裡的任何一個角落望去，都有「魚」映

入眼簾。

兩棵大樹間拉過一條繩子，魚串在上面風乾。風吹來，那一串串的魚乾十分有韻味。而且，站在這些樹下，一股濃濃的魚的氣息就從天上飄蕩下來了。

各家院子的牆上，也掛著各種魚。魚肉紅紅的、鮮鮮的，但已乾透，可以隨時帶著走向遠方。

冬季，人家的葦牆上、房簷上，都有凍魚掛在那裡。那是一些鮮魚，是以自然的寒冷保存著它們的新鮮和本色。這種凍魚很是好吃，一點兒也不走味兒。

扎魚燈是查干淖爾人的絕活。

如果是大魚燈，就要組合。

往往頭是一組，腰身是兩組，尾是一組。肚腔裡裝燈燭，點燃後舞耍……

做這種「魚燈」往往用「鰉魚」，因這種魚典型又形象。魚身是紅色，給人以鮮明的感覺，魚翅用黃色，表示這是大鰉魚，尾用淺紅或粉色，表示它活潑逼真。而且，魚的嘴還要會動。

這種「魚燈」被稱為「活」物。用時人舉著，上下一舞，那魚嘴便會上下咬合，與真的魚兒一般。

在查干淖爾，一到冬季節令，這種魚燈就更加受歡迎。特別是每年的臘月三十和正月十五的燈節，如果沒有魚燈出現是不行的。這是生活中的魚和文化中的魚的相互存在，一種更加鮮活的存在。而且，家家不但準備「魚燈」，還要做冰燈。

冰燈是那種「魚」文化的延續，是冬捕和冬季漁獵文化的印跡。人們做冰燈已十分熟練。那往往是用木桶或挑水用的柳斗子、水筲等，盛上水，搬到戶外。由於東北處於嚴寒地帶，只一袋煙的工夫（大約十五分鐘），器物中的水貼近邊緣便上凍了。這時人們把器物中的水倒出，貼在器物上的「殼」就成了燈型。

這時，要會「取殼」。

取殼，就是把冰套順利地從器物中倒下來。往往是搬進屋內，在炕上或灶前一烤，冰殼會自動脫落，這時要及時將這些冰殼再搬到戶外，保持在寒冷環境裡。這就是「冰燈」。

用時，在燈心上點蠟燭，一盞盞晶瑩的冰燈便做成了。

在查干淖爾，夏天人們離不開水，冬季人們離不開冰。冰的那種晶瑩形態已和人們的心靈貼合在一起，構成查干淖爾人冬季的生活內容。

在查干淖爾，漁民們保持著當地人家的傳統風俗——貼年畫過年。這裡的年畫雖然在傳統上離不開中國民間的神靈、信俗，如天地、門神、灶王等，但除此而外，一些以當地題材為主的年畫逐漸地在人們的生活中豐富起來並傳承下來了，因為查干淖爾也是一個年畫之鄉。這裡的年畫，馮驥才把其稱為「闖關東年畫」。

馮驥才先生以他的文化慧眼盯住這片土地，他說，如果從文化的角度看山東人闖關東那個壯舉，一個饒有興味的問題一定會冒出來——這千千萬萬山東人給關東帶去了哪些齊魯文化？他們的文化被那片冰雪大地吸納融合了嗎？

闖關東是求生渴望所驅使的普通民眾的遷徙，它帶去的肯定不會是菁英文化，而是隨身的鄉土文化。菁英文化是自覺的，民間文化融化在溫暖的生活與情感裡，往往是不自覺的。可是，只要生活融合了，文化就會生出根須，往那塊陌生的土地有力地紮下去。那麼怎樣才能找到闖關東所特有的文化蹤跡呢？他告訴我，要去認真尋找一下。

他還說，如果認真去尋找一種東西，那種東西一定也在找你。關鍵是它出現時，你是否識出它來。

從清初至中華民國初這二百多年間，兩三千萬山東人一批批前仆後繼地奔赴廣袤又肥沃的東北大地謀生。民俗是一種無法丟棄的頑固的文化心理；而且，情感濃重的山東人一定還把故鄉的習俗作為鄉情鄉戀最深切的表達方式。於是盛行於齊魯民間的年畫，會不會被千里迢迢地帶到這裡，一年一年地滲入東北歲時的生活裡？

從近代出版的一些東北的方志（例如從黑龍江的《蘭西縣誌》《樺南縣誌》《寶清縣誌》，到遼寧的《桓仁縣誌》、吉林的《白城縣誌》《農安縣誌》《榆樹縣誌》等）看得出，臘月底都有張貼年畫和門畫的風俗。這些地方恰恰就是山東人闖關東的落腳地。

可是，山東人闖關東是漫長的二百多年呵！東北三省使用的年畫一直都是山東人從老家捎去或是由關內供應的嗎？既然東北有那麼巨大的年畫需求，山東人會不會把他們的作坊搬過去，甚至在那裡也形成一些小產地？我這樣推測，是因為很多年畫產地的緣起，都始自一些心靈手巧的外來藝人把刻板印畫的手藝帶過來。會不會有一種我們從不知道的「闖關東年畫」？

一六四四年，清入主中原，建立了清朝，便把東北作為自己的祖先發祥地而保護和封禁起來，不許人進入。可是到了清道光和咸豐年間，由於中原天災人禍，許多破產農民無以為活，於是開始了衝破封禁令到東北謀生的歷史階段。據相關資料統計，從清中葉至中華民國初大約有三五○○多萬人越過山海關與渤黃海到達了東北。而當時的科爾沁草原一帶，是清政府為了感謝蒙古族貴族幫助他們推翻了明朝而劃給他們的附屬地，可是在一八四○年鴉片戰爭之後，由於清朝的軍隊在與外國聯軍的交戰中敗下陣來，朝廷開始疏遠他們，引起以曾格林沁為首的蒙古族貴族的不滿，於是他們率先廢除了封禁令，開始租荒賣地，吸引中原農民前來開荒，這無疑是誘發闖關東的重要成因之一。

歷史上的中原木版年畫的製作工藝真的有如馮先生分析的那樣，它是經過闖關東的人將手藝帶至東北，並在東北定居，從而形成和發展起來的，所以馮先生稱之為「闖關東年畫」。當年，在今山東濟南市的歷城千佛山有一戶李姓人家（和程咬金一個屯），老爺子李祥，考取了秀才功名後在家鄉開起了畫店「李秀才畫坊」，繼承了中原和齊魯地區的木版年畫風格和手法，並以民間風俗和民間信仰的題材為主開始了木版年畫生涯。

誰知清光緒十年（1884 年），由於李祥的兒子李連春私自為萊蕪和章丘一帶的捻軍和大刀會印製刀槍不入的「符圖」被朝廷發現，朝廷以「通匪」罪名

追究其家。為了留下家族後代，老爺子李祥忍痛為兒子選了一條生路——闖關東。於是在光緒十一年冬天（1885 年），李連春告別了父親，帶著兩歲的兒子和十歲的妹妹闖關東來到了東北。從此，這個中原齊魯地帶的著名木版年畫手藝人就開始了他漫長的闖關東生涯，並成為查干淖爾漁夫。

清雍正年間先期到達東北的「六喇嘛甸子」李家屯叔叔家，雖然那時先祖人家已不在了，但他在落下腳後，一邊打魚一邊開辦民間木版年畫作坊，報字號為「洮南李」。

對於吉林闖關東年畫的故事，正像馮驥才說的那樣，一隻大鳥騰空飛去了，它那飄落的羽毛隨著歷史的風塵在久遠的時空中飄蕩，我們正在努力地去尋覓那種美麗而珍貴的羽毛的落點，並小心拾起。在查干淖爾，闖關東年畫的根，深深地紮了下來。

在唐丫家，在這一帶的許多漁民家，李連春和許多闖關東畫家們反映「漁獵部落」生活的民俗風情年畫一下子多起來，成為這一帶的主題。

每到大年，兒子石寶柱都要去庫裡鎮上趕集，娘唐丫說，捎回一張《連年有餘》。

於是，年年這張畫一定要貼在她家的牆上。娘只有看著這張畫上了牆，她才心裡有了底。她家一定要貼它。有了魚（餘），就是一種「福」，也是「吉祥」。

其實這些年來，她在心底還是在怕小齊國，這個當年發下話要來搶她的人。但是，兒子在查干淖爾紮下根來，她覺得穩了。她想用這樣的「年畫」來延續她的平安、兒子的平安，還有就是查干淖爾土地的平平安安。

在查干淖爾，這裡的人養成了一種生存習慣，大地是人們的煙袋鍋。這還是當年，父親領著母親唐丫到查干淖爾避難時留下的傳統，民間稱為「抽地鍋」。

那往往是一些打魚的、種地的、趕車跑外的老闆子們，有些時候跑勞累了，於是就說：「咱們抽地鍋吧。」

抽地鍋，先要搭地鍋。先找一塊較為平坦的草地（或田間地頭，或河邊江沿），用鍬或腰刀把土挖成一塊塊的，然後起出來，堆成一個「鍋」樣。大約就有飯碗那麼大，中間要留出雞蛋大的一個坑，這稱為「地鍋」。然後將煙末堆放在「地鍋」裡面點燃。抽時，就不能用煙袋了。抽這種「地鍋」要選葦稈來當吸管。

由於葦稈有「節」，要選那種節較長的直溜的蘆葦來用。折葦稈時要注意，不能在葦子節處齊刷刷地折下，這樣反使葦稈的「節」隔住了走氣。要從「節」的裡邊一點兒折下去，使上下兩頭都通風走氣才行。備好葦稈，幾個人抽，就發給幾個人。每人一根，趴在地上的「地鍋」周圍，把葦稈遞到地鍋的燃煙末上，便可以吸了。

抽地鍋是一種「聚人氣」的習俗。老漁把頭石寶柱說，從前的人都自己帶著煙袋和煙口袋，但有時還是抽地鍋，這是因為抽地鍋往往是大家湊在一塊兒，能「聚」在一起，互相連抽帶烤，有生氣有人氣。而且，抽地鍋時大家「靠」得近，有什麼悄悄話，咬耳根子話，都能交流。還有，就是這種抽地鍋法可以讓平時不抽菸的人也加入進來。

長久以來，抽地鍋一直流行在查干淖爾土地上，成為聚伙、交友的重要行為和過程。如鬍子、土匪、打魚的、走船的、狩獵的行幫，常常以「抽地鍋」來作為他們交結朋友的重要過程。因為「抽地鍋」是面對面的認識了，是心對心的靠近了，不然不「抽地鍋」。只有沒虧心事、互相對得起、投心投意的人，才能抽地鍋。這表示團結，是一夥人。還有一句民間俗語說「出了山海關，不抽對火煙」。就是說陌生人之間不能「抽地鍋」，一旦有人讓你抽地鍋，當煙的火光一閃，發現你是陌生人，便會動手。這從另一方面也證實了抽地鍋的人必須是熟悉的、同心對意的才行。

在東北民間，兩伙人見面了，往往盤問：「你是『裡條』還是『外條』？（新朋友還是老朋友）」如果對方說：「兄弟你忘了！咱們一塊抽過地鍋。」這就等於有了保障，是朋友，而且是老朋友。抽地鍋在東北民間已成為「患難之

交」的代名詞了。但近代，由於行幫的逐漸消失，加之煙和煙具的普遍傳播和使用，這種用葦稈來「抽地鍋」的習俗已經徹底地絕跡了。但作為歷史上和民間曾經存在過的生存事項，抽地鍋的方式方法和規俗及來歷應該是東北重要的民間生存文化遺產。

　　魚星圖在天上一代代照耀著地面，與查干淖爾構成奇妙的存在。那往往是在冬月的午夜，這個圖畫更加明亮和清晰地印在天上。這個時候，查干淖爾就快舉行冬捕祭祀了。

　　查干淖爾的冬捕儀式是在生活之中自然而然地醞釀並舉行的。

　　當大地一封凍，天變得非常寒冷時，這項古老的祭祀活動就開始了。人們主動地走向冰原。娘唐丫早早地給兒子準備好了皮襪、鞋子和手悶子……

　　娘老得已經不能出屋了。她心中對查干淖爾的季節和時辰卻瞭如指掌。

　　兒子也不用問，娘件件事已為他準備周全。

　　「酒燙上了？」

　　「燙上了。」

　　「他喝了？」

　　「喝了。」

　　娘於是攆兒子：「快些上冰吧。聽聽，冰上的鑼鼓已敲打開了……」

　　兒子一步邁出屋去，腳步聲消失在院子外的雪路上。

　　有一年，那是娘眼神兒好時，她親自出屋，到冰上去過。她記住了那祭祀的一道道程序。等待儀式開始時，她看看一幫像她年輕時一樣漂亮的姑娘，每人都穿著鮮紅的長裙，舉著一根火把，到「聖火」盆中點燃……

　　「她們多好啊！」

　　唐丫想：她們沒有「小齊國」的威逼和追殺，都是一些自由自在的活法。她抹了一把眼淚，心裡仍在顫抖。

　　現在，她出不去了。但她按照時辰在自家的炕上猜測，現在到姑娘們點聖火的時候了，現在到「查瑪」們跳神的時候了，現在到把頭給上網地的漁夫們

喝壯行酒的時候了。再過一會兒，就是她的寶貝兒子快八十歲的石寶柱撈頭魚的時候了。

每次都是兒子為冬捕祭祀撈起頭魚，她就覺得該是兒子下手。兒子在她的肚子裡生成時已是查干淖爾著名的男子漢的血種，那是讓她心滿意足的一個男人，在北方，在查干淖爾，當人們提起老石頭，那是讓查干淖爾草原直顫抖的人物，小齊國終於被他震走了。

據說，若干年後，小齊國曾放出話，我不要唐丫還不行嗎？我只想見見老石。我想和他交個朋友。

唐丫對老石說，讓他遠遠地走吧，誰和他交朋友？永遠不想見他。娘這樣說著時，歲月已在漸漸地流失，兒子也漸漸地老了。

十一、查干淖爾母親

唐丫用唾沫洗完臉待在那裡時，早春的風，已從門口刮進來，她剛洗完的臉，一點點乾了，皺紋也舒展開了⋯⋯

她彷彿在傾聽近一百年間的同一個季節的動靜。那動靜在她耳邊展開，和著呼呼的風雪，也在她心底展開。

一輩子，她的心都在惦記當中，沒有平靜過。老了，她要品味平靜的滋味。

查干淖爾，如果沒有嚴寒那就不是查干淖爾。天不凍，魚不鮮；地不凍，魚不嫩。正是這裡的天寒地凍和嚴酷的歲月，才有了查干淖爾和查干淖爾娘。

當冬捕的祭祀儀式結束之後，當冰上的人馬都轉向茫茫的冰原去捕魚之後，當一群群從四面八方來到查干淖爾參加冬捕活動的人都撤離了現場之後，人們都走向遠方冰上的網地，那裡只剩下石寶柱一個人了。

人們走向冰面，他要走回老屋，走向炕邊，走向自己的老娘。

他知道，娘在等他。

他必須回來，向娘告知，第一階段的祭祀已完成，頭魚還是他撈的。

娘等他，其實是摸摸兒子，然後再放他上冰。他不上冰不行。來自四面八方、天南地北的人都在打聽「唐丫」的兒子漁把頭石寶柱在哪裡。他不來，整個冬捕就沒有根脈。

　　娘靜靜地聽著院子裡的動靜。因為，那冬捕儀式結束前的大喇叭（大別拉）粗壯的「喔喔」聲告訴她，儀式已結束啦。

　　用不了多久，院子裡就會傳來沉重的腳步聲，是兒子回來了。兒子站在娘的小炕前，照例說，娘，我回來了。

　　娘不出聲，只是伸出老手，撫摸著兒子被寒風凍硬的臉頰和新刮的有些胡楂子的下巴，說：「快回去吧。回到冰上去吧……」

　　兒子說：「不。我守你一會兒。」

　　娘說：「快走。」

　　兒子笑了，他說：「真攆我走？」

　　娘點點頭。接下來是默默地叨咕著什麼，誰也聽不懂她說些什麼了。

　　但是，唯有兒子懂。那是娘在真心實意地攆他走。快回到他心底的去處，查干淖爾冰野上去吧。

　　冰野上，葦子已經被寒風颳得飛揚著，朵朵乾枯的輕飄飄的蘆花在擺動著，在冬季的雪原上寒風與雪花捲在一起，帶著大地的氣息，刮向了遠方。

　　家裡的院子，在娘和兒子的沉默中更加的沉寂。一切，都在默默地傾聽著老娘與兒子的對話。最後，還是兒子把臉貼在娘的臉上，那剛剛用唾沫洗完的娘的臉，親切溫柔。娘也貼著他，貼著兒子這查干淖爾骨肉傳承的血脈，也是在傾聽，兒子的血脈和戶外冬風在同樣滾動，聲調清晰無比。

　　大地在蒼茫的白雪下伸向遠方。

　　我怎麼總覺得唐丫就是這片查干淖爾呢？查干淖爾濃縮了就是唐丫，唐丫就是以往和今後的查干淖爾，它一點點地變小，又放大，最終覆蓋了查干淖爾。查干淖爾原來就是母親的故事……

　　在風雪裡，這個故事傳承上千年了。

在這片土地上，曾經流傳著聖主成吉思汗的傳說。相傳，成吉思汗的仲弟哈布圖‧哈薩爾大王的第十四世孫奎蒙克‧塔斯哈喇為了維護北方正統蒙古汗的統一，於明嘉靖二十六年（1547年）率眾「東遷」，這就是歷史上著名的「嫩科爾沁東遷」。

據草原上著名的文化人類學家蘇赫巴魯的《三湖一邊的伯都納》記載，當年嫩科爾沁東遷，搶先沿著譯為「男兒」名字的嫩江而下，占領了明朝統治下的蒙古「烏梁海三衛」裡的夫余衛並成為衛長。他統領的地域為嫩江下游，混同江（即第二松花江）下游，鴨子河（今第一鬆花江上游），達魯河（洮兒河與嫩江匯合處至松花江段），洮兒河南至西拉木倫河流域的松漠草原。這就是如今的嫩科爾沁部落。廣漠的嫩科爾沁，後又分為科爾沁、郭爾羅斯、杜爾伯特和扎賚特。

奎蒙克‧塔斯哈喇有五子，其中三子烏巴什掌管著郭爾羅斯草原，也就是嫩江下游和第二松花江的左岸。烏巴什之子莽果有五子三女，當他稱王時，五個兒子都得到了分封，三個女兒卻什麼都沒有。

女兒為什麼啥也沒有呢？

彷彿自古以來，女人就不該有什麼嗎？

莽果的長女叫烏蘭高娃，二女兒叫查干高娃，三女兒叫哈喇高娃，她們出生的時候都有著不同的經歷。

有一年夏天，莽果帶著將要分娩的妻子放牧來到了昂格賚的僧斯林泉邊，他見此地水草豐美，就在這兒安下帳篷。第二天清晨，莽果的妻子在僕人的陪伴下來至僧斯林泉。她對著一汪泉水正要梳妝時，突然感到一陣腹痛。當莽果帶著幾個女僕匆匆趕來時，妻子已在泉邊生下了他日夜盼望的第一個女兒。

女兒的小臉紅撲撲的。「安啊安啊」的哭聲格外的嘹喨。女僕用羊羔皮將新生兒包好正要抱回去時，莽果說：「蒙古人依水草而生，既然上蒼讓我心愛的女兒降臨到泉邊，那就讓她接受泉水的洗禮再回家吧。」說著，他親自將心愛的女兒抱到泉水邊，用寬大的袍袖蘸著清水，小心翼翼地為女兒擦洗起來。

女兒的小臉越擦越紅，於是，父親給女兒起名為烏蘭高娃——意為紅色而美麗的姑娘。

查干淖爾，沉澱著女人的故事。

女僕們抱著烏蘭高娃，攙扶著夫人回帳篷去了。可是莽果卻跪在僧斯林泉邊，手叩心窩，面向蒼天祈禱起來，祈求蒼天再賜給他兩個女兒。也許是莽果的祈禱應驗了，第二年的八月十五，妻子果然又生下了一個女兒。當天夜裡，又大又圓的月亮白得出奇，照得水木清華，就連遠處的叢林也看得一清二楚，皎潔的月光從天空射進蒙古包，竟將這個女兒的面龐映得白亮亮的。這天夜裡，興奮之中的莽果喝得酩酊大醉，趁著酒興，在這個月光如雪的夜晚，他給二女兒取名為查干高娃，意為白色而純潔的姑娘……

就在查干高娃出生的第二年，莽果又喜得一女。三女兒出生的這一天，正是天狗吃月亮的夜晚，天異常的黑，黑得伸手不見五指。

莽果走進帳篷的時候，羊油燈忽然被風吹滅了。他貼近女兒看了半天，也沒看出個模樣來，於是順口說道：「黑黑的，什麼也看不見。就叫她哈喇高娃好了。」意思是黑色而又漂亮的姑娘。

日月如梭，白駒過隙……

不知不覺間，十八個年頭過去了。這一年初夏，三個如花似玉的姑娘身著華麗的盛裝，分別乘著紅、白、黑三色駿馬，拉成一線，來到了僧斯林泉附近。

女兒如三朵彩雲飄到草原上，來到父親身邊。遠處，羊群像白雲飄落草原，牧人裂錦般的長調扶搖直上藍色的蒼穹。馬蹄踏著花香，春風吹拂著三位美麗姑娘的心扉。可是突然間，她們的心中又充滿了惆悵。古語說：與其榮華富貴一生，不如留下芳名百世。咱們也要像男兒一樣，才能贏得榮耀。

黃昏時刻，她們來到了父親的氈帳。正在喝著奶茶的莽果見三個女兒結伴走來，又排成一溜兒跪在他的面前，就放下手中的銀碗，開口問道：「我的三個女兒，你們是不是有話要說？」

大女兒烏蘭高娃和顏悅色地說：「阿爸大人，我們的哥哥都有了分封，但我們做女兒的雖然沒有封地，還不能留下個名分嗎？」

二女兒查干高娃也說：「哥哥們各得其所，實屬各有應分。我們不求別的，只求阿爸大人給我們留下一個名分。」

三女兒哈喇高娃想了想，笑著說：「阿爸，水有深淺之別，人有高低之分，如果說哥哥們是阿爸的右手，那麼您的三個女兒就是您的左手，若是拍在一起，疼的還不是阿爸的心嗎？我們雖然不像哥哥們那樣得力，但是阿爸，我們也是您的心頭肉啊……」

莽果聽了，哈哈大笑一陣，說：「自我的三個女兒出生之日起，你們就成了令人驕傲的公主，這難道不是你們今生最好的名分嗎？」

三個女兒異口同聲地說道：「今世的驕傲，來世誰能帶走？」

阿爸被三個女兒說中了。

他站起來，在氈帳中踱了三圈兒，突然站下來。

阿爸說：「我的乖女兒，你們既然知道按古俗女兒是得不到封地的，但咱們郭爾羅斯前後二旗中部、達魯古河的兩岸，像天上的三星一樣，橫排坐落著三個沒有名字的湖泊。」

「哪三個湖泊？」

「江北，江南，再往南……」

「是嗎？」

「是呀，我的女兒。我看倒不如這樣，江北的那個就以烏蘭高娃的名字命名為烏蘭淖爾；江南的呢，就以查干高娃的名字命名為查干淖爾；再往南的那個，就以我的小女兒哈喇高娃的名字命名為哈喇淖爾。這樣好不好呀？」

「阿爸，好是好。可為什麼這樣呢？」

「孩子，人有生死，草有枯亡，有什麼會比江河湖泊的水更長久呢？」

三個女兒眼中放出沉思的光芒，說道：「謝謝阿爸大人，是您讓您的女兒有了這江河湖泊般的芳名。」

從此，大自然就這麼傳承下來。

然而，水對著人，人對著水，又有著千絲萬縷的不盡相同。

以大女兒名字命名的烏蘭淖爾，位於郭爾羅斯後旗（即今天黑龍江省肇源縣），經過千百年的風吹土刮，它漸漸地乾涸了，消失了，只剩下一個名字了。位於今松原乾安縣以三女兒名字命名的哈喇淖爾（即大布蘇湖），意為黑湖，表示它的烈性。其實那是一座鹼湖，黑也是指鹼的紫色。由於水土流失，湖漸漸萎縮乾涸，岸邊漸漸形成八百里瀚海上的泥林，俗名「狼牙壩」，土層乾枯變黑。

這是三女兒生時風突然吹滅了油燈，父親看不見她的小臉兒，才叫她黑色而美麗的姑娘嗎？一切不得而知。但是，唯有查干淖爾，如北方土地上的一面天然晶瑩的寶鏡，靜靜地鋪展在嫩科爾沁土地上。

以二女兒查干高娃命名的查干淖爾，如明珠般閃爍在美麗的北方草地上，並把「女人」的故事從古至今傳播下來……

查干淖爾，美麗當中帶有著無盡的生命傳奇和生死的歷程。大自然的狂風暴雨千百年地抽打，北方嚴寒終日地施威，它卻傳承下來了一個適應嚴酷的性格形象，查干淖爾，頑強生存下來的一位母親。

十二、冰院子

冬捕前，其實許多冬捕細節已經開始。首先漁場要把院子澆水凍冰變成冰院子。冰院子是來自於水院子，這是北方一種大車店的名字。早些年，在靠近松花江、鴨綠江、嫩江、圖們江沿岸的地方，一到冬季，嚴寒就使這些江河封凍了，山道崗道落雪不好走，於是這些冰封的江面就成了車馬爬犁的康莊大道。特別是一到年根兒前，山裡和平原深處的村落和人家都紛紛套上大車，裝滿山村和平原深處的各種特產黃煙、蘑菇、獸皮、松子、榛子、野雞、山兔、大豆、雜糧、凍魚、凍豆腐、粉條子……一車車，一爬犁一爬犁地順著這些冰凍的大江奔往城鎮的集市而來，再從集市上換回燒紙、香碼、糖塊、面鹼、布

料、成衣、碗筷、蠟燭、灶王、天地、門神、年畫等一應「年貨」，再從這種大道返回村落過年祭祖接神。由於嚴冬使北方的江河封凍，江面上變成坦途可以走車馬爬犁，這一下子催生了一門生意——冰上大車店水院子。水院子，其實是冰院子，是指建在江河邊上專門接待從四面八方由此經過的運載山裡山外貨物的那些趕車的老客。冰院子大車店和普通的車店一樣，備有熱乎乎的大炕，各種飯食，吃完飯了還可以聽二人轉和北方的民間小戲。院子裡專門有人夜裡給馬添草料，早起還有人叫早，夜裡睡覺前還有人給打來洗腳水燙燙腳，以便解乏。而冬捕前的冰院子卻與此完全不同。

查干淖爾冬捕前的冰院子是為了「魚」。這裡的魚，就有如那些從四面八方歸來的「車馬客人」，是為迎接它們而專設的一個「院子」。這裡的冰院子，是名副其實的冰院子。在查干淖爾漁場，有一個一千米見方的大院子，四周是一間間巨大的房子。夏天，房門緊閉，冬捕的各種工具堆放在裡面，偌大的漁場院子便成了漁夫和家屬在此織網、補網、曬網、晾網的好去處。而冬季，那些修理好準備拖到冰上去實施捕魚的各類工具，都要先擺放在院子裡，然後「分堆」。分堆就是分類。要按照每一個網隊所使用的工具歸堆。常規的漁獵工具也就幾樣，主要是船、網之類。可是北方查干淖爾的捕魚工具卻多到三十幾樣，這些工具百分之九十左右是用來對付冰封雪凍的江河，所以可以稱為「冰雪冬捕」。無論是鑿冰的冰鑹，還是十五米長的「串聯桿子」；無論是舀冰的「冰蹦子」，還是攬網拖網的馬拉馬輪；還有在冰上「搓魚」的「冰撮子」，在冰上固定馬輪的「冰錛子」，一切的一切，都是為了對付北方的嚴寒和厚厚的堅冰。在查干淖爾，捕魚工具隨著嚴冬而誕生，連它們的名稱都與冰與雪緊緊連在一起。形態更是堅硬、結實。要準備與冰硬碰硬……

那些堆放在漁場院子裡的工具，已經一件件經老漁夫老木匠的手修理好，就等著寒風刺骨的日子一到，大湖冰凍到一米多厚之時，便會在一夜之間被漁夫們拖出院子，進入到寒冷無比的厚厚冰原上去，施展各自用途去了。那時候，漁場的大院子裡就會變得空空蕩蕩啦。空空蕩蕩的大院子，就要開始澆冰

了。澆冰，是在院子裡的地上灑水，讓北方的嚴寒使水凍成亮晶晶的厚厚的冰層，俗稱冰院子。

其實，千百年來，北方的人就是在與冰雪打交道，本來冬季的大地，經嚴冬的風雪一吹，所有的一切都籠罩在冰雪之中，人們和動物、家禽出行不便，為何好好的院子，卻還要澆水凍冰呢？許多人都在尋找查干淖爾的神奇和奧秘，而這冰院子就是它的神奇所在。

冬季，當嚴寒在一眨眼間就把地表上的一切都凍硬，當萬物皆因寒冷而瑟瑟，而此時卻到了查干淖爾最歡樂的時日，他們要迎接魚歸倉。魚歸倉，就如秋天大地上的糧歸倉，不是幾條魚而是成千上萬噸的魚一下子拉進院子，如何「對付」這些魚？只有冰院子能勝任……

冰院子澆冰要趕在嚴寒落雪之前動手，不要使雪落在地上，這樣澆出的冰不是白冰。雪在冰層之下會與天顏色一致，晃眼睛，漁夫們不好幹活。要在大雪還沒落下，選一個極其寒冷的日子，以笤帚掃淨院子，然後開始灑水。灑水澆冰要從院子的一頭開始以水龍頭均勻地向地上噴水。舊時是以人挑水，以葫蘆瓢舀水潑向院子。那水一潑出去，落地便已成冰。

一天一宿要澆六次。要等大約兩袋煙的工夫，頭一茬冰已凍平，才能澆第二遍。不能快，也不能慢。快了，頭一茬冰會與二一茬連在一起，不能掌握冰的平均厚度；慢了，頭一茬與二一茬容易起層，不利於冬季冰的使用。

查干淖爾漁場冬季的冰院子是冬捕的一個重要環節，作用非常重要。那冰要有半尺厚才行，要扛砸，扛磨損。因每天要有成百上千噸的凍魚從寒冷的冰面上拉進院子，一倒進院子，凍魚便變成了「魚山」。這時，冰院子裡的漁夫就開始分魚了。分魚，就是挑選魚。要分各種魚，什麼胖頭、鱤條、草根、黑魚、白條、青魚、串丁子、白鰱等不同類型；還要分解出大小。這種分工、挑選可忙壞了漁夫。

而此時，整個冰院子已完全被魚塞滿，漁夫們挑選完的魚已來不及推運，而是依靠「冰院子」的冰，將各類魚「滑入」倉庫各自的位置。冰院子成了

「滑」院子。

那時，冰院子各倉庫的大門已大敞四開，各種大小的魚，該進哪個倉庫，全靠在冰上滑運過去。還是在冰院子澆冰時，其實冰道已直通各個倉庫裡了，地表上的冰已直達倉庫的牆根。魚可以直接滑動過去，又不傷著魚肉。特別是澆好的冰院子，加上已落了薄薄的小雪，冰上面又滑又軟，可以快速運動魚，又不磕碰魚形，真是一個絕妙的「冬運」妙方。

那時，漁場的冰院子已沸騰了！

你看吧，那些負責滑魚歸類的人把魚抱起，然後一拋，便把魚分別「滑」進倉庫裡，那邊「小打」（年輕的漁夫）們和在庫裡負責垛魚的小夥計們，一個個的在嚴寒中早已甩掉了大皮襖，只穿著一件小褂，棉帽子的帽耳也捲翹起來，大汗淋漓地大喊一聲：「三號庫——！」

嗖——！咣噹噹——！

只聽一陣巨響，一條鮮紅粉嫩的大凍魚便在漁院子的冰上滑了過去，直奔三號庫！

又有人喊：「躲開——！二號庫——！」

又一陣響動，另一條凍魚也滑過冰院子，迅速到達庫房。而且，凍魚各走各自的「線」，絕不相撞。

那時的查干淖爾漁場的冰院子，就像七月流火，流光溢彩，鮮魚凍魚裹帶著荒野和大自然奇異的嚴冬氣息，各色魚組成的五彩繽紛的色澤，在空氣中和陽光下飛舞交叉，奇麗輝映，寒冷的空氣中流動著歡樂。大片的冰魚在地上滑動時交叉運走，從來沒有碰撞和堵塞，那是一種技藝和智慧的運行，那是人類珍貴的生存遺產的傑作。

北方的冰院子隨著魚湧出冰面日夜在上演著冰雪滑魚大戲。漁場那一間間偌大的庫房裡，轉眼間，鮮魚被一垛垛地堆碼在一起，形成一道道奇麗無比的自然景觀。在漆黑的夜裡，院子裡要點上馬燈，或憑藉著天上寒空的月色的光亮來運魚滑魚。那凍魚砸在冰院子上並以極快速度滑動時，往往會升出一串串

火星子，與天上的星光和院子裡的馬燈的亮光，組合在一起，使漁場之夜輝煌燦爛，那是地球北方至今還無人完全知曉的文化去處，一種古老的自然文化氣息在升騰著，隨著寒風冷雪飄進久遠的歲月裡去了。

查干淖爾，就是這樣以它的獨特景觀向世人展示著這個人類最後的漁獵部落的充實和完美。

十三、月牙五更

漁場有二十四把冰鑹。這時冬捕前漁場院子裡還沒有澆冰，我在院子裡四外奔走數著，足足用了一個多小時才數清。每伙網隊平均有六把鑹，西山外漁場有四個網隊，應該很快算清這裡冰鑹的數量，可是就是這幾個數字卻算不清，因為這「二十四」不斷在滾動、變化。有的網隊一上冰，鑹就「傷」了。傷，就是損壞了，不能用了。於是其實每一網隊都有若干備用冰鑹，受「傷」後換下來的冰鑹，迅速運到庫裡或木匠徐向臣家。漁場庫房外和他家的倉房子裡、院子裡葦垛前、雞架和苞米樓子下，到處都堆著「傷」了的冰鑹和正著做的冰鑹。冬捕一開始，表面上是有二十四把冰鑹在運行，而實際上有無數把冰鑹在打製、安裝、修理過程中……

木匠徐向臣從十二歲起就跟上爹徐蘭財學開了木匠活。爹那時在漁業隊的更房子裡看守網棚。冬捕一開始，各網隊一下子開進冰湖之上，院子裡立刻空空蕩蕩起來，偌大的一個院子裡，只有他一個人守著，伴隨他的還有掛在牆上「嘶嘶」響的汽燈。風，時而把裹著汽燈的羊皮颳起一角，那光亮時隱時現地在空曠的院子裡閃動。但是用不了多久，冰上「傷」了的鑹運下來了。就像戰場上傷了的傷員急需救治一樣，院子裡就成了修理、修造傷鑹的火線。那些鑹由於是對付堅冰，多傷在鑹頭、鑹把，於是他立刻捅開烘爐，重新燒製鑹尖，那鋒利的但已被堅冰摧斷或震裂的鑹頭，需架起木凳，把鑹放在上面或插在地上，開始修理被折斷或摔裂的鑹或鑹把。這時，他急需的是人手。

在早，漁業上曾經給他配備了一個叫杜丘的鐵匠，那一年冬捕一開始，家

住八郎的杜丘娘讓他回去相對象。向臣爹在急慌中突然想起在家放牛的兒子。儘管兒子已放了一天的牛，累得正臥在炕上呼呼睡，他紮著圍裙返回家，揪著兒子的耳朵說：「小……臣子！快……快快……快起來——！」

兒子從睡夢中起來，揉著睡眼說：「爹！幹啥你快說呀！」

爹說：「你，你你……你明知道爹，爹是……磕巴……說，說不快！你逼……逼我……」

兒子也就笑了。

是啊，爹從小就磕巴。要爹快說，那不是要爹的命嗎？而且，爹在周邊村落和漁業隊裡就是出名的「徐磕巴」呀！於是兒子說：「爹，那你不會唱著說？」

這一句話，提醒了爹。爹想，對呀，自古俗話說，不會說話，唱著說。包括磕巴，據說一唱，什麼問題都解決啦。兒子的提議把爹樂的，一拍兒子腦袋說：「小子！你咋不早說！」這一下，說話反而利落了。接著爹就唱著告訴兒子：冰上的傷鑹下來了，院子裡火爐捅上了，木凳子架好了，斧頭和鉋子也備好了，就是「人手」不夠。兒子你別睡了，跟爹走吧。

兒子聽懂了，也聽樂了。爹也被兒子感動了。爹於是上去踢了兒子一腳，算是對兒子的稱讚。於是拉上兒子快速奔往漁場院子開始修造傷損的冰鑹去了……

修造冰鑹是在那些寂寞的夜晚。陪伴爺兒倆的，只有孤燈與寒風，還有「呼噠呼噠」一勁兒響的風匣。有時，爹和兒子倆幹得大汗淋漓，乾脆甩掉棉襖，光著膀子，歪戴著麂皮帽子，像兩個幽靈，在煙火、濃霧、寒風、冷雪裡竄來竄去。這時，兒子瞅瞅爹想笑，爹瞅瞅兒子也想樂。因為他們的鬍子、眉毛上結著白霜，滿腦門、鼻翼上抹著一條條黑灰，樣子十分可笑。

這時節，爹拿兒子就當了一個平輩的夥計啦。

閒暇下來時，兒子往往問爹，你和我媽處對象時都說些啥呢？

爹說，別爹爹的。爹有啥了不起呀！

兒子說，那你真是我爹呀。

爹說，爹不過就比你早來兩天。今後，沒人的時候，你就拿爹當「哥們」。爹又告訴兒子，人要娶媳婦，主要靠本事，要有能耐。男人的能耐，就是「手藝」。要勤勞，肯幹活，多動腦筋學本事。人要巧，心眼要好。而且有「出眾」的地方。幹啥要像啥，賣啥招呼啥。這樣的男子，女人心裡會有你……

在那些寒風刺骨的冬季之夜，在查干淖爾那遠離火熱的冬捕冰面的村落裡，其實另一種火熱的生活依然在延續。就有如木匠徐向臣和爹徐磕巴父子，他們眼下也依然在以自己的付出，使得查干淖爾冬捕前方兵強馬壯，確保了冬捕能順利進行。那一把把結實完好的冰鑹、串聯桿子、操撈子、鐵撮子、爬犁桿、套桿子……源源不斷地供給上去，才使查干淖爾冬捕像輪子一樣，能自由運轉。

運走修好的各類工具，院子裡便寂寞起來了。為了打發那些寒冷寂寞的冬夜，也為了「治療」自己的「磕巴」，徐磕巴往往就用「唱」和兒子說話啦。爹「唱」的聲音很中聽，而且，爹最樂意唱的就是東北民間的《五更》。

《五更》，在東北民間是一種時序歌，也是一種曲牌子。它往往是一種以時序為主格的民間情歌。五更，是指時辰在漫漫長夜裡已經到了深夜五更時分了，而且「五更」時分，天也快亮了。能拖至「五更」還沒睡的人，說明這一宿都在想心事。或者是睡不著，重新醒來。總之這「五更」恰如其分地道出了這種曲子音調和內涵的來歷。這種小調，讓人動情、動意，淒苦而有韻味。

五更，特別是東北五更，往往指寒夜深沉，冬季漫長，東北人貓冬，冬天沒有覺，睡不著，只有在夜裡，夜深人靜之時，人才能靜下心來，深深地思念起一些人、一些事，特別是自己心底十分想念的那些事情那些人物。

送情郎啊一送送至在大門東
忽然大門外颳起一陣風

颳大風就不如下小雨

　　下小雨可留情郎哥住上一宿……

　　爹唱的那些歌，一點也不跑調，而且好聽極了。這都是他從那些走鄉串屯的民間二人轉藝人那裡聽來、學來的一些玩意兒。在早，東北民間二人轉藝人經常唱「網房子」，就是到打魚人的網窩棚裡去，在地上、炕上，一宿一宿地唱。別人聽過那是過耳煙雲，可爹卻一點兒也不忘，而且還能原封不動、原汁原味地記住，這一點兒真叫人刮目相看。而且有名的徐磕巴一唱起《五更》來，真的就一點兒也不磕巴了！

　　　　一更裡小姑娘封建沒打開呀

　　　　讓她唱歌書包背起來呀啊

　　　　二更裡小媳婦封建沒打開呀

　　　　讓她唱歌孩子抱起來呀啊

　　　　三更裡老太太封建沒打開呀

　　　　讓她唱歌煙袋叼起來呀啊

　　　　四更裡老頭子封建沒打開呀

　　　　讓他唱歌鬍子撅起來呀啊

　　　　五更裡小夥子封建沒打開呀

　　　　讓他唱歌鎬頭扛起來呀啊

　　　　……

　　爹開始有了記憶的年頭，正是東北土地改革時期，那時爹和許多早期的農民一樣，進入了土地革命工作隊。他在漁場和農村人家搞土改，見識過許多人家在幾千年的封建日子裡沒有邁進新時期的人物，他自己和自己的老伴，其實都是這樣。那時他搞土改，見了女人都不敢抬頭，而暗暗表示自己心底愛慕

的，也只有二人轉藝人們那一首首痛快的「說口」「小帽」，還有就是他們熟練又動人的《五更》。

東北《五更》，只要二人轉藝人在村屯一走一過，那些動聽的小曲小調便如雨後春筍一樣在情感被遺忘的村落裡牢牢地生根發芽，並迅速在查干淖爾漁夫中普遍傳開。捕魚，除了在嚴冬臘月是主要的活計外，其實一年四季漁夫也是有閒有忙，春天湖面冰融，還沒有到開冰簽滴的日子，人們便集體組合在一起到曠野上去打麻繩；夏季的夜晚，漁業隊集會，討論分工織網、修網，漫長的一夏天織網，撒魚苗，以及秋季修理冬捕漁具，在這些集體勞作的活動時日裡，漁民的緊張心情才能稍稍地鬆弛下來一點兒，為了打發漫長的光陰，唱東北民歌、小調，特別是《五更》，也便成為生活在科爾沁草甸上的查干淖爾漁夫們的一種自然的嗜好了。

《五更》往往又被稱為《月牙五更》。月牙或月伢，是指達到「五更」時，夜晚本來圓圓的大月亮，已經漸漸地變成彎彎的月牙了。這是一種時光在消逝的感覺，月牙，反而更加襯托出長夜漫漫，表述出人對人的期待，人對光陰的留戀，對生命的不捨。從月圓等到了月缺，人呢？這有一種人惜青春的深切的感覺。於是，這「月牙」彷彿更有了生活的情趣和人認識自然特徵的韻味。東北的《月牙五更》唱碎了多少人的心哪！許多「五更」，其實是女人對一個有出息的、有能耐的男人（也許這正是女人挑選丈夫的標準）的歌頌，這是人生的標準。是女在「選」男，但這不也是男在「選」女呢？但是《月牙五更》一旦在女子的口中唱出，則更加的凄苦、動人，催人淚下，又催人奮進。《五更》往往能把男人唱成一個讓女人盼、讓女人想的「好人」「好丈夫」「好男人」……

> 一呀一更裡呀
> 月牙上樹梢
> 心上的俏哥哥呀

快來度良宵

花燈美酒迎駿馬

妹愛哥，打虎擒狼挽弓刀

二呀二更裡呀

撫琴唱青樓

哥是好獵手呀

妹妹不擔憂

惡虎若起傷人意

好哥哥，刀槍在手攔虎頭

三呀三更裡呀

月兒當頭照

哥哥闖關東啊

妹妹嘆零漂

琴心劍膽離情重

好哥哥，掙回銀錢回錦城

四呀四更裡呀

鵲橋渡牽牛

天上有織女呀

地上有莫愁

望穿秋水紅顏瘦

問哥哥，關東收復幾大州

五呀五更裡呀

酣夜唱曉雞

為哥披戎裝呀

灑淚惜別離

鐵馬冰河路千里

妹盼哥，千里明月照凱騎

　　從徐磕巴嘴裡唱出的《月牙五更》不是靡靡之音，他一唱，也不磕巴了，而且一炕的人都被他一下子唱醒了。查干淖爾漁夫一個一個都是有情意的人。大夥不但不埋怨他，還盼他，都說，唱吧，徐磕巴，俺們不睡覺了。有時，徐磕巴的「五更」往往把大夥唱得一個個眼淚巴嚓的，於是大夥就勸他，徐磕巴，再來一個吧，來一個吧……

　　徐木匠，也被大夥說得眼淚巴嚓的，這反而使他更願意唱《月牙五更》了。

　　荒涼寒冷古老的查干淖爾，一年一季人們看不到什麼戲，也聽不到什麼小曲，只有等二人轉藝人李青山、大國子他們來，而他們，由於科爾沁地片太大，一年年的也說不定什麼時候才來上一回，於是徐磕巴就成了查干淖爾漁夫們心中的名牌的「二人轉藝術家」啦，徐磕巴果然也不負所望，他能對每一首《五更》過耳不忘，而且他又能絲毫不差地反覆唱給查干淖爾。查干淖爾人願意聽民間的「五更」，這是查干淖爾漁人的福分和情意，也是一種品質。他們從來不欺負弱小，不傷害女人；他們講究承諾，說話算數。對那些說話不算話的人，他們看不起，尤其對那些看不起別人或自以為是的人，他們尤其看不起。也許，這正是從徐磕巴嘴裡飛出的那一首首動人的「月牙五更」一年年一歲歲在人們的心底在深深地起到了對人格力量的潛移默化的作用。而這一切，都沉寂在查干淖爾原野那茫茫的寒風厚雪之中了。

　　「月牙五更」的一切細節，其實就是查干淖爾歷史和女人的心。女人，從小就長一個惦記男人的心眼，一旦她惦記你了，她們心裡就有你了。在查干淖

爾，在大水泊的北沿是大葦塘，那裡鬍子多。徐向臣的父親不但會木匠活，而且會趕馬車，他外出拉糧上貨，有時套六個（馬）的，有時套八個（馬）的，從查干淖爾來往大安北的「插裡火燒」，然後經過八郎。那裡，遍地都是鬍子⋯⋯

鬍子有叫「三里三」，有叫「六里六」的，都是「地盤」。他們把一些地片劃為己有。西山外有兩個「高老三」，一個是總櫃頭，一個是炮頭。打仗前打後別，世事看得透。這一帶三大姓人家，老劉家、老孔家、老陳家。有一年，老孔家和鬍子「中山好」幹起來了，把鬍子打死了，從此這一帶和鬍子結下了死疙瘩（記仇）了。於是父親惦記他，不讓漸漸長大的兒子徐向臣過查干淖爾來。可是，那時徐向臣已和屋裡的（愛人）從三歲就訂下了「娃娃親」，他心裡有數，要出息自己，不能怕，於是，他專門來到這一帶打魚，當木匠，從此有了自己的天地，於是爹也佩服他了。

做冰鑹，修理捕魚工具，這玩意兒是個累活。比如冰鑹上的把，要一邊長，一邊短，這叫「脾氣把」。是指要給打鑹人留下餘地。那冰鑹把的長短，要由使鑹人自己「抽」動（要用多長，抽出多長），不懂查干淖爾漁夫心思的人，往往一律做成左手十寸右手五十寸！可萬一人家是左撇子呢？這叫人算不如天算。

可是許多時候，人也沒算，天也沒算，是自然自己在算，是一種自然存在。

冰鑹尖，像查干淖爾漁夫抽的煙頭那麼細。太細了，容易「打」禿；太粗了，又不走冰。要不粗不細，由制鑹人自己發銼去打，自個制定鑹尖形。那是一種小四方尖，四處帶棱，一走冰，「噗噗」出聲，又好聽，又能破冰。

> 冰鑹不好使，漁夫罵木匠
> 不能等人罵，要叫活亮堂
> 小頭把，就地轉

大頭把，找方向

冰飛起來五彩光

拖出日頭冒紅網

……

　　這是徐磕巴和兒子總結出的查干淖爾漁夫如何使鑹的經驗。一個冰眼，鑹個二三十下就得完活，一個人只能打十幾個冰眼。在女人們看來，查干淖爾的男人就應該是制鑹和修理冰鑹的那種男人，要力氣有力氣，要技術有技術，不是白被惦記的那號男人。《月牙五更》唱碎了多少查干淖爾男人的心哪，但今天聽起來，依然韻味十足。

　　一更裡來難睡又難眠，忽聽蛐蛐報了一聲喧，蛐蛐呀，奴的哥哥，你在外邊叫，奴在繡房聽，叫的是傷情，聽的是痛情，急急凌昏下淚珠兒橫。翻身睡不著小姑娘，翻身睡不著小小子。他二人哩啦囉唆哩啦囉唆，就到了二更。二更裡來難睡又難眠，忽聽窗外寒雀報了一聲喧。寒雀啊，奴的哥哥，你在外邊叫，奴在繡房聽。叫的是傷情，聽的是痛情。傷情痛情，痛情傷情，急急凌昏下淚珠橫。翻身睡不著小張生，翻身睡不著小鶯鶯。他二人哩啦囉唆哩啦囉唆，就到了三更。三更裡來難睡又難眠，忽聽那蛤蟆報了一聲喧。蛤蟆啊，奴的哥哥，你在外邊叫，奴在繡房聽，叫的是傷情，聽的是痛情，傷情痛情，痛情傷情，急急凌昏下淚珠橫。翻身找不著呂布，翻身找不著貂蟬。他二人哩啦囉唆哩啦囉唆，就到了四更。四更裡來難睡又難眠，忽聽那毛驢兒叫了一聲喧。毛驢啊，奴的哥哥，你在外邊叫，奴在繡房聽。叫的是傷情，聽的是痛情，傷情痛情，痛情傷情，急急凌昏下淚珠橫，翻身睡不著賈寶玉，翻身睡不著林黛玉。他二人哩啦囉唆哩啦囉唆就到了五更。五更裡來難睡又難眠，忽聽那金雞報了一聲喧。金雞呀，奴的哥哥，你在外邊叫，奴在繡房聽。叫的是傷情，聽的是痛情，傷情痛情，痛情傷情，急急凌昏下淚珠橫。翻身睡不著小哥

哥，翻身睡不著小妹妹。他二人哩啦囉唆哩啦囉唆已到了天明……

　　徐磕巴和兒子徐向臣的《月牙五更》伴隨著冬捕，也伴隨著一年四季在查干淖爾捕魚的漁夫流傳飄落著，把這個多才多藝的漁夫的故事傳向四面八方。

十四、親切的草垛

　　查干淖爾原始的荒涼總是默默地保持在那裡，這也許就是它的本色魅力。我們去往馬伕連振芳家，就感受到了查干淖爾那種原色的荒野氣息，那時已近午後三點了，我們趕往他家。他家居住在漁場西山外屯靠近大湖水面的一個胡同裡，從村落主道上向西一拐，就能看見通往他家的胡同。再從這裡走進去不足五十米，便到了馬伕的家門口。可是大門緊鎖。我們問他家的鄰居，被告知一家人是去拉馬料了。我們有些失望，只好從那門上的一塊掉了木板的洞向裡面張望。這是北方那種從房山頭一側開門的住房，只能看見房山頭和院落的一角。土房已經露出土坯和泥皮，房上的土煙囪也掉下一些泥皮，許多荒草從院子的一側露出來，在嚴寒的北風中抖動著……

　　夕陽正在西下。冬季下晌，夕陽落得十分迅速。我們都著急，說不一定一會兒太陽落下去，主人又不回來，這次相見就要落空。但完全沒有辦法。萬靈建議，乾脆去大湖邊，先找個有草垛的人家拍個外景，也算來到了查干淖爾馬伕家。於是我們隨她朝馬伕家西側的通往大湖的方向走去了。

　　那是一個上坡。從馬伕家往西望去，天邊一片通亮。

　　正是陽光十分耀眼之時，而且又對著胡同口正中，我們都用手打著遮陽，踩著胡同地上的牛糞、乾草往上走去，往陽光燦爛的冰湖方向走去，我們的身後，已是夕陽漸暗的馬伕家那條窄窄的胡同了。

　　出得胡同，人們放眼望去，心情敞亮多了。查干淖爾就靜靜地躺在人們的眼皮底下。冬日的太陽普照著茫茫的水面，在嚴寒之下，大湖的周邊剛剛結上一些薄冰，可遠方和湖心還是水波蕩漾，陽光使水的波紋現出流動的漣漪，四

周的水顯得暗淡灰白。那是一幅獨特的初冬北方冰河在封凍之前的奇妙景色。

有幾隻水鳥嘎嘎地叫著，掠過還沒有封冰的水面，不時地叼起幾條小魚，飛快地衝著陽光向西飛去。

我目送遠去的飛鳥消逝在荒野冰湖的遠方，漁場與大湖邊上那漸漸遠去的土道，還有冰湖邊上冬季發黃的枯葦在寒風中刮得前後搖晃，凍手凍腳凍耳朵。眼前的一切景象根本沒有任何冬捕細節，那會兒有的只是湖邊寒冷中的蕭靜和無邊的荒涼，無論如何也不會讓人聯想到會有成千上萬的人在眼前這個地方出現，然後是紅旗招展鑼鼓和長號敲動吹響，人嘶馬叫地湧向前去……沒有，一切都回歸於平靜和荒涼……

沒有其他人出現。只有我們幾個是在我的帶領下，說是來尋覓查干淖爾冬捕細節的中央電視台的萬靈女士等幾個人，還有漁場的單書記和漁獵文化博物館的小白等。我們失望地站在寒風裡，彷彿被生活嘲笑著。這時萬靈說，還是錄一下吧，讓曹老師站在一個或者是大湖為背景，或者是草垛為背景的地方，讓他說幾句。我們都瞅錄像，可錄像瞅了瞅四周，沒有一處可以記錄下那本來應該有對照特點的地方，可以讓我說完別人看時知道是在「查干淖爾」，而不是在別的什麼「江」「河」「湖」「泊」岸邊。那大湖在初冬的寒冷中靜靜地等待落雪，然後完全封凍，現在實在和別的地方沒什麼兩樣。於是，我們從錄像失望地搖頭的動作和眼神裡得知這沒什麼可記錄的。萬靈也說，去漁場村落人家找一些草垛吧。

可是，太讓人失望了！這兒本來是一條湖邊村頭大路，村裡的人家的房山頭都正衝著湖邊大路，如果在從前，那些房山頭一定堆著一垛一垛的草垛，可是如今，卻一垛草垛、葦垛也不見。這是因為這幾年，這裡的漁獵人家已經都住上新農村統一規劃的磚瓦房啦，不燒草葦，而改成燒煤氣或煤炭了，所以各家的草垛早已迅速消失了。就是有幾家有草垛的，也因為怕上級來檢查而被指為破壞了新農村建設的格局，人們已用一種從城裡廉價買來的那種漆黑的塑料布苫蓋上了，遠遠看去，十分不順眼。那種草垛下就是人們匆忙以推土機或鐵

車修出的有坡度的道塄，顯得格外粗糙。萬靈急得直跺腳。因她已尋找不到原色的拍攝點。我在心底也暗暗地叫苦，農村，田野，怎麼能沒有草垛呢？等拍完了「查干淖爾冬捕」，我一定要專門搶救中國北方農村的「草垛」，因草垛已成了一種瀕危的文化記憶了。曠野、漁家和農村，還有牛馬和牲畜在，怎麼能沒有草垛了呢？應該讓人生活中有自己的草垛。那以塑料布苫蓋起的村落的草垛已經傷害了人家的心，也等於是對大自然的污辱，草垛礙著誰的事了呢？那散發著自然氣息的草甸草垛被塑料布的嗆人氣味替代，查干淖爾草垛或許在裡面哭泣。

正在大家一籌莫展時，忽然有人喊，回來了，有趕車的聲音，可能是查干淖爾馬伕回來啦！於是大家急忙向胡同口跑去，果然見遠遠的，查干淖爾馬伕連振芳和妻子吳秀傑跟著拉馬料的車一前一後慢慢地向胡同口走來……

我們興奮無比。因為此時，夕陽的光影已經開始爬上了他家房牆的下半部，說不定一會兒就會完全落下去！於是我們就喊查干淖爾馬伕屋裡的（愛人）吳大嫂說：「來！您快走幾步，我們先進院看看──！」

查干淖爾馬伕的女人吳大嫂就離開車馬，率先向自己家門口走來，因丈夫搖鞭趕馬轉彎，胡同口又太小，他要一點點才能使拉馬料的車掉過頭來。當查干淖爾馬伕的女人手持鑰匙向我們走來時，我們一時很心酸。只見查干淖爾馬伕女人身上穿的本來是一件粉紅色的年輕女人的時令棉襖，可此時，已全都被馬料給滾染得一塊灰，一塊白，已經沒了女人衣裳那種美麗衣裳的色澤，她頭上的一塊翠綠方巾也被染上白面層層，風一刮，直眯我們的眼睛……

可是，查干淖爾馬伕的女人卻很興奮，她一下子打開了自家的門鎖，用力「嘩啦」一聲推開了自家大門，說：「快！快進來吧。讓你們久等了！」我們爭先恐後地擠進馬伕家，「啊──！」這裡，大家不約而同地驚叫起來……

原來，一走進房山頭那窄小的門洞，只見院子裡豁然開朗。只見正房的房門沖南開，衝著大門的那一側是一溜馬圈，馬圈的下邊是狗窩、雞舍、鵝欄等，馬圈正對著的院子的東側有著一座山一樣的草垛，草垛的一角處有輛大

車，車上拴著兩匹馬，正歡快地吃著草。而且，一聽女主人的腳步聲和說話聲，馬兒「咴咴」地揚頭衝她叫了起來，我們的心也歡快地跳了起來……我們無比激動的是在那垛山一樣的大草垛下看到了生機勃勃的查干淖爾人家，嗅到了查干淖爾草垛野草的清香，感受到了生活本真的氣味！我們這時一下子意識到，原來，院子裡藏著一個真正的查干淖爾。

文化發生地中的一切真實的生活細節其實都需要我們自己去尋找、認知和關注。那些看上去也許是極為普通的細節，但是，只要我們認真地品悟和分析，就會發現那些久遠的生存習俗、習慣都已深深地印入人生存的行為中去了，也許生存在那裡的人自己並不覺得自己有什麼與眾不同，但是他們自覺保存和保持下來的生活真實確實保留著諸多的與眾不同。

初冬，查干淖爾還沒有落雪，四野已經乾冷乾冷的了。人，許多動物，特別是人家的馬呀牛呀，已開始食用養牲口人家秋天從草甸上割回來的草料了。牛馬一撕扯咀嚼草料，草垛裡的田野草甸氣息立刻飄落起來，升騰起來，就如查干淖爾馬伕的家，他家的小院本來不太大，這時，那種濃濃的草甸草垛氣味已濃濃地瀰漫在院子裡，這使我們興奮不已。

草垛，這是一種多麼親切的自然存在呀，有了它，才說明這兒與查干淖爾接了地氣，也說明這裡是查干淖爾文化的存在地，那些不加任何掩蓋和偽飾的草垛，那些自然堆放在那裡的草垛，告訴人們，這是一個真實的查干淖爾，這才是查干淖爾冬捕的實實在在的細節。因為，馬上要開始那翻天動地的冬捕了，馬兒要走進冰原雪野裡去拉網拖套了，要好好地餵餵牠們，它們在一個漫長的冬季走入漁獵文化之中，使自己成為漁獵文化的一部分。

這時，院門口的胡同傳來「駕——！駕駕——！吁——！」的吆喝馬的聲音，是查干淖爾馬伕連振芳把拉草料的車趕進了自家的院門口，妻子吳大嫂忙去幫丈夫牽馬，使車子停在院子裡的窗櫺前，然後，他們夫妻二人急忙一袋子一袋子地往下卸馬料。

那些馬料，都是從碾米作坊買來的苞米粒子。這是馬的上等「料」，而

且，特別是在嚴寒的冬季要上冰拖網、拉馬輪、攬大掏的那些馬，一定要在嚴寒的冬季補這種料。而且要在每天的夜裡，為每一匹即將上冰的馬補餵這種料水，才能使漁獵拉馬輪的馬腿有勁兒，能蹬住冰，這才能拖動幾十萬斤的重網魚……

他們夫妻一邊卸料袋子，我們的採訪也一同開始了。

經詢問也才知道，查干淖爾馬伕連振芳夫妻一共養了九匹馬，到了嚴冬冬捕的季節，他要親自牽著這些馬上冰，並揮鞭驅趕它們去拖網拖魚。在古老的查干淖爾，養這種冬季要「走冰」的馬並不容易，這種從一小就在馬市上被挑來的馬，一到家就要精心地餵養並訓練。夏天要天天上旬子上去遛，使馬有精神，長勁兒，腿硬實。

遛馬，其實就是「遛人」。

在查干淖爾，要注意馬的安危。在草甸上遛，一是吃草，二是走動。要保護馬不被野狼、野狗、野蛇和蚊蟲傷害。有時下大雨，颳大風，連振芳兩口子得跑到甸子上給馬背蓋上雨布，自己卻往往淋得精濕。

那些馬，就像這兩口子的孩子一樣，他們分別給自己的馬兒起了優雅的名字，什麼「一頂墨」「棗紅」「雪裡站」「醬塊子」「三黑子」「白鼻樑子」，等等。主人如果對它們親切，它們全懂。有一次，連振芳從馬市上買回一頭生兒馬子（沒有開馴的公馬），不小心讓它踢了一腳，別的馬都咬那馬！就像那是欺負了自己的親人一樣。

那些馬，都挺懂事。每到主人從外面回來，一聽主人的腳步聲和鞭花響，它們就一齊叫。它們知道這是自己的主人查干淖爾馬伕回來了。

有了這些馬，才有了生動的冬捕拖網拉馬輪場面。

兩口子惦記這些馬，勝過惦記他們自己。

有許多次，丈夫牽馬從甸子上回來，妻子往往問：「一頂墨瘦沒瘦？醬塊子感冒好沒好？」卻忘記了打聽丈夫瘦沒瘦，有病好沒好。

但丈夫也不埋怨妻子。他知道，他們心裡有馬就行了。

這位從青山頭村搬遷過來在查干淖爾從事冬捕用馬的馬伕也許不知道，他的祖上所居住的查干湖東岸青山頭一帶曾經是一萬多年前舊石器時代晚期漁獵文化發生地，考古發掘出大量的石鑿漁網墜，也許他的前世就是這兒的漁獵文化先人，而如今他餵養這些拖馬輪拉漁網的馬，也許是一種生存形態的輪迴。是啊，如果世上真有輪迴，我們都願意相信，連振芳的祖上一定在查干淖爾這荒寒的水土上。

　　馬和人都在心底養成了和查干淖爾季節深深的關聯神經，那是一種敏感和節奏律動的神經。

　　在查干淖爾，連振芳說，當第一場雪一落地，他的那些馬就著急了，它們急不可待地用蹄子不停地刨著馬圈的地，或踢馬料槽子，彷彿在說：「主人哪主人，天已下雪了。快點走吧！咱們上冰捕魚去吧……」

　　連振芳說，這些馬就是啞巴牲口，不能說話，它們知道每年冬天上冰去捕魚、拖魚、拉馬輪，如果會說話，它們一定會在第一場雪落地之後，直接領著主人奔向屋外，走向冰封雪凍的查干淖爾，走向茫茫的北方冰野，去開始它們漫漫冬季的捕魚勞作。

　　在嚴冬，查干淖爾的一切生命會讓人感動，深深地感動。我們站在他家的小院裡嘮嗑，這時，馬料已卸完。我們想跟他們進屋去嘮。我們說：「咱們進你們屋去，看看，連嘮嘮……」

　　我們說完，等著他們開口，讓我們進去。可是等了半天，他卻說，就在這兒嘮吧。他不讓我們進他們家。

　　在我們發愣的一刻，在我們感到奇怪和意外的一瞬間，突然有一種真實和感動湧上心來。我們一下子明白了，這才是生活的本色、生活的真實。我們想，他們一定把全部精力都用在照顧馬上，沒工夫收拾屋子，甚至還沒疊被，甚至屋子裡亂得沒有下腳之處，所以他們才不好意思又直截了當拒絕了我們進他們家去的建議。

　　我們站在冬天瑟瑟的寒風中，我們大口大口地吞著草垛發出的嗆人的寒風

青草氣息，一種為真實的生活所感染的滿足已經湧上我們的心頭，我們認為這才是生活，真實而不虛假的生活，我們認為我們已經真正地找到了查干淖爾漁獵文化豐富生動的細節了，那是轟轟烈烈背後的真正的實實在在的文化存在呀！

夕陽終於落下去了，飄著草垛氣息的院落裡漸漸地暗下來了。雞進窩了，馬進圈了，我們也到了離開的時刻了。查干淖爾馬伕夫妻送我們到院門口，在黑暗漸濃中我們知道，當查干淖爾冬捕那熱烈的文化場面開始的時候，查干淖爾馬伕的影子就會隱到人們背後去了，讓厚厚的大雪和風吹刮著的雪霧給徹底掩蓋住了，人們也許只有精力去注意查干淖爾冬捕的轟轟烈烈的場面，已沒有人會去發現那親切草垛人家的養馬人了。

十五、查干淖爾馬

在查干淖爾，馬，給人留下不少奇異的記憶，但那些記憶都與冰、與水、與草甸有直接的關係，或許查干淖爾馬就是草、冰、水的活態生命體。馬伕連振芳記得，他十四歲那年，在青山頭放馬，他馬群裡一匹叫「醬塊子」的馬就演了這樣一齣戲。

那日頭晌，青山頭草甸一帶晴空萬里。

這年的夏天，雨季來得特別早。剛剛一進五月，天天大雨不斷，草甸子上的水漲得也很快，馬伕連振芳不得不趕著馬群尋找草場。這天下晌，他把馬群趕過青山頭東一片草甸子上，眼前那一片一望無際的大甸子，青草一望無邊，直達天際，真是一片開闊的大草甸子。他把馬兒放在那裡，自己想坐下來歇一會兒，突然，就見天邊湧起一道「黑線」。那黑線越來越近，越來越近，再一看，根本不是什麼「黑線」，原來是一道滾滾的黑雲，翻滾著，波浪般湧了過來。

風是雨頭。接著，颳起一陣狂風，草葉子、泥沙、塵土，都被刮上了天空。一時間，晴朗的天空頓時陰暗下來，這時，連振芳就見那道翻滾的烏雲漸

漸離了縫，一點點升高，逐漸地遮擋住了整個西北天際，而且，連振芳發現，那黑雲的正中間下垂著一道云柱，那雲柱上邊和天上的烏雲一樣粗，越往下越細，最後細到像一根針，而且一上一下，不停地扭動……

連馬伕知道了，這是龍捲風。民間又叫「龍吸水」，是一種巨大的暴風雨。這可怎麼辦呢？

而且，隨著越來越大的冷風，那白亮亮的嘩嘩響的暴風雨已經從遠方向這邊迅速移動著。那烏雲的背後都是亮亮的天，那烏雲形成的龍捲風就像一條巨龍在天上耍動、扭動、抽吸、搖擺，讓人看得清清楚楚，也給人一種巨大的恐懼感。

但是，要圈馬已經來不及了。

連振芳知道，現在主要得趁著龍捲風還沒到之前穩住馬群，可不能「炸」了群。他於是騎著一匹馬直奔龍捲風和暴風雨衝了過去。但是，這突如其來的龍捲風暴風雨讓馬群再也平靜不下來，牲口們嚇壞了，它們仨一夥倆一串地調頭就往回跑，任憑連振芳怎麼收攏也不聽，眼瞅著馬群就亂了套。誰知就在這時，連振芳又被一幕奇異的景象震住了。連振芳突然發現，就在所有的馬匹都慌亂得沒有主意、四處亂跑時，唯獨那匹叫醬塊子的馬突然仰天長嘯一聲，然後前蹄騰空，回頭看了一眼連振芳，突然朝著龍捲風迎頭奔了過去……

連振芳喊道：「醬塊子……」

連振芳愣了。

所有的馬也都驚奇地鎮靜下來，它們都停下步子，回頭看去。

只見醬塊子亮開四蹄，歡快地朝著暴風雨飛奔而去。它不但不懼怕這龍捲風，還彷彿非常喜歡這場巨大的龍捲風，也彷彿是正等待著這場龍捲風，等待上千年了。

就在大家都在吃驚的時候，眼前更加精彩奇異的一幕出現了。說時遲，那時快，就見那巨大的龍捲風已迅速地來到了醬塊子的上空。醬塊子此時卻不跑也不跳了，突然，它本能地蹺起後身，後蹄朝天，前蹄朝地，讓天上的龍捲風

的風針一下子刺進了自己後身的體內。

天幕下的景象，讓大自然留下了驚奇的一幕。

只見醬塊子，像一座雕塑一樣，開始一動不動，讓天上龍捲風風針在醬塊子的下身一出一進，一出一進，整個草原大地都在震動，發出「嘩嘩」的響聲，那是龍捲風和烏雲帶來的暴風雨的響聲，可是這樣一來，所有的暴風雨都是只有響聲，大雨越不過醬塊子的身體，這時醬塊子的身體也隨著龍捲風的風針一上一下，一起一伏，十分好看！

而且更為奇特的是，隨著醬塊子的動作，天上滾滾的烏雲都順著龍捲風的「風針」一下一下地被醬塊子「吸」進了肚裡。天上的烏雲漸漸地少了，沒了。最後一絲烏雲也隨著「風針」進入到醬塊子的體內，天空一下子晴朗起來，亮了起來，雲開霧散了。

大夥再一看，那醬塊子揚開四蹄往回跑來，而且「哎哎」地叫著，撒著歡兒。連振芳樂的，一把將這神奇的醬塊子攬在自己的懷裡，親著它。

這天夜裡，連振芳做了一個夢。

他夢見草甸子上開滿了鮮花，他放馬放累了，就摟著醬塊子在草地上睡著了。朦朦朧朧之中，草甸子深處，在白亮亮的江水裡慢慢地走出一個人來。

「這是誰呢？」連振芳不認識。

平時，他在大草甸子上放馬，從來也見不著一個人影啊，可是那「唰唰」地踩著青草的腳步聲已經越來越近了，原來這是一個滿頭銀髮、長著白鬍子的老人，他微笑著迎面走來。

老人說：「連振芳，你天天在我家門口放馬，今天咱倆得認識認識啦。」

連馬伕說：「老爺子，你是誰呀？」

老人說：「我住在科爾沁嫩江裡，我是一條老龍。」

連馬伕說：「是老龍？」

老人說：「正對。」

連馬伕說：「那我該叫你老龍爺爺。」

老人說：「可以，可以。」

連馬伕說：「老龍爺爺，你找我有事嗎？」

老人走上來，愛撫地摸著連馬伕的頭，說道：「振芳啊，我今天告訴你一件事。我的兒子戲了一匹馬，生了一匹醬塊子，於是這馬，就有了和龍一樣吞風吐雨的本領。你是一個勤勞勇敢的好孩子，這匹小馬就送給你了。」

連馬伕問：「什麼樣的小馬呢？」

老人說：「就是你馬群裡那匹超群的醬塊子。」

「醬塊子……」

連馬伕指指正在草甸上奔跑撒歡兒的那醬塊子說：「是它嗎？」

老人說：「是它，就是它。孩子，這匹馬，不怕水，不怕冰，它是匹好馬呀！」

連振芳使勁兒地揉了揉眼睛，原來是一場夢。他低頭一看，醬塊子還臥在他的身邊呢。

從此，這醬塊子就成了查干淖爾冬捕時的一匹奇特的馬，它不怕寒冷，神奇無比。老漁把頭知道了「醬塊子」的靈氣，都想試試。

有一年冬捕，大家在冰上決定試一下「醬塊子」……

寒風吹刮的時日，原野上風雪瀰漫了。風颳來，陣陣刺骨。

在等待網出青口的時刻，連振芳從地上站起來，他端著煙斗，美美地抽了一口，然後對大家神祕地一笑，說：「弟兄們，現在我連馬伕要露一手，讓諸位勞苦功高的弟兄們見識見識咱們查干淖爾馬的能耐！你們不是想親眼看一看這醬塊子到底有啥靈氣嗎？一會兒咱們好戲開台，請諸位睜大了眼睛看，千萬別錯過機會。」

大夥都「哦——！」了一聲，原來是這個！這可太好了。不然打了一冬魚還不知道身邊有這樣一匹馬。

這時，就見連振芳出場了。

連振芳拍了拍醬塊子的脖子，然後對醬塊子說：「醬塊子呀醬塊子，這是

咱們冬捕的各個把頭大櫃，你該怎麼謝他們呢？」

只聽醬塊子又「咴咴」地叫了兩聲，在各位把頭跟前走了走，顯得很親熱。這時連振芳從爬犁上拿出三個早上從家裡帶來的穀草球，分別將草球發給石把頭、劉把頭、蔡把頭。然後連振芳說：「各位大把頭，這匹馬的靈氣所在，還請你們試試。」

三人問：「試什麼？」

連振芳說：「請你們在我給你們的穀草球裡面，放上你們自己的一個物件，然後讓馬再把穀草球分給你們……」

他們三人都驚異地叫道：「這，能行嗎？」

連馬伕說：「那就試試吧。」

這時，連馬伕讓別人取來一條帶子，又讓人上前給馬蒙上眼睛。

連振芳說：「你儘管去蒙。但一定要繫緊點，別讓布帶子掉下來。」

這時，那邊的三個穀草球，也由石把頭、劉把頭、蔡把頭分別將一個物件藏在一個穀草球裡，一個小打捧著穀草球，擺放在醬塊子跟前。

連振芳這時說：「醬塊子，你要看仔細。下面請你將各位把頭的穀草球，分別送到它們的主人手裡吧。」

蒙著眼睛的醬塊子好像聽懂了連振芳的話，又「咴咴」地叫了兩聲。全場人都屏住了呼吸，不知道這匹蒙著眼睛的馬能否辦到。這時，就見醬塊子一低頭，從地上叼起一個球，一溜小跑奔向石把頭，把穀草球送到他手裡。然後，它又奔回院子中心，叼起一個草球，又顛兒顛兒地走向劉把頭，把這個穀草球交給了他；最後，它叼起那剩下的草球，奔向了蔡把頭。離著一步遠時，它停下了，突然它「咴」地叫了一聲，一仰脖將那穀草球拋起來，甩給了蔡把頭，在大夥一齊歡呼聲中，蔡把頭站起來一下子接住了穀草球。

連振芳說：「請給醬塊子摘下罩子吧。」

這時，查干淖爾冰面上的人們沸騰了，這馬也太神了！只見石把頭從穀草球中翻出了自己放進去的煙袋；劉把頭從穀草球裡翻出了自己帶的煙荷包；而

蔡把頭則把自己煙袋上的一個核桃墜子也找到了，一點兒不差！

　　大夥「嗷嗷」地歡呼起來，驚奇地跳喊著。石把頭把連振芳叫過來，說：「連振芳，你的馬太奇特了，但本人還是不知，它是怎麼認出來的哪？而且，我們仨人每人也沒什麼放的，彼此放時也是偷偷地各自將自己身邊的東西放進去，又都不知不覺地放的都是煙袋上的東西，它怎麼就能分辨出來，這不是太奇怪了嗎！」

　　連振芳說：「石把頭，這，一點兒也不奇怪，馬的嗅覺其實是很強的。你想想，在你們開始往穀草球裡放東西之前，我不是牽著醬塊子到你們每個人面前去嗅過你們，親過你們了嗎？其實這時，它已經把你們每個人的氣味都記在心裡了。而你們所使用的東西，雖然都是煙袋一類之物，但其實上邊已分別留下了你們自己的氣息……」

　　「氣息？氣味兒？」

　　「對。這一點兒也不奇怪。」

　　大夥聽著連振芳的解釋，都佩服地點點頭。

　　從此，查干淖爾馬能記住人和自然氣息的事就在這片土地上傳開了。千百年了，神奇的查干淖爾馬的故事一代代傳下來，就是今天，那叫「醬塊子」的馬的名字，人們非常喜愛。而如今的「醬塊子」是否會「吞風」「吸雨」？還是請人們到查干淖爾親眼來看一看吧。

　　而連振芳卻說，俺的馬喝查干淖爾的水長大，靈氣都在水裡。

第二章 ——

鷹獵史話

▋狩獵人家

在寒露快要到來的季節，北方長白山區鷹屯，有個叫趙明哲的人顯得極其急躁和不安。他每天不斷地數著天上雲彩的塊數，觀察著雲的厚度，分析著風吹雲走的速度。村裡人知道，他是在盼著草開堂。

草開堂就是下霜。

在東北，大自然的變化非常明顯，人們俗話叫應節氣，特別是秋天。

秋天，大約是在秋分前後，幾場秋雨過後，天漸漸地寒涼了。風吹落樹上的葉子，並撥薄天上的雲層，把一塊塊的雲片迅速刮走。這一切都告訴人們，快到草開堂的時候了。

草開堂是殘酷的季節，往往在一晝夜間，寒霜就使萬物凋零，樹葉飄飛，青色褪盡，遍野枯黃。

東北把寒霜叫酷霜、毒霜。酷，是指霜非常殘酷，來得迅速，讓人和一切生靈措手不及。往往頭一天或一袋煙工夫之前萬物還翠綠，可轉眼之間自然植物生命就消盡了，這就是寒霜的酷性。毒，是指霜的無情。大自然特別是地上的草往往還來不及結籽和成熟就永遠完結了……

從表面上看來，霜落草死是正常的自然現象，而其實大自然的每一個細微的變化都預示著一個結束和一個開始。就像寒霜使萬物蕭索的日子，植物枯黃蔫死了，可動物卻到了捕食的黃金季節。霜落草死突然間使大地變得寬綽亮堂了，荒原四野開闊，一切生靈可以目窮千里觀察自然，追蹤它要捕獲的獵物以進食準備度過即將到來的嚴酷的寒冬。

北方的四野充滿了生機，經霜半死的植物在掙扎復活，依靠晌午的有限的陽光企圖療好凍傷的肌體。各種動物都出動了，尋機填飽自己的肚子或帶回一些食物回到自己的巢穴。這時候，北方的人也被寒霜激勵起來了，如趙明哲。他要在萬物大捕食的季節裡去捕捉一種動物，因為捕捉它只有在這個季節。

一進入這個季節，每天后半夜趙明哲都睡不實。他早早起來，蹲在院子裡草垛前看天。

　　東北的霜總是在後半夜下來。四野漆黑一片。只有他手上端著的煙鍋裡的火一紅一亮。他的旁邊，是一個一個空空的木架，那木架上曾經托著他的家族幾百年的殘夢……

　　突然，他身後傳來匆匆的腳步聲，是買豆腐的兒子回來了。

　　兒子趙繼鋒端著豆腐盆站在爹身後，說：「爹，現在草開堂啦！」

　　明哲故意問：「你咋知道？」

　　兒子回答：「手端豆腐盆，凍手。」

　　「是炸骨涼嗎？」

　　「是那種炸骨涼……」

　　老練的爹在黑暗裡，得意地笑了。其實他早已從煙袋鍋的煙桿的涼度中判斷出夜裡子時，北方的霜已經來了。他從心裡對兒子如今會掌握和判斷時令和節氣的本領佩服起來。但他不能當兒子面誇兒子。

　　他在腳前的一塊石頭上磕磕煙鍋裡的煙灰對兒子吩咐道：「快！讓你媽燒火做飯，咱們倆準備網。吃了飯，咱們快上山。搶占頭一片山場子……」

　　黎明前的黑暗之中，爺倆在自家的倉房和院落裡忙碌起來，準備著木桿和套網等狩獵工具。而其實他們也知道，在這時這個屯子的其他人家也在這樣忙碌著，他們都是在自覺不自覺地重複著一種習慣，一種古老而久遠的習慣……

　　這個地方，叫鷹屯，在中國的東北。

　　只要你來到東北，只要你來到長白山區，只要你細心地向東北人打聽那個叫「鷹屯」的地方，人們就會指點給你這個小村屯。

　　發源於長白山的松花江穿過莽莽林海奔流而下到四二○公里的地方，大江突然變成了垂直南北走向。南望是一望無際的大森林，屬於長白山餘脈的慶嶺和龍潭山，北是興安嶺的張廣才嶺接近舒蘭的嶺脈，而西和西北則開始漸近吉林省西部嫩科爾沁草原入口。穿越森林的松花江水清澈而涼爽，沿途把森林、

濕地和草甸上的腐殖質帶入水中，於是使江中魚繁殖加快。自古以來，如「三花」「五羅」「十八丁」魚種繁多，更珍貴的是鱘。鱘，叫鱘鰉，又稱黑龍江鱘，它是東北沿江漁民世代捕撈的主要魚類。

鰉魚是洄游性魚類。它的繁殖習性與鮭鱒魚類相同，但生長十分緩慢。由仔魚長為成魚大約需要二十年時間，體重超過千斤的壽命已在百年以上。它習慣沿河上溯至源頭冷水處產卵，待幼魚孵化後長至近百斤時會沿河而下，游向大海，民間把這種魚稱為「其鱉鮒子」。這種魚在大洋中待性成熟後，再從大洋游回近海，於是沿著養育過它的母親河洄游到老家繁殖後代，因此常被當地人捕獲。

鱘鰉魚具有頑強的生命力。

每年的春季，當松花江上的冰排在浩蕩的春風吹刮下漸漸地化盡，鱘鰉魚便千里迢迢地從北部的鄂霍次克海溯流游入烏蘇里江、黑龍江，最後進入松花江水域。

這些魚頂水而上，竟然能游至松花江上源（也稱南源）附近的烏拉一帶。而且，不止這裡，往上游可以進到今撫松的兩江口，松江河、漫江和錦江大峽谷（長白山腹地），就是古時所稱的額赫納陰一帶。真是一種不可思議的事情！

天聰五年（1613 年），清太祖努爾哈赤率兵經過此地，一見這兒魚多，就下令在此蓋一樓存放漁網，從此「漁樓」這個名字就出現了。漁樓這一帶，寬闊的松花江到這裡顯示出自己的獨特風采。夏季，從上游江水帶下的季風迅猛地吹刮著漁樓北岸，使這兒的古台地漸漸變得平坦。秋冬，來自嫩科爾沁草原的寒風，又把江水吹向右岸，使得江的左岸草甸顯得空曠和開闊，於是江灣台地處就長起了茂盛的柳樹，這一帶便被稱為柳條通。

柳條通是東北森林江河與平原交會處一種獨特的地貌，也是北方特有的濕地型草甸。

夏季，在這種森林和草原交合處的柳條濕地裡，各種食魚食蟲的小動物迅

速繁殖起來，野兔、野雞、水鴨、地鼠遍地皆是，特別是在北方出名的水獺和旱獺也在這兒占領了地盤。冬季，來自於漁樓的土嶺把季風拉向南岸，這一帶又形成了一處天然的避風港，許多來不及遷徙的鳥兒甚至在這一帶越冬。

就這樣，漁樓這一帶就成了各種動物理想的生存之地。在各種動物爭相來長白山和嫩科爾沁草原交會處的漁樓一帶繁衍生息時，一種奇特的動物也加入到這個行列裡來了，那便是鷹。

鷹，北方民族稱其為海東青，是天空中飛翔的猛禽，它喜歡捕捉活的小動物食血食肉而生，於是長白山和嫩科爾沁草原交會處的漁樓濕地和江邊草甸一帶竟然成了它們的首選之地。這些生於遙遠的鄂霍次克海以北的大鳥竟然每年秋冬千里迢迢從遙遠的北方飛來，到這一帶的崗嶺和濕地草甸捕食，春天，它們再飛回北方的海洋孤島上的懸崖處去產蛋孵崽，就這樣不辭辛苦地一輩一輩地延續著一種生存規律。

就像人有記憶一樣，其實鳥也是有記憶的，這種北方的海東青每年都不誤季節，準時從北邊飛來到漁樓，因此這一帶有一句俗語：二八月過黃鷹。是指這裡每年陰曆的二月和八月，是天上的鷹飛來飛去的時候，而它們喜歡棲息的地方就是漁樓一帶，於是漸漸地，漁樓一帶產鷹、出鷹這種印象在人心裡形成，人們在不知不覺中就把漁樓叫成鷹屯了。

清時期的重要驛站，由北京東直門出發，經四十三驛而到達終點的尼什哈驛站（今龍潭山），主要是為把朝廷的「火信」（頭等重要的信息和命令）傳送到北方，同時也把堆集在這裡的「貢品」「物品」運往朝廷。

在所有的貢品之中，有一樣很重要的貢品，那就是鷹——海東青，以及由海東青捕獲的大量的天鵝的絨毛織做的白玉衫和白玉帽，而這個繁重的貢物任務就落在了由烏拉街衙門管轄的「鷹屯」人身上。於是，幾乎在幾百年間，當鷹作為朝廷的主要貢物不斷被捕捉和送往朝廷的歷史歲月中，烏拉街的衙門大員幾乎天天不離鷹屯，他們要鷹，朝廷要鷹，中原要鷹，這使得東北地區這些捕鷹八旗牲丁們連做夢都在和鷹搏鬥……

▊ 捕鷹手藝

鷹屯，這裡是有著濃郁滿族民俗風情氣息的古村。人進屯只要打眼一看，就會望見那一座座最具代表性的「煙囪安在山牆邊」的大煙囪。

東北氣候寒冷，煙囪安在山牆邊，可以延長煙和火在室內長時間的走向，這是東北人的發明。另外，這種房屋結構，也可以使冬天在戶外的雞窩放在煙囪橋子上，順便讓小雞也暖和一下。

古樸的農舍、院套、大醬缸，處處透出這個從前在遷徙和征戰中的民族的生存方式和生存特點。

爺爺趙英祿七歲就玩鷹。

玩鷹這句話，在今天聽起來彷彿指人不幹正事就幹閒事的意思。可是從前，玩鷹在古老的烏拉鷹屯是人們必須學會的一項手藝，也是男人成人的標誌。

玩鷹，就是熟悉鷹，品評鷹的脾氣秉性，以便馴它。只有熬馴好了，才能把「成鷹」獻給朝廷，於是從小，家裡大人就讓男孩子和鷹打交道，一般從七八歲開始。

趙英祿小時，記得家裡的鷹槓上從來沒斷過鷹。斷了鷹的人家不是一個合格的「鷹把頭」（鷹首領）。

那時候，鷹屯家家被稱為鷹戶。

鷹戶，就是具體從事捕鷹、馴鷹的人家。一個鷹戶一年上繳多少「成鷹」是有數的，到時必須按數交到打牲烏拉衙門，再由衙門「押鷹」送往朝廷，因此爺爺趙英祿小時候就成天在「鷹堆裡」睡覺。

在鷹屯人人都知道，趙英祿本來是個秀才，可他的四書五經是在鷹堆裡讀下來的，記得從前爺爺趙英祿是邊遛鷹邊讀書。駕鷹讀書的方式是這樣：右手的鷹袖上蹲著鷹，左手握著書本，邊走邊讀。

趙明哲聽人說，當年爺爺也就七八歲，身子也輕，有時鷹嫌他走得慢，自己突然朝前飛去，鷹繩拴在爺爺腰上，把爺爺拖得在土道上打滾，一陣塵土飛揚，屯人見了哈哈大笑。後來，爺爺趙英祿終於成了一名出色的鷹獵能手。一早上，他往往在各家門前走動，往人家院子裡張望。只要見誰家煙囪沒冒煙，他就大喊：「咋不點火？沒米上俺家背去，沒柴上俺家抱去。燒火做飯，吃飽了上山拉鷹……」人們常說，爺爺趙英祿的喊叫就是鷹屯的鐘點。從前上山拉鷹，都是從下霜（草開堂）開始。所以一到秋冬，鷹屯人心裡就繃緊了弦。

父親趙文周「玩鷹」更早。

五六歲時，爺爺就瞧準他了。爺爺說，訓練孩子抓鷹一定要從早從小。記得當時奶奶不同意。奶奶說，孩子那麼小，他害怕鷹。可是爺爺有爺爺的道理。他說，就是因為他怕它，才讓他接觸它，這就消除了怕。

於是，父親趙文週一小就抓鷹。

父親抓鷹，從爺爺逼他餵鷹開始。

餵鷹是最嚇人的事，特別是讓一個孩子去餵。

趙明哲聽人說，父親還小時，爺爺每天馴鷹回來，就從鷹食盆子裡摳出一塊肉，扔給父親趙文周。說，小子，餵牠……

開始，父親一見鷹飢餓的黃眼珠，嚇得直哭，爺爺上去就一腳，把父親踢倒在地。奶奶想去拉，被爺爺喝住。直到父親自己從地上爬起來，擦乾眼淚去餵鷹，爺爺才笑啦。

父親手上胳膊上的一道道傷疤，都是小時鷹爪抓踏留下的痕跡。人餵鷹時，有時鷹不顧一切地飛到人身上來，那利爪時時抓傷人的皮肉和筋骨，但也就是在這種環境裡，父親學到了一手餵鷹手藝。

餵鷹又稱為「把食」，是指給鷹掌握它的進食手法。父親是鷹屯著名的「鷹把食」（鷹把式），這都是爺爺逼出來的。

於是到了趙明哲懂事時，他已是一個鷹迷了。

在鷹屯捕鷹八旗中，鷹戶後代從開始懂事開始，「鷹」這個名詞往往最先

進入他們的記憶。父親教兒子趙明哲與鷹打交道是從「熬鷹」開始的。熬鷹，就是把捕來的鷹馴成聽人話的鷹。這種馴的第一個過程叫「熬」，就是熬掉鷹的野性，使它聽從人的指使，這種「熬」就是讓人與鷹做伴，使它不睡覺。

使鷹不睡覺，人當然也不能睡覺。

所以熬鷹其實是在熬人。為了使趙明哲能進入到熬鷹的複雜程序中來，小時，父親就尋找方法使趙明哲早起。早到什麼時候呢？往往是半夜剛過，就被喚醒。

開始，趙明哲是受不了的。

小孩子都貪覺，半夜正是睡得香的時候。這時候父親想了一個高招。

那時，鷹屯屯口有一家老闆家，開了油炸糕鋪子。這家為了給出門上山和趕集的人炸油炸糕，往往半夜就開始捅爐點火。只要聽到老闆家的風匣「咕噠咕噠」一響，爺爺父親還有二大爺往往就會喊：「明哲起來！」

明哲揉揉眼睛問：「幹啥呀？」

「買油炸糕去⋯⋯」

當明哲用筷子穿回一串兒油炸糕時，爺爺和父親往往故意問：「油炸糕好吃不？」

趙明哲說：「好吃。」

於是父親說：「好吃你就邊吃邊熬鷹吧！」

於是從小愛吃油炸糕的趙明哲也就早早地當上了「小鷹把式」，開始了他的捕鷹、馴鷹、熬鷹的生涯。

原始的捕鷹活動使人自己產生了戰勝自然的力量，人類自從接觸了凶猛的鷹，人的心裡才有了一種難忘。

因為，真正面對死亡面對殘酷的還是具體的捕鷹者，他們知道捕鷹的意義和生命的意義，他們是用生存的現實去和自然較量，於是留下了悲壯的獵鷹歷史。

遼和清，這些走入中原的王朝都曾經得益於對鷹的認識和崇拜，他們在取

得了政權之後，仍然把自己看作是天上的神的代表，崇鷹就成了一件自然的事。崇鷹的同時是命令更多的人去捕鷹，供他們駕鷹去展示自己的雄偉和勇猛。但是，鷹，不是那麼容易捕得來的。從前的捕鷹八旗是先從捕鷹雛開始。捕鷹雛要從鷹屯出發，去往遙遠的北方，出發前，先選踩道人……

踩道人，就是即將領著捕鷹隊伍出發的人，這個人一般被稱為「鷹師傅」，滿語叫加根色夫，或加昆達（鷹首領）。

選擇這個人非常的重要。因為鷹戶們出發去捕鷹、尋鷹的人能否得到鷹，全要靠他的經驗和能力。此人必須是祖輩上有過尋鷹、捕鷹歷程的人。這個人，必須由穆昆達（族長）來定。

穆昆達往往絞盡了腦汁來定奪，在幾個人選中最後敲定一位，然後和他面對面地談話。

大意是這樣：

你有膽子嗎？你有信心嗎？這次選定了你，你要領族人出發去寒冷的北方。

此次出發，全族人的希望都在你身上，族中男女老少的命運，也都掌握在你的手中。

有時，特別是在大從前，朝廷收鷹的人已等在村子部落裡，有的已將帶領捕鷹的鷹師傅的家人作為「人質」押管起來，或帶到收鷹的「兵營」，或大牢裡去做苦役。如果他捕不回鷹，他的親人將送命作為抵押。而隨他去的這一夥人的家人，這一族人，也都將遭難。這時族長非常沉痛地說：「去吧！勇敢地去吧。願神保佑你獲得成功……」

抓鷹，也叫請鷹。隊伍頭領──踩道師一旦選定，就開始由他選隊伍中的人了。他挑選人員的第一個原則就是對方一定是結過婚的小夥子。

如果獵手已經結過婚，並且已有了孩子，是最為理想的人選，這稱為有了

後人。如果獵手已結過婚，但妻子沒有身孕也不行。如果獵手還沒有對象（未婚妻），就要張羅為獵手選女人。

因為鷹師傅知道，這一去，可能永遠回不來了，要留下自己的後；要留下族人的根，因為他們是「貢鷹族」。

鷹師傅往往對沒媳婦的小夥子說：「有影了嗎？選選吧，辦事吧（指趕快選人結婚）。」

同時也勸村屯裡的姑娘們：「他（指參加捕鷹隊的年輕人）是個好人，勇敢的人。他是為族人而去的，你可不要失去了機會……」

在一個部落，一個村屯，姑娘們是喜愛那些勇於去參加捕鷹隊伍的小夥子的，她們愛的就是這樣的人。甚至在一個地方，年輕的小夥子沒有參加過「捕鷹」「拉鷹」的隊伍，他們就永遠沒人疼愛，就找不上對象。

捕鷹，這說明你是一個男人，一個真正的東北漢子。

在從前的日子裡，許多捕鷹貢鷹的部落在秋八月的時候，部落和寨子裡經常地響著結婚慶典的鼓樂，那是為即將出發的小鷹達（小夥子）們籌辦婚事，然後好使他們安心地奔向遠方，去尋鷹捕鷹，完成祖先一輩又一輩生死輪迴的苦役。

小鷹達們選好了，該成家的都成家了。

這時，捕鷹集體開始集訓了。

集訓，就是這些人都集合在一起，集體搬遷到離村落不遠的一個野外住處，開始由鷹首領（鷹師傅）為他們加能耐（增加本領）。

加能耐的內容極其多且複雜。首先是拜師。

小鷹達們先給師傅磕頭，稱為拜師。拜師先發誓：師傅，一切聽你的。不亂說，不亂動，守規矩。

然後再給山磕頭。感謝大山養育了勇敢的老鷹。

接下來要給海磕頭。感謝大海生出高峰，使鷹能在海中間的山上選巢產仔……

這時，鷹首領開始「傳授」真本事啦。

「真本事」包括這樣一些內容：

1. 會唱歌

進山林裡去捕鷹，是極其寂寞苦悶的事情，每一位人員都要會唱歌。為了表達自己的心情，都要會，這可以把山裡淒苦的生活化解開。俗語叫「帶個話匣子去」吧。

歌，都是一些當地的土調，或族人中的民歌。非常好聽，一段一段的。

有時大家集體唱，如《女真打鷹歌》（古歌），有時一個人唱，告訴首領自己在什麼方位上。

2. 會吃東西

進山捕鷹，一定要懂得吃什麼。

什麼該吃，什麼不該吃；什麼能吃，什麼不能吃。要吃「紅的」，不能吃「白的」。這是一種習俗。北方人「尚白」。尚白，就是崇尚白色。白，是他們尊敬的顏色，不能吃，吃下去就「沒了」，不吉祥，不吉利。所以把白色的饃染成黃色、紅色，這才能吃下去。這是教人記住自然的規律。

同時，鷹首領也教大家識別山裡的野菜野草，什麼有毒，什麼無毒；哪些可吃，哪些不能動。

特別是喝水時，要注意選擇流動的水，不能喝草窠子裡不流動的。那水有鏽毒，喝了會坐病。

3. 會穿戴

進山捕鷹，穿「青」的「綠」的，不能穿白的。

青，在北方為「黑」色。

綠，就是深灰淺灰等顏色。

這是因為女真人和滿族人都崇拜白色的緣故，不能動白。而其實，這也有科學道理。

在山中捕鷹，白色為「亮」。人如果穿白戴白，人一靠近樹叢鷹巢，就容

易被老鷹發現。而黑色（青色）和綠色（灰色），往往和草、樹的葉子顏色融合在一起，變成了大自然的本色，反而不易被動物發現。

這種對穿戴衣物、帽子顏色的要求，其實是將北方地區民族的崇拜觀念和自然生存觀念融合在一起的一種生存形態，具有很強的科學性。

4. 學會機靈

機靈，主要是指年輕人捕鷹的本領和靈性。

捕鷹的人首先要學會爬山上樹和如何操作工具的本領。鷹首領往往領著這些人來到一座大山的石砬子前，他先爬攀，然後讓年輕的獵手學。

這主要是教年輕的獵手上崖時，腳尖要摳住崖縫，讓年輕人學習鷹師傅腳後跟蹬什麼位置，手指頭怎麼摳石抓草。

更重要的是如何使用工具。

如吊桿怎麼打，板斧怎麼拋，艾瓣怎麼點燃。還有就是對付可能遇到的種種意想不到的突發性災難時要學會動腦和激發人的靈性。

這些災難包括：

（1）火山

捕鷹去的地方，常常是北方火山活動的區域，那兒有寒冷的海和噴發的火山，捕鷹人要學會觀察地形地貌。發現山有異常，或風颳來的氣味不對，就要及時躲避，以免被火山的噴發燒傷燒死。

（2）地震

捕鷹人去的地方，往往是高山崖壁。

那些地方，只要稍稍一有地晃，崖石就轟然倒塌。所以要學會從小石子的鬆動、石頭滾落的聲音中去判斷可能要發生的巨大的地震災害，以防不測的出現和發生。

（3）山火

在鷹生存的荒涼的草甸和森林之中，自然的山火經常發生。特別是晚上睡在地營中時，如果是風天雨夜，或打雷打閃的時候，森林和草地極容易引起大

火，稍不留神，就有可能被活活燒死。而且，一旦遇到山火，不能順風跑，要頂風上。頂風，可以躲過風頭帶來的災難。

（4）麻達山

麻達山，就是迷路。這是生存在山林裡的人經常遇到的災難。

但是在山裡捕鷹，迷路是經常的事。要學會通過看樹的陰陽面來判斷方向。要學會在林子裡按水流的方向走出老林。要知道在晴天陰天看太陽的光度判斷風向，知道什麼時候下雨颳風。要知道夜裡通過月亮和星星的亮度來判斷第二天的天氣。

要學會捏捏樹葉，摸摸草梢，就知道水離你多遠。

要學會在黑夜和白天如何行動。

夜，像族人的「母親」一樣，日頭是「父親」（光明），自然是他們的「親人」，人們怎能不熟悉自己的親人呢。

（5）海潮

北方的鷹築的巢，一般都在大海中間高高凸起的山峰頂上，攀崖捕鷹的人一定要掌握海潮湧來和退走的時辰，及時攀崖，及時撤回。

海潮的規律，是他們作業的重要指示和生命平安的保證。老鷹也注意海潮的變化，判斷人可能出現和到來的時辰。

（6）冰雪

北海的氣候瞬息萬變，冰雪隨時來到。

要學會從風的冷度、強度之中去判斷冰雪來臨的時辰，以便加以躲避。因為冰雪的來臨也是鷹掌握的規律。

鷹出巢為小鷹覓食，也是掌握氣候變化的，而人要捕鷹，就必須通過冰雪來臨期去判斷大鷹是否在巢中。

（7）風暴

在北方，寒冷的北海鷹山，海山風暴隨時生成。

巨大的風暴有時把捕鷹人從高高的山崖上刮下，摔入茫茫大海。

有時，風暴和冰雪會把人吹乾，或活活地凍死在崖上，成為一具永遠的乾屍。

那北海的山崖上，有無數具白骨懸掛在上面，那是若干年前捕鷹之人的遺體，已經風化石化，留在北方的山崖上了。所以，要學會避開風暴和掌握風暴來臨的時辰和季節。

（8）蛇

蛇，這是捕鷹人的大禁。

蛇咬人，傷人。它們躲在崖上的石縫間，有時捕鷹人下落時，一下子拉住了蛇的身子。

而且，特別是蛇也喜歡吃鷹崽。於是，捕鷹人常常和蛇不期而遇。這時，蛇咬人，鷹啄人，鷹蛇往往聯合在一起攻擊人。捕鷹人能活下來，太不易啦。

（9）猛蟲

猛蟲，指山裡、老林中、草地上的狼熊虎豹等。它們隨時出現，去傷害捕鷹的鷹達。要學會辨別不同野獸的足跡和糞便。知道它們離你多遠，什麼時候來到等，要及時避讓和逃走。

（10）蚊子

蚊子，是捕鷹人的最大麻煩。

在北方，山蚊是最厲害的傷的害蟲。當捕鷹人攀上了懸崖峭壁，兩隻手去抓石縫時，蚊子恰好叮落在人的脖子上、臉上。

那些蚊蟲，把長長的毒針刺進人的皮膚，有時厚厚的衣服都被刺透，轉眼間人身上就掛滿一屋「紅燈籠」（蚊子吸飽血狀），人渾身癢痛得不行，雙手一鬆，就會從崖上落入蒼茫大海。

為了避蚊，人們不得不在背上插上艾辮，或頭上套上豬皮頭套。但還是無用。只要人一動，蚊子就有機會叮咬。所以捕鷹人必須要學會對付它們，才能捕鷹交官差。

5. 當個能工巧匠

在寒冷的北方戶外捕鷹，每個人都是能工巧匠。

離開家鄉去一個陌生的環境生存，一切需從頭開始，人人都要自理。特別是生存。而且重要的是要會生活，其中包括修理捕鷹的工具。

捕鷹的重要工具很多，很複雜，鷹車、鷹棚、捕鷹的網、大等子、二等子、三等子，還有種種勾桿、吊桿，以及特殊的穿戴，鷹鞋、鷹褲、鷹襖……

一切的修修補補、縫縫連連、織織紡紡，都需要他們自己動手，而且要會做。

這一切手藝，在鷹隊出發前，其實都要從鷹師傅那裡學會。不過一個鷹獵村屯的族人從小已在爹娘那兒學得差不多了。

有時，老鷹達要帶上自己的兒女，以便幫著幹活什麼的，特別是一些縫縫補補的活。

6. 帶上神聖的智者

每一個鷹隊裡，都要有薩滿，因他是神聖的智者，出發時別忘帶上。

而其實，鷹首領已是薩滿。沒有薩滿就不能出發。薩滿是族人中的智者，他們要負責這夥人在外占卜和預測各種意想不到的事情發生。

薩滿是鷹隊中的靈魂人物。在出發之前，這個人物已經確定，並帶領大家進行各種儀式交代說明和操練，告訴大家各種習俗和禁忌。薩滿的前往，主要是為了給鷹隊的團體進行祭祀和為人員「祛病」事項。他是一個有為人祛災去病能力的人，通過他去和神和自然聯繫。有了他，人們便覺得有了安全保障。

接著，鷹首領該教人「識鷹」了。

7. 學會識別鳥類

識別鳥類，就是識別鷹的種類。

識鷹的課程，是一門繁雜而又深奧的課程，由鷹首領細緻地講解和演示。有時，鷹首領把各族各部落裡的「鷹樣」帶來，讓一個一個小夥子們去識別，去認識。

「鷹樣」就是鷹的模型。一個有名的講究的鷹把式，已把各種鷹雕塑成

「鷹品」——一種鷹的模型，然後一件一件地講解，讓年輕人（小鷹達）去識別和認定。

一般來說，在他們要捕捉的鷹中最珍貴的要屬「白玉爪」了。

白玉爪，又叫「白鷹」，是海東青中的極品，極難捕捉。在胡冬林的《鷹屯》記載中，海東青又有海東青鶻、海青、海青少布、白鷹、玉雕、玉爪雕、白玉爪、青雕等稱謂。其中尤以稱作「玉爪驃」者最為貴重。

這是海東青的一種，稱為白海青。「白海青，大僅如鶻，既縱，直上青冥，幾不可見，俟天鵝至半空，自下而上，以爪攫其首，相持殞地。」

從前朝廷曾有規定，白玉爪只能由皇帝豢養把玩，皇親貴族絕不許染指。捕鷹人的目標也是奔著「白玉爪」而去。

第二類珍貴的海東青為「白頂」。

白頂也是一種罕見的珍貴鷹種。

它的突出的特徵是頭和脖處潔白，尾羽也呈白色，而其他部分是灰黑。

白頂海東青往往孤居獨處，強毅孤傲，人不易靠近。這種鷹在庫頁島一帶的海島孤崖頂上居住。

還有花豹子。

花豹子又叫「花豹」。這是指它的羽上佈滿了花點，無論是蹲站還是展翅飛翔，它的特徵都十分突出。

花豹是海東青中較為普遍的一種，不過生活在北海一帶的比較珍貴。它們往往集群獨處，尋一窩肯定有三窩五窩在一處。各窩間相距在三五十米，對捕捉它的人極具攻擊性。

花豹種類繁多。它們凶猛，因專抓海豹而得名。還有一種海東青又叫「黑花豹」，也是經常出沒在北海孤島一帶的蒼鷹。

當它展翅飛翔至凌空時，是在巡視浪花，觀察海豹。

海豹在出沒前，水的漩渦出現異常。

黑海花豹子能從空中的數百米處看出海水的異樣，然後俯衝下去，用雙爪

等待獵物出水。一旦海豹露出水面或剛剛接近水面，它的厄運將到來。捕捉這種海東青，主要是為送給朝廷皇族貴人帶著出獵觀賞。

其間還有海絡子。

海絡子也是北方常見的一種海鷹。

它們靠近海水，在沿海一帶的崖上生存，靠海魚海物生兒育女。

海絡子也喜獨居。它的窩巢築在崖頂石縫間，不易捕獲。

海東青中較為普遍的是「虎子」。

虎子，也叫「小虎子」。在這裡，北方人稱它為「虎子」，是愛稱。虎，是說它猛而又靈巧，敢於捕前打後；而「小」，是上乘可愛之意。

這種「小虎子」，有一種「可愛的小鷹」之意。在北方，在北海的山崖和森林一帶，這種「小虎子」是最多的，也是捕鷹人常常捕得到的一種鷹。

小虎子不但能食海水中的魚類，也對森林和草甸上的動物感興趣。它們有時也把窩巢築在海邊一帶的樹上，是捕鷹人直接注意的目標。

小虎子是從它的性格而起的名，其實它的普遍稱謂叫「黃鷹」。黃，一是指它的毛羽初看上去略呈微黃、斑黃，二是當這種鷹升騰起來時，陽光和天光一照，它的顏色呈現出黃淺光澤，所以又叫「潑黃」。

一般的海東青，往往都是從它們的顏色和性情上概括起名。鷹種多年不起太大的變化。捕捉海東青的鷹首領可以將老輩子的識鷹經驗真實可靠地傳下來，而且一代一代地放心去使用。

8. 送鷹人

在鷹屯，當捕鷹八旗的首領教小夥子們識鷹和集訓等一切活動結束後，鷹隊就該到出發的日子了。

出發捕鷹，這是鷹隊的人與家裡親人的一種生離死別，他們要到遙遠的地方去抓鷹，和鷹鬥，要經過無數的高山、大河，說不定會遇上什麼意想不到的災難，很可能這是與親人最後的訣別。

這天，到了出發的正日子。

一大早，族裡一位德高望重的「大哥」早早地站在村口，手執一面大鼓「咚咚」地敲打起來，嘴裡不停地喊著：「送——鷹——人——囉——！」

人們，一個個默默地來到鷹屯村口。

出發的木車套好了。

鷹車棚子也架好了。

親人們送到路口了。

這時，走的人不能落淚，送的人不能哭泣出聲。但是，大人們看著孩子遠行，妻子望著丈夫出發，他們再也忍不住辛酸的淚水，熱淚從親人的極度擔心惦記的臉上流下來……

男人們要走了。滿族的人說，男兒是鷹。十虎頂一男，三男為一鷹。北方的民族，多次地崛起才攻下了中原，是族人通過「鷹獵」（捕鷹）培養了男兒的勇氣。祖先讓族人「吃苦」，就是從捕鷹活動開始，捕鷹行為培養了族人「視死如歸」的氣派。

許多捕鷹人回來時，是由別人帶回自己的「骨匣子」（人已遇難，火葬後把屍骨捧回），但是他們年年歲歲還要去，已把死亡看成了家常便飯。

這時，屯長（或族長穆昆達）手持一把尖刀，向一隻公雞的脖子上割去，鮮紅的血淌進酒碗裡。他又端起「血酒」對小夥子們說：「來，喝一口上路酒。」

大家輪流喝著。這時族長在一旁說道：

> 喝了它你們走向遠方，
> 心裡有了膽量什麼也不怕。
> 族人的心情都在裡邊，
> 你們一定會平安歸來。

喝完血酒，開始贈送「禮物」。禮物有兩樣，一是「狗」，二是給鷹帶去

的「吃食」。

　　贈送的狗，往往是族長經過千挑萬選，從部落中找出的最聰明最機靈的狗，主要是會「記道」，也就是能找到家。無論走過千山萬水，它也能把捕鷹人捎回家的「信」帶回，同時又能領著家裡的人找到捕鷹人住的或遇難的地方。甚至連屍體摔在哪塊石砬子下，它們都記得清清楚楚。

　　狗，一般都選些黃狗。

　　滿族人認為黃色發白髮亮，黃狗又顯忠厚，族人又有「鷹狗無價」這句話。他們認為好的狗像鷹一樣的珍貴。帶上黃狗是為了「救」和「保護」捕鷹人。這時，族長牽著要贈予捕鷹人的狗，說：

> 黃啊，黃，
> 你跟鷹首領去吧。
> 別人睡覺你醒著，
> 別人走道你記著，
> 千萬清清醒醒的，
> 一切事刻在你腦子裡……

　　這時鷹首領走上去，從族長手中接過牽狗的套繩。然後開始第二個「儀式」，給捕鷹手每人帶一份「鷹禮物」。

　　滿族人熱忱，講究禮尚往來。

　　他們認為自己去「捕」鷹，也應該給鷹帶去點兒什麼。帶什麼呢？當然應該帶去鷹最願意吃的東西。

　　族長按出發的捕鷹人的人數，每人準備了一包「禮品」，什麼鵝肝、雞心、鮮肉，已煮熟包好。族長說：「接禮！」

　　每發一份，族長便說：

拿著吧，拿著吧，這是俺的心意，

吃上它你會想著俺們。

你會順順當當地，

你會老老實實地，

跟著「主人」回家……

　　族長說到這裡，周邊送的人早已是淚痕滿面。因為他（她）們心裡知道，今天所走的人根本不會如數而歸，他們其中有的人屍骨一定是被別人捧回……

　　這些儀式進行完了，捕鷹人開始裝車。

　　裝車就是裝各種工具。

　　什麼鷹蒙子——一種古老的「臉罩」，可以抵抗鷹的叼啄；什麼厚厚的大等子、二等子、三等子；什麼鷹網和各種粽繩、吊桿子，滿滿地裝上一車。

　　這時，鷹首領及時地喊：

走呀——！開拔呀——！

　　木棚鷹車「吱吱扭扭」地起動了。

　　狗兒「汪汪」地叫著，同家人和鷹屯人告別著。

　　族長這時也跳上了「鷹車」。

　　他要跟一段，他要送一程。

　　但這一段一程，其實是上百里，甚至幾百里，然後他才一個人回來。這表示族人和捕鷹人「情意」深遠。

　　木棚鷹車吱吱扭扭地響著，終於拐上了村落旁的土道，慢慢地消失在山野的遠方。

　　從前捕鷹，就是去北海，去遠方。

　　北海就是黑龍江以北的庫頁島一帶。那裡天高地遠，寒冷無比，最適合海

東青和各種雕鷹生存。

大輪木車跟著白雲，走啊走，晃啊晃。

拉車的牛馬或狗累得喘著粗氣。人累得喘著粗氣。曉行夜宿，一直往北，往往走上個把月，終於靠近了北海的林甸。鷹首領立刻指令選點搭建營盤（地營子）住了下來。

走時往往是秋天，可是到那裡時已是大雪紛飛的嚴冬，天寒冷無比。

住下之後，還要選地點，搭建鷹神廟。

每座鷹神廟裡供的都是真正的鷹，是鷹身上最鋒利的部分——鷹爪。

這鷹爪，是鷹首領從家鄉帶來的老死或凍死的鷹的爪，他一直保存好，並且在家鄉和部落的鷹廟裡已經祭祀過。如今，他要完好無損地將鷹爪帶來，擺放在地營子旁新搭起的鷹廟裡。

鷹首領帶領所有的小夥子們齊刷刷地給鷹廟跪下，用「鷹爪」祭鷹神。

鷹首領說道：

> 來了，我們帶著你的利爪來了，
>
> 抓誰都可以，
>
> 就抓不了我們。
>
> 你可以看看，
>
> 你的利爪在我們手中。

祭鷹廟很隆重。捕鷹的人是處在祭它和懼怕它的一種矛盾心情之中。祭是「怕」。但祭完了，人們認為它才能扶助人，不怕它了；只有不怕它了，人才敢於去「抓它」。

這是在突出鷹「爪」功能的一種文化。東北許多鷹的圖畫造型和符號中，都把鷹爪表現得十分突出。

這是人自己給予自己力量的一種方式和對從事捕鷹行為的一種鼓勵。接

著，每人掏出出發時族長給鷹帶的「禮物」，一一地獻上。

這時捕鷹人要虔誠地叨念：

吃吧，吃吧鷹，

這是俺給你的鮮貨；

這是活的血食，

你願意吃⋯⋯

營盤地的鷹祭活動非常嚴肅。要殺牲獻血，因為鷹愛喝動物的血。這種儀式往往要進行七天，整個的捕鷹活動這才正式地開始了。

9. 不是見鷹就捕

從前的捕鷹人不是見鷹就捕，人們都知道趙明哲的爺爺趙英祿各種捕鷹工具做得地道，而且知道他捕鷹有「選」鷹的習慣。選什麼樣的鷹呢？那就是選脾氣「古怪」的小鷹。這是他的捕鷹標準。

爺爺所說的古怪，是指小鷹很有性格。

鷹，是一種奇特的動物。它的奇特在於它的頑強。它是天上的造物，是天上的「狼」，因此在久遠的歲月之中不斷地被人類敬愛和崇拜，以致於人類希望自己有鷹的精神和能力。

每一隻鷹一次只生兩個小崽。

從小時，小鷹就要牢牢記住大鷹傳承給它們的生存規律，那就是保住自己的生命。

為了保住自己的生命，大鷹出去覓食時，小鷹安靜地在巢中等待，不到萬不得已，它們不叫一聲。

它們築巢的地方，常常是毒蛇窩。

有時大鷹一走，蛇便來攻擊小鷹。可是好樣的小鷹不發出任何一聲呼叫。這是一種生存的本能。也是地球上生命遺傳給同類的一種本能。它們彷彿知

道，媽媽出去覓食不易，不能喚媽媽半途而回；同時，它們如果一發出聲音，就容易引來蛇或捕它們的人。

有許多時候，大鷹在外出覓食途中遇難，巢中的小鷹不知道，還在窩中安安靜靜地等待媽媽的歸來，直到凍死，餓死。

而這樣頑強的小鷹，卻正是獵人們要捕捉獲得的對象。

有時捕鷹人已靠近了小鷹，小鷹睜著一對亮眸看著人，卻不出聲，這是好樣的小鷹崽。

但是，當人一動手，小鷹便叫起來，大鷹往往閃電般飛來，一下把小鷹救走（啄走），或寧可把孩子啄死，也不讓人得到，然後它一頭撞死在山崖上。

如果人發現了鷹巢，就在你剛要捉小鷹時大鷹飛回來了，人只能用箭和吊桿去與鷹鬥。

但人和大鷹鬥十分危險。

一是它們的巢多建在崖頂危險處、崖壁，或樹的頂端，那裡沒有人的站腳之地。人在與大鷹鬥時，一不留神兒，便會從崖上、樹上摔下，從此粉身碎骨。

二是，大鷹一旦發現你捉它們的孩子，它們便和你決一死戰。往往兩敗俱傷。

有許多時候，人被鷹啄死，屍體掛在崖上、樹上，成為永久的乾屍白骨。

所以，捕鷹人一定要掌握大鷹出去覓食的時機，下手去捕捉小崽，才是比較安全的事。

大鷹彷彿也知道人會在什麼時候出現。

它在出發前，往往「清理環境」──就是掃清巢周圍的隱患。

比如有沒有毒蛇猛獸藏匿在巢的周邊，一旦它出去，它的孩子會不會受到威脅。二是巢的周圍有沒有人的跡象。

這時，人就得隱避起來。

人如果發現了鷹巢的位置，不能馬上就去捕捉。人要觀察大鷹的活動規

律。它什麼時候出巢覓食，大約多長時間歸來。而且，人要設法靠近鷹巢的位置。

因為人不會飛，你不可能在大鷹一出去覓食時就爬上山崖去捕小鷹，這段時間大鷹肯定會發現你。

為了獲得小鷹，人要提前隱藏在靠近鷹巢的草皮底下或石崖石縫洞裡等待時間。為了捕鷹，人有時躲在石縫裡幾天或幾個晝夜，忍受著飢寒風霜，與毒蛇同眠。毒蛇很凶狠，常常發威，要了捕鷹人的命，或吸乾人身上的血液，讓人變成一具碎骨。

有許多時候，捕鷹人「神祕」地失蹤了。

其實那是捕鷹者為了事先靠近鷹巢，自己先躲進石縫石洞，而又遭遇了不測。他的死和失蹤，將永遠不為人所知，連屍骨都尋覓不到。

到了秋冬，當捕鷹隊回歸時，人們捧著摔死的人的骨灰匣子，還有時，只捧著一隻空匣子，那隻骨匣裡，只有失蹤的人的名字，或一個牌位。

有時，為了帶回捕鷹人的真身骨肉，每一位上山爬崖捕鷹的人，出門之前就剪下一段頭髮或辮子，對鷹首領說：

> 師傅，俺去了。
> 可能這一去，就永無回頭日。
> 你把我的辮子裝在匣裡，
> 如果俺不回來，
> 也可給家人留下一個念想。
> ……

這，就是北方滿族捕鷹八旗的悲愴的歷程啊！

他們的經歷就有同於荊軻刺秦王那樣的悲壯，真是風蕭蕭兮易水寒，壯士一去兮不復還。

但是鷹首領對這種做法十分讚賞，因為捕鷹生活就是這樣，就要視死如歸，怕死當不了「鷹達」。

自然界中的生靈，為了生存，它們也是在苦鬥。大鷹出去覓食，它也是煞費苦心。

它計劃在最短的時間內飛回，以便不使孩子們丟掉性命。因此許多時間裡，捕鷹人只好藏在石縫和山洞中等待，很怕大鷹飛回和人拚命。

大鷹一旦捕到食物，它先向自己的巢窩方向凝望。那是母性對骨肉的尋視；小鷹也在望母親，那是生命對生命的期待。

一旦大鷹發現「情況」異常，它會迅速地拋掉食物，立刻展翅衝回窩巢，與人展開生死搏鬥。

那是一場可怕的廝殺！

有諸多時候，人就是得到了小鷹崽，也會被大鷹啄得遍體鱗傷，奄奄一息而無法回到營盤。

所以，人不能不學會在夜間下手。

在夜間捕鷹，人也要白天就靠近鷹巢。

白天觀察到了鷹巢的位置，當大鷹出去覓食時，人要抓緊時機靠近巢位，隱藏在巢位不遠的草下或石縫裡，等待夜晚的到來。

爺爺說，為了得到一隻好鷹，真的不易。鷹在夜裡，眼不行了。

你看它彷彿睜著眼，其實看不見啥。

但是，如果鷹已發現周邊有人在隱藏著，它寧可把小鷹啄死或叼走，再就是它不去捕食了，日夜守在巢裡。

這是最糟糕的事了。但是，只有在夜色的掩護下，捕鷹人才可能比較好地得鷹。因為在夜裡，有了動靜，看不見什麼的鷹只能叫喚。人們可以先弄出一點兒動靜，鷹一叫，人就能從叫聲中分出巢的遠近、高矮和鷹的大小、公母，於是動手擒之，趕緊帶著小鷹下山逃走。

為了得到一隻像樣的鷹雛，爺爺說他曾經長時期不離開一座山、一棵樹，

等待、等待，直到把他心愛的小鷹抱在手。爺爺說，等待和耐心是鷹把式的基本條件，而且還要在黑夜裡練眼、練膽，與恐怖的黑夜為友為伴才行。

10・捕鷹不光用手

獵手有了各種應手的工具、服飾，不是就可以「請」（捕）到鷹了嗎？可是趙明哲的父親趙文周卻告訴兒子，這不夠，而且還遠遠不夠。要想真正具備一個鷹把式的資格，必須用「心」去請鷹。

用「心」捕鷹，父親說，首先是和自己用心眼，而不是和鷹。

父親掌握了一項用「心」捕鷹的辦法，那就是要學會建鷹廟。

在北方，在長白山林和松花江沿岸及大小興安嶺的女真人和滿族人居住的地方，到處可見一種廟宇，那就是鷹廟。

鷹廟，又稱鷹神之廟。

鷹廟可大可小。它往往是用三塊條石搭建而成的。石條大小不等，但每一座鷹廟的三條石必須要相應。往往是兩條立石，上面架蓋石蓋。廟底是巨石或碎石鋪墊，裡面放上供鷹神的供位，有插香的香爐和放供的位置。

鷹廟裡是族人根據自己祖上崇拜的鷹的想像式樣來擺放鷹的牌位或畫像，或有關鷹的符號。刻在鷹廟中的鷹往往是人常見的樣子，或正面，或側面，但都特別的威嚴和冷峻。這表明了人對動物的理解。

給鷹修建廟，是人的一種品質，是人對曾經給人類帶來福祉的動物的一種懷念。它的出現，解除了沉重的賦稅，救出了押在大牢中的親人；它又能為人狩獵，把許多動物按在爪下，等待人來收取。

但是，這其中也含有恐懼。父親告訴趙明哲，咱們要真心而且要虔誠。其實這是人類圖騰觀念的發展和深化。

薩滿占卜時使用鷹爪不斷地舞動，這表明了鷹爪的一種能力，落地，能按在地上；起飛，能抓死對方；當它要遠飛時，也是爪按地看著遠方，然後起動。

許多有關鷹的圖案和符號，都誇大了鷹的利爪。

這些既表明人對鷹的特徵的描寫，又表明人的一種恐懼的心理。因為人知道，鷹非常狠，說它和狼一樣，吃紅肉，拉白屎——轉眼無恩。地上的狼，天上的鷹，最不認人。人雖養它，但它一走，再遇人照樣傷人。

被「請」下的鷹爪，占卜完後埋於廟下。

建築鷹廟也分不同的地方。

一般是在鷹獵民族部落居住之地，或者前去「拉鷹」的野外營盤一帶，這可以使捕鷹人能隨時祭拜和上供。

鷹廟的存在，調整了捕鷹人的心理和情緒，也給老人向年輕人傳授捕鷹的經驗提供了神聖的場所，講述各種感受，教導各種捕鷹方法，傳承各種心得。

所以，老一輩的族人讓後代們相信，他們虔誠地恪守著人與自然和動物的一種承諾，不傷害自然和動物的一種規律，如鷹「傷」或「死」在部落裡，族長要「請」下鷹爪，祭祀占卜後，要把鷹爪和它的屍體火化後，帶向它出生的地方。

那兒，是鷹從前生活的地方，是遠山，是荒野，是寒冷的山林，是它的家鄉。

在那兒，在人們曾經捕到它的地方，重新建一座鷹廟，將它的利爪和屍骨埋藏在那兒的廟下，也等於埋藏下了一段記憶。

而留在部落裡的鷹廟，只掛鷹的影像和符號，真正的鷹的實體，要送往它出生的地方。

這是人對自然的一種承諾。

也是人對動物的一種承諾。

這也是人的一種品質的傳承和表述。因為鷹如果活著，它被捕後的第二年春上，獵人該放飛它回「家」（回自然當中去生兒育女了）。而如今，它死了；但就是死，人們也要達到它的願望，讓它的靈魂回歸故里。這說明，人對得起它了；於是要求它，也對得起人。這是趙明哲父親的心理攻勢。

這裡值得說明的是，當人再去捕鷹時，還要把鷹的遺骸再挖出來帶走，這

叫生哪兒送哪兒，死哪兒見哪兒，表現了人與自然的高度信任與依賴，表現了北方民族崇高的責任與品質。

一座像樣的鷹廟，就是一座鷹文化博物館，雖然供的是鷹，刻寫的是鷹的符號，但記載的卻是人的歷程，記錄下的是人鷹與共的不平凡的神奇歲月，這是人的心靈歷程。

趙明哲的父親說，只有認真地搭起了鷹廟，供起了鷹爪，自己的心裡才有了力量，還有什麼樣的鷹不敢去對付呢？

鋼腿鐵腳

在地球北部，嚴冬酷寒。

一進入冬季，乾燥的雪粉把天空攪成朦朦朧朧，白天也像黃昏一樣暗淡，其寒無比，撒尿要手握一根小棍不斷敲地打尿冰，不然尿冰會把人支個倒仰。

這兒的大雪從每年的八月開始飄落，直到第二年的五月還沒有停下……

在鷹屯，人們都知道趙明哲的爺爺趙英祿是個最扛凍的人，他能在野外嚴寒的鷹窩棚裡一待就是三天，因為他的祖先曾經親自帶領捕鷹隊的小夥子去過北海，並親自把經過講給自己的骨肉和子孫。

這裡應該交代的是，每一位踩道的鷹首領出發時往往攜帶的都是自己的骨肉，如富育光先生在《七彩神火》（吉林大學出版社 1984 年版）中記載，古時生活在黑龍江兩岸的女真人，每個鷹首領都是個老鷹達，有個老鷹達，他的大兒子和二兒子已被遼人扣在遼營，他只好領著女兒庫勒坤和三兒子出發踩道去了。

他們來到一處地方。

這個地方叫費雅哈達（遙遠的海邊的一座孤峰）。遠遠地望去，只見這座孤峰像一棵鑽進雲霧裡的老粗老粗的樺樹，山上冰雪，年年化了凍，凍了化，像白亮亮的鎧甲。天上，陽光閃著冰光發出七彩光芒，照得地呀、山林呀、冰雪呀、人畜呀，紅亮亮的像披著霞袍。老鷹達（鷹首領）就領著孩子在這兒安營紮寨鉋冰搭建地窨子住了下來。

第二天，他讓女兒庫勒坤守家，他帶著三兒子和黃狗，腳踏雪板，奔費雅哈達踩道練腳去了。

在沒腰深的雪上，父子倆滑過一個山頭，又一個山頭，一路上，不斷地遇到一堆堆人的屍骨。每遇上這些早年去捕鷹或探路的人的屍骨，爺倆就跪下祭奠酒肉，磕頭，上香，然後將屍骨用冰雪埋好繼續趕路。

這個踩道的老人領著兒子一連搜尋了三十多個山峰，在野外熬過了四十多個風雪的夜晚，但還是沒有發現鷹巢。

這一帶，夜裡常有北極光。就是到了半夜，天總是明亮的，雪原雪山能望得清清楚楚，父子倆決心第二天攀登最後一座山峰。

第二天，他們開始爬主峰。攀到半山腰，山上堅冰像鏡子，上不去啦。突然，他們聽到「吱由——！吱由——！」的叫聲，那是群鷹爭食的聲音，老鷹達父子可樂壞啦！天雕的窩巢終於找到了！

可是光聽到鷹叫，還沒見到鷹影，還得往上爬呀。可是，那時父親已累得四肢無力，再也爬不上去啦，於是兒子不得不在深雪裡將老鷹達一步一步地背回窩棚。

回去以後的第二天，兒子對爹說：「阿瑪，你老腿腳不濟，讓我去吧。我一定能爬上山頂。」

父親心急如焚地躺在炕上，說：「傻孩子，費雅哈達九坎十八磴，你黃嘴丫子小翅膀，說傻話呀！」

庫勒坤心疼阿瑪年老體衰，幫哥哥苦求說：「阿瑪臥病在炕，我又不能去，那麼，就讓哥哥帶黃狗去吧。永不出圈的馬駒子，啥時候能行千里路呀……」

老人拗不過兄妹倆的苦求，於是拿出祖傳的爬山用的救命鎖鏈、鷹爪鉤和鬃絲網，讓兒子穿好雪板，說：「兒呀，要格外小心。」

「記住了。」

「聽到山上有淌水聲，那是雪崩；如果腳下有流水聲，那是暗澗；如果頭上望見翻江黑雲，要小心冰雹……」

父親對兒子有囑咐不完的經驗和體會。

老人給兒子親手挎好箭囊、小刀、快斧，背好餑餑袋，摸摸愛子的頭，戀戀不捨地讓兒子出發了。

走到門口，老人抱起黃狗親了親它潮濕的嘴，又俯在它的耳邊親切地說：

「黃呵，黃，好好領道，遇事早回來。」

黃狗舔著老主人的滿嘴白鬍鬚，搖晃著捲毛長尾，竄進雪霧追趕小主人去了。

兒子一走三天三夜，老鷹達和女兒每天擺好碗筷等著親人，可是親人不見蹤影。

外面風雪呼嘯，天陰濛濛，灰沉沉。

暴雪狂風宿夜嗚嗚怪叫，狼熊虎豹時時嗷嗷怒吼，魚油燈兒熬乾三碗啦，仍不見親人歸來。

父親再也躺不下去了。

他坐起來，點上香，祀求天神阿布卡恩都裡保佑兒子吧。

突然，一陣陣動物的哀鳴傳來，門一下被撞開，是黃狗叼著老三的猞猁皮帽跑了進來。老鷹達和女兒嚇昏啦，狗叼回主人衣帽這是主人身亡的噩耗……

父女倆哭作一團。

這時，女兒抓起衣服披上說：「阿瑪不要傷心，我去……」

老阿瑪哪能捨得他唯一的女兒啊，於是掙扎著下了炕說：「不。你要好好看家，我去！」

老鷹達迅速收拾好行囊，登上雪板，說：「黃呵，黃，快帶路，找兒子去……」

老人箭也似的滑向費雅哈達大山，他在山坡雪地上終於見到了凍死的小兒子僵硬的屍體。老人痛哭著，親手把兒子埋在山腳的松樹下。

悲痛使他決心不親自踩出一條鷹道，再也不回轉。他於是撿起鷹網、快斧，奔山上拚命爬去。費雅哈達，又高又陡，冷雪刺骨。

寒風猛烈地撕扯著他的皮襖褂，憋得喘不過氣來。老人憑著他七十多年的尋鷹經驗，繞過了一道道冰牆暗澗，躲過了一回回冰塌雪崩，他用鷹爪鉤卡住冰崖，一層一層地朝上攀爬，一直爬到七坎十六磴，眼看望到白茫茫的山頂啦，石砬子上的松林裡落滿一堆堆鳥獸毛骨和鷹糞，山壁上露出一排排天雕

洞。鷹群的叫鬧聲，聽得很真切了……

老人樂了。

老淚從他被風抽裂的眼角淌了下來。

老淚變成冰疙瘩，從他被凍爛的臉上滾落下來。

多少年啦，祖祖輩輩來費雅哈達尋找鷹的窩巢，現在終於見亮了。

但是，捕鷹先踩道，踩道者要修路，留給後人就可直接攀上山頂。

修這種「鷹路」，人能攀爬，鷹又不易發現。不然鷹就遷移了。人修好了路，又有什麼用呢？

於是，他不顧帶來的餑餑吃沒了，掏出斧錘鑿石壁。老人的一腔熱血全用在斧錘上。他鑿呀，錘呀，不知忙了多少天，不知累了多少夜。黃狗扯著老人的皮襪叫，老人還是不知，只是拚命去鑿去錘，終於，他鑿出了一條通往山頂的登天梯。

老人幹著幹著，突然覺得口渴腹空。他慢慢回過身來，衝著寒冷空曠的大地喊了一聲：「兒呀──！」

老人的悲聲飄至四方。

山腰懸壁上冰霜徹骨，老人最後凍死在崖上了。

風，把他的屍骨吹乾又凍透，像一副石畫貼在高高的崖壁上，又像一面古老的「鷹旗」，飄蕩在北方茫茫的古峰山崖，招引著人一代代奔向一去不歸的天涯之路。

爺爺每當給趙明哲他們講起這個故事時，都是一把一把的老淚呀。

到爺爺趙英祿捕鷹的時代，鷹屯一帶的捕鷹八旗已不去北海捕鷹雛養大馴好送交朝廷，而變成捕大鷹馴好狩獵，主要在鷹屯周邊的鷹山一帶進行。這時，捕鷹人要在寒冷的窩棚裡度過一個又一個日子。趙英祿的皮膚多次被凍裂，可老鷹達學會了雪療法。

雪療，是指人坐在窩棚裡時，手要抓雪不停地在可能凍傷的皮膚上揉搓，稍一停，人就凍傷。搓時，手移動的速度和搓的方向很關鍵，要按照人身上的

血管和脈絡的走向移動，這樣既不容易搓破皮膚又能產生溫流。

爺爺每次從山上回來，都是抓雪把凍黑的肉皮子搓紅才能上炕。

當他坐在炕上時，就望著窗外，講起從前祖先告別鷹屯去北方捕鷹的故事和歲月。

爺爺說：「明哲呀，你看見了嗎，天邊懸崖上飄蕩的是什麼？」

明哲說：「爺爺，是『旗』。」

爺爺說：「對。是屍旗……那是我們鷹屯人祖先的屍體呀！他們為了大清，死去了，獻身了，這才有我滿族今天的榮耀……」

在很小的時候，明哲就記得，爺爺一講起先人捕鷹的事，臉上就升起無限的莊嚴，他的故事讓人震撼，特別是先人那累死凍死的屍體懸掛在懸崖上像一面面旗子，永遠在他的眼前飄蕩……

北方的冬季，酷寒日夜逞強。

老風老雪吹刮著家家糊在外的窗紙上，發出「咚咚」的響聲，伴隨著鷹屯人一代代進入夢鄉。

從很小的時候趙明哲就記起，父親經常用一塊厚布或牛皮，裹住頭頂，唯獨讓耳朵露在外面。耳朵本來是人身上的神經末梢，這樣不更容易凍壞嗎？

可是父親說，讓耳朵扛凍。

父親為什麼讓耳朵扛凍呢？

其實小時候的孩子呀，他們實在還不太知道，那時烏拉一帶獻往朝廷的貢品要求的越來越多，越來越細，其中最重要的是一種白玉袍、白玉帽的雁羽服飾。

歷史上，清中葉以來，幾任皇帝東巡來此，他們發現鷹屯人去北海捕鷹雛役務苦不堪言，於是下令免除此徭役改為就地捕飛來的大鷹，並以鷹取雁。

雁，不但肉美，它的肝更是皇帝餐桌上的極品，而且雁羽服飾歷來是朝廷達官顯貴們追求的理想服飾。

雁羽服，是一種珍貴的雁絨衣，完全由雁鳥的柔軟的絨毛而織成，又稱白

玉袍。這種珍貴的貢物，往往是由打牲丁們從捕獲的天鵝胸脯上拔下的一根根羽毛做成的，非常白，柔軟，長短一致，顏色一樣。

這種送給娘娘們的白玉袍要選準季節的天鵝才行。這一般是立秋之後、入冬以前天鵝絨最豐滿時才能抓鵝並往下薅絨，而且必須是活的天鵝。

薅時要注意手勁兒，手勁兒一使大了，鵝羽毛就容易拆壞，只有在天鵝活著時，用不大不小的勁兒，才能拔下羽毛並保持原樣。

接著，還要把天鵝的羽毛一根根涮洗乾淨，攤曬晾乾。

編織時要用苘麻擰的小細線一根一根地把天鵝的絨羽都揉在細線上。線要非常的細，還要揉勻了。毛必須都露出那麼高。然後，將編好的羽絨繩，涇渭分明地編串在一起，裡邊用內布和膠固定上，再放上裡子。領口縫有三圈珍珠（產於東北松花江裡的東珠），袖口也縫三圈珍珠。

珍珠有的發藍光，有的發黃光。這叫交相輝映，十分耀眼奪目。

和這種白玉袍配套的還有一頂白玉帽。

白玉帽，也是由天鵝絨來做的，上面鑲有一千顆各色的珍珠。這種帽給人一種輕柔、聖潔、高貴之感。也是北方民族對自己的祖先和有功之臣的一種尊敬和愛戴。但更重要的是一種貢務，每年必須要貢送這種帽子。

怎麼能捕活鵝雁？必須以鳥攻鳥。而制服天鵝和大雁的唯一辦法就是使用海東青——東北的猛鷹，去天上抓捕大雁。

海東青雙翅下各生一個「肉蛋」。此蛋堅硬如鐵，可以將比它大許多倍的鴻雁、天鵝等巨大鳥類從高高的天上擊昏擊落。鷹是獵雁能手。

據說在從前，當努爾哈赤建立了後金後，在他的老城赫圖阿拉還設立了馴鷹場。其中有一隻叫「小花翅」的海東青，專門抓捕香獐子，這隻鷹，便是努爾哈赤馴出來的。

香獐子並不值錢，可它的卵巢囊裡有一種香精，是中藥中鎮靜用的必不可少的一種成分。香獐子不大，但跑得快，可是只要被努爾哈赤飼養的小花翅看見了，它馬上就從天上「嗖」地一下衝下來，沒等香獐子鑽進林子裡，小花翅

兒的兩個爪子「咔哧」一下，就抓進香獐子的腦袋裡。香獐子疼得直往樹林裡鑽。小花翅非常聰明，它把身子附在香獐子的背上，然後，把頭往旁邊躲，這樣就碰不到前面的樹枝。等香獐子疼得厲害，一撥棱頭的時候，小花翅嘴尖眼快，嗖嗖兩下，就把香獐子的兩隻眼睛給啄瞎了。然後，它自己飛出樹林，飛到高樹上，叫喚主人。

只要聽到它呼喚，獵人要趕快追進林子。這時獵人就會看見香獐子在林子裡瞎轉轉，獵人上去一刀，就割下了它的卵巢囊。

鷹追擊雁要靠獵人把握好放鷹時機，這就首先需要獵人知道雁所在的位置。春天，雁從南方飛到松花江邊的鷹屯濕地一帶建巢生蛋，這時父親往往駕鷹去遛雁。他習慣於帶鷹藏覓在江邊的柳條草叢裡，一旦發現有雁宿在草叢裡，他便「趕仗」。

趕仗，就是以動靜轟趕雁。或者往雁宿臥的地方拋去一把泥土。當被驚的雁一起飛時，獵手迅速撒出手中的鷹，頃刻間鷹便在空中追上了雁。

深秋，天氣涼了，這時守雁人要帶著鷹蹲在山岡窩棚裡。狩獵人的特殊本領是把耳朵貼在窩棚的泥壁上，聽南飛的大雁飛時翅膀搧動空氣的聲音，然後及時放飛手中的鷹。

這種遛雁的本領，父親趙文周最拿手。

他主要是腿腳好和耳朵靈。

趙文周的一對耳朵，就是在嚴寒的季節他也讓它露在外面。父親說，人的耳朵就是要和自然走在一起。一個鷹把頭的耳朵如果不能從動物的叫聲中分辨出動物是公是母，那他就不是一個合格的獵手了。

北方，秋風一起，遍地枯黃，幾場涼霜，嚴冬就降臨了。

大雪年復一年地落下，把荒野蓋上。

雪一落下，就是鷹屯獵手忙碌的季節了。他們要駕鷹出獵。

在鷹屯，鷹王后代趙明哲最拿手的絕活就是狩獵時擺床子。

有一年冬天，趙明哲到七家子出獵。

七家子距鷹屯以北二十三里地的路程。冬季頭一場雪一落下，鷹屯一帶山野變得寒風刺骨。趙明哲駕鷹出行。一整天，風把他的臉掃得又黑又紫，肉皮子緊緊被凍硬貼在骨骼上，身子像一面緊繃的東北皮鼓。

下晌，日頭打一個滾兒，眼瞅著落入西面茫茫的荒雪盡頭。日頭流出血紅的色澤，土風颳起灰白的霜沫，四野一片朦朦朧朧時，一道新的野雞蹤跡突然出現在趙明哲眼前的叢林雪地上……

趙明哲盯著雪地上野雞蹤跡的目光也使鷹興奮起來。這也是動物的本能。一見獵物痕跡立刻精神振奮。鷹一興奮，它頭頂和頦下的毛抱得登登緊，雙眼凝視著遠方，頭不斷地向兩邊轉動。這使趙明哲心裡也有了底。他大步地按蹤跡追去，果然不出五十多米遠時的一片林草頭下，突地鑽出一隻花脖子公野雞。這是北方山林裡的野雞，大而肥，足有八斤！

獵物一出現，鷹已急得夋開了頭上的頂毛。

趙明哲迅速打開鷹絆。只一瞬間，鷹如一道黑影和野雞幾乎同時滾到一片黑乎乎的冬林荒草叢中。

趙明哲趕緊盯物奔上去追趕，又見鷹和野雞捲成一股黑風忽地「刮」向遠處的村落。

冬季北方山野那潔白的厚雪下往往是林木和土坑，人踩上去站不穩。等趙明哲跟跟蹌蹌地進了村，這才發現，野雞不見了，他抬頭一看，他的潑黃鷹卻落在村頭一家草垛旁的大樹上。

見他發愣，一個村人走上來。

問他：「你的鷹？」

他說：「嗯哪（當地土語：是）。」

村人：「抓人家雞啦？」

他說：「沒有。是追野雞。」

村人笑了，說：「早已讓人撿走了。」

趙明哲明白了。這準是野雞鑽了人家的草垛，人家又撿野雞又抓鷹。可是

又不懂「拿」鷹的手法，於是一下子抓傷了鷹的膀子（這叫掰傷鷹翅）。這使鷹受驚，它於是蹲在樹上不肯下來。

他望望樹上的鷹，樹上的鷹也望著他。

於是，趙明哲決定擺床子。

擺床子，是獵人的一句行話，又叫出床子。是指鷹一旦受到驚嚇，便獨自待在樹上，獵人必須用自帶的肉擺在地上，吸引它下來的一種方式。

當下，明哲就把自己的布褡子摘了下來。

趙明哲每次出獵都背著自己的背褡子，裡面什麼都有，當然也準備了「擺床子」的肉塊。現在，他在黃昏前的雪原村口大樹下，拿出了兩塊牛肉，在地上的雪上，擺上牛肉，嘴裡發出「這這」的叫聲，不斷地擺弄著。

可是，鷹無動於衷。

這是因為村人在搶野雞時傷了鷹的翅膀，它傷得重，不願動；再有，就是傷了鷹的心。動物也有自尊心。它認為人不該這樣。這會使它對不起獵人。所以它不肯下來與獵人為伴。

天，漸漸黑下來。四野寒冷無比。天黑無法擺床子，於是他就在這家的草垛上抱了兩捆草，自己躺在上面陪伴著鷹過夜。

出獵驚傷的鷹，人無法親自上前去抓它，它見人一來，弄不好它自己會一頭撞死在樹上。收回被弄傷了心靈的鷹，必須讓它自己下來才行。

就這樣，趙明哲一直在樹下守了三天三夜，每天他都拿出從爺爺和父親手中學來的「擺床子」絕招，他用牛耳尖刀將牛肉切成銅錢大小的碎塊，擺在地上，並用凍硬的手不斷上下拋著鮮肉，這種拋肉法叫「擺花」拋肉法，鷹在高處有時看不清主人拋的是什麼。獵人要不停地拋起接住，並保持空中總有碎肉在閃動。嘴裡不停地發出「這這」的叫聲。

這是獵人疼鷹的心底的呼喚和一種喚鷹的絕活，第四天頭上，潑黃終於從樹上飛下來，撲進了獵人懷抱……

▋鷹獵工具

一切生命，當它絕望的時候都會創造出一個奇蹟去保持和延續它的生命，這是生命的本能，也是生命的奇蹟。要想捕到天上的蒼鷹並且馴好它，獵人必須依靠神奇的技藝。

在鷹屯，捕鷹有兩個時期，第一個時期是鷹屯的先輩們捕鷹時期，那是到遙遠的北方捕鷹雛，回來養大馴好，送往朝廷的貢鷹；第二個時期是趙明哲的爺爺和父親的捕鷹時期，這大約屬於近代，是由人上山拉鷹，回來後馴好，然後狩獵，再把鷹捉到的獵物貢往朝廷。不論哪一個時期，人和鷹面對都需要神奇的工具和精湛的技藝。

捕鷹雛又叫捕貢鷹，當踩道人探好了鷹的窩巢，這時捕鷹隊伍開始帶著工具出發了。他們使用的必備的工具首先是鷹網，又叫大等子、二等子、三等子。

一、大等子

大等子，就是一張巨大的鷹網。

這種網，可根據出發捕鷹的人數的多少來制定它的尺寸，因為它要起到苫蓋地營子和鷹車的作用。有時長八至十米，寬四至五米，有時甚至更長。但厚度要夠。

大等子的編織材料主要是樹皮。

這種樹，多選用林中的上等樹黃波欏，剝下樹皮後上鍋煮熬，然後將樹皮撕成條條。

這種樹纖維長，樹質經過熱水和水汽的煮蒸，使纖維發軟而成綹，捕鷹人便使用它來編「等子」。大等子使用的黃波欏的樹皮繩很粗，編在鷹網上，鷹根本啄不透，保護了人的居住環境。

在從前的野外捕鷹住地，遠遠望去，一處處用「大等子」罩住的鷹窩棚聳立在那裡，氣派宏大，並在大自然中形成了獨特的景觀。

除了黃波欏樹的樹皮外，還使用一種叫「樹毛」的東西來製作。這往往是指槐樹、榆樹、老柳樹的內樹皮，刮出之後，也是上鍋去蒸。那是一種二十至三十釐米厚的樹脂，結構比較鬆散，蒸後，在太陽底下去曬。

曬上一兩個時辰，一些皮渣曬掉了（不能曬太長的時間，曬過長時間，絲就斷了）。這時，要把這些曬後的樹皮脂抱到窯裡去陰乾。

十多天之後，取出捶打。

捶時，用一種砸魚皮用的小木槌。

砸到樹皮像頭髮絲一樣細了，絡好後，再編成繩。

這種繩，叫粽繩。要粗有粗，要細有細。但這種粽繩怕水，要注意別濕了，然後開始打繩了。用這種繩來紡織大等子、二等子、三等子（小等子）。

二、二等子

二等子，顧名思義，是指僅次於大等子的一種捕鷹工具。

這也是為防止大鷹來奪回小鷹用的工具。

在山林裡，一旦大鷹發現小鷹被捉，並已經被罩在了「鷹網」裡時，公鷹母鷹會立刻飛來，不讓人將小鷹帶往地營子或鷹車上。這時，人們就會立刻將二等子罩在「三等子」（也叫小等子）上，以便順利衝出鷹群。

二等子粽毛的厚度僅次於大等子。

編二等子的用料也是黃波欏的纖維，只不過選那些稍細一些、軟一些的裡皮來編。這種二等子編好後，大鷹能從外面看到小崽，但又啄不死，也抓不住小崽就行。這主要是捕鷹人為了保護鷹崽而發明的工具。

因為大鷹心也狠。當它明白了人們要把小鷹崽帶走的意圖時，大鷹寧可將小崽啄死也不讓人帶走，這時它拚命地啄人啄小崽，人手使寶劍和鷹鬥，等待天黑下來人帶鷹崽逃走。

天黑下來時，鷹眼不行了，只能叫喚。

這時，捕鷹人趁夜裡鷹眼不靈時，趕緊把小鷹崽帶走。

這樣的搏鬥往往持續一兩天才能結束。二等子就是起到這樣的作用。

二等子的大小，也是根據人能攜帶行走的程度來定，但往往是長四米、寬二米左右，這樣的二等子便於攜帶和使用。

三、三等子

三等子，又叫「小等子」。

在這裡「小」和「三」都是指它的作用而言。三等子的主要作用是用它來罩「鷹窩」，以便更好地捕鷹。

人攀到砬子頂或樹頂的鷹巢前時，要悄悄而迅速地把小等子（三等子）突然地罩在小鷹的巢上，這是為了防止老鷹來襲擊。

不然，老鷹一旦聽到小鷹叫喚，或它感覺到窩巢出了事情，它會迅速飛回，先把小崽叼走，或把小崽啄死，把人啄死啄瞎。而小等子，就是起到不讓老鷹達到這個「目的」。

人一旦接觸到了鷹的窩巢，先把小等子罩在上面，然後趕快爬進網底，用「鷹兜子」將小鷹裝上，然後披上「三等子」趕快逃走（下山或下樹），奔回營地（地營子）。如果有鷹追來，要趕緊將二等子套在三等子上，因為二等子比三等子厚，不怕鷹叼鷹啄。但上山上樹時，要帶二等子太大又太沉，不便上上下下，逃走時也不靈活，所以必須有三等子（小等子）這種工具。

小等子，顧名思義，就是它小巧靈便。

它往往使用黃波欏樹質的最細織的皮部來編織，絲細若漁網，但又比漁網略粗些，而比二等子又細些，輕些，柔軟些。

三等子的大小比二等子更小了。

它往往是二米大小，好拋好帶，靈活拋收，隨時展開。有時爬山爬樹帶上兩塊「小等子」也不覺得勞累，這便是三等子的用途和好處。

四、鷹　車

鷹車就是拉鷹載鷹的車。

這是北方民族滿族和女真族早期去北方時使用的專門工具。

這種車就是從前東北的大車樣，有木框、木輪和轅，可使牛或馬來架車。但車棚要使一種硬木來固定，以免長途行走顛散架子了。

但最重要的一點是在車棚子外，一定要罩上「大等子」這種東西，這完全是為了保護裡面的「鷹」。

因為鷹丟失了崽子後，小崽不停地啼叫。這是動物的一種本能，給大鷹報信。小崽「嘰嘰喳喳」的聲音雖小，但在大鷹聽來，那是凄苦的呼喚，於是大鷹就來追趕鷹車，並圍著鷹車轉轉。它們先啄鷹車，企圖救崽。但因鷹車上已覆蓋上了大等子，所以啄不透。於是，它們就啄馬……

有時，它們把牛或馬身上啄得冒血，或啄瞎了馬的眼睛救出小鷹。

大鷹可以「召喚」眾鷹。

如果一隻大鷹的崽兒被捕鷹人捕到或帶走，大鷹發現後，就不停地「喳喳」叫喚，這種聲音是通知眾鷹，有人來到了我們的領地，偷走了我們的鷹崽，我們要追擊。於是，眾鷹集中飛來，天上黑壓壓一片，遮住了太陽。鷹開始救崽，把鷹車啄爛，啄死人和牲口。很是殘酷。

五、地營子

地營子，就是捕鷹人住的窩棚。

捕鷹人上了山林，首先必須要搭建地營子。因為捕鷹不是一天兩天的事，有時要七天八天，甚至一個月兩個月，要在野外長期住著。

而且更為擔心的是，鷹彷彿知道這些人是來捉它們，於是天天和人鬥。

人，輕易不敢走出地營子。

鷹往往落在地營子的棚上等著，隨時啄瞎人的眼睛，啄爛人的皮肉。由於鷹奮不顧身天天來「鬧」，捕鷹人就不得不在地營子上面蓋上「罩」。這種罩

也是「大等子」，以防鷹來啄來叼。

地營子處的窩棚也有一些假的樣子。

那往往是建在平地顯眼之處，鷹開始見了，也來啄，以此來分散它們的精力。而主要作用是為了保住真的地營子窩棚。

六、狗　車

狗車，就是用狗去拖拉由人趕牽著去拉鷹的一種車子。

狗車往往是用樺樹皮來製作車的棚，因為樺樹的皮張既輕便又結實，而且在北方，這是一種最常見的樹種，人可以隨時取來使用。樺樹皮車棚下是木車架、木框木輪，棚子牢牢地固定在上面，以便長途跋涉。

這種車子，往往是五條狗拖拉。

北方的狗善於走冰路雪道。它們扛寒，蹄爪能抓雪摳冰，拉鷹走又快又靈活。而且平時，狗和去拉鷹捕雕的人也是一個伴，能保衛人的安全，所以拉鷹捕雕的人最喜歡使用狗車。

遠古捕鷹人獨特的服飾就是在今天的人們看來，也會立刻感受到這是一些珍貴的文化遺產和文化珍寶。在進行中國民間文化傑出傳承人調查、認定、命名工作之中，我訪問了東北著名的民族學、民俗學、民族民間文化學專家富育光先生，他對關於古時女真人捕鷹的諸多文化特別是關於捕鷹人的服飾和穿戴方面作了詳細的介紹。並根據他的回憶，他又參見了《瑗琿十里長江俗記》和《錢氏薩溝鷹祭備乘》，畫下了諸多珍貴的捕鷹記憶中的飾物。其中包括捕鷹人用的襖、帽子、鞋、手套，等等。

七、奇特的皮襖

在北方民族久遠的生存歷程中，許多燦爛的文化隨著人們生存形態的豐富和多彩應運而生，鷹襖就是如此。

鷹襖，顧名思義，就是捕鷹人必穿的一種襖。

鷹襖，本來同東北民族生活中穿的「皮襖」差不多，但有兩點不同。

一是鷹襖上必須有插艾蒿的「艾袋」。

艾袋，就是銅錢粗細的布套，在左右肩上呈上下走向各縫製兩處，稱為「艾袋」，可插四束「艾辮」。

艾辮，又叫艾蒿辮或艾繩。

這是由東北的一種植物——艾蒿製成的。

東北的艾蒿是山林和平原一帶常見的一種植物。又分香蒿、水蒿、把蒿等多類型和種類。

而編「艾辮」的蒿只有香蒿和把蒿。

香蒿，它是一種生長在林中或草地上的青蒿，有極強的氣味飄出。

把蒿，生有一種小花蕙，也有極強的氣味可以用來驅蚊蟲。

夏秋時節，捕鷹人家早早地把香蒿和把蒿割下，在室內和小倉房裡將它陰乾，然後將它編成「繩」，稱為「艾辮」。

當捕鷹人上山捕鷹時就將編好的「艾辮」，插在鷹襖上的布套裡，每件鷹襖插四個艾辮。左右肩各兩個。當人爬崖去捕鷹尋鷹時，就點燃這些「艾辮」，使艾辮飄出艾煙，以熏跑蚊子，使捕鷹人能專心地去作業。

鷹襖的第二個不同是襖上帶「排扣」。

排扣往往釘在鷹襖的前大衿上，是為了保護襖前的一張「護皮」所用。

護皮，就是選一塊長短與襖的尺寸差不多的皮子，裡面也安上扣套，上山或爬樹捕鷹時，把這塊皮子貼扣在鷹襖的前大衿上，以起到「護心」的作用。

這塊皮子，又厚又軟，一般情況下，鷹難以啄透。因為人在山崖或樹上，身體完全暴露於光天化日之下，老鷹大鷹知道你去「偷襲」鷹巢，帶走它們的骨肉，於是它和人類拚死搏鬥。這時，人為了能活命並能安全地帶回鷹雛，就必須保護好自己，而這種保護，首先要保護自己的「要害」部位。人身上最重要的要害部位便是人的心臟。所以這種安在鷹襖上的「護皮」，就起到了保護的作用。

人與鷹周旋，是同殘酷的大自然搏鬥。

今天我們看到的記載，很重要的一點是體現在鷹把式的鷹襖上，而鷹把式的「鷹襖」是與眾人又不同的一種服飾。

鷹把式，老鷹達，他是帶領他的子孫或族人一起出發去捕鷹的頭人，一切命令和規俗都要由他去執行，因此他要具備一種威信，要解決一切困難。所以，許多意想不到的工具，都帶在他的身上，而在他的「身上」其實體現在他穿的鷹襖的獨特作用上。

老鷹達的鷹襖非常獨特。

他的襖除了和一般的普通捕鷹人的襖有「護肩」和「艾辮」套外，還要具備更為豐富的功能，被人稱為「萬能的」鷹襖。

首先，他的鷹襖的左右肩上要有「鉤環」。

鉤環，就是懸掛兩根鐵鉤的環子。往往是皮套掛著銅環，便於一根鐵鉤子掛在上面。這樣可以使他在爬山和觀望時，隨時拉起，掛住周邊的岩石或樹上的樹枝，起到減少體力消耗的作用。這樣可以使疲勞的人得到一定的恢復。同時也可以騰出手去指揮別人。

鷹服的背後，各插兩把彎鉤。

這兩把鋼鉤，可隨時取下，用來擊打大鷹，或可隨時用它鉤掛岩石、樹枝，以便攀爬和上下。

另外，鷹襖的後大衿上縫有兩個兜。

這兩個兜被稱為「工具兜袋」。

這種兜袋，敞著口，裡面插著鋼釺、細刀、開山斧、小板斧、泥鉗、尖鑽等工具。這完全是為了遇到登不上去的懸崖，用來摳「腳窩」，或在攀不上去的懸崖，挖出一些「摳手」。

這些工具，用處極大。真是想幹啥就有啥工具，又被人稱為「萬能袋」。

萬能袋，給人一種勇氣和信心。

一個老鷹把頭的「萬能袋」裡能裝著人的信心和力量。常常有這樣的事情發生，當一夥人攀在上無頂下無底的懸崖上時，突然發現缺少了什麼工具而無

法攀登時，老鷹達往往會大聲地喊道：「孩子們，你們難道忘了？天無絕人之路，我這兒還有萬能袋呢。你們需要什麼！快說話吧！」

於是，大夥就把需要的工具的名稱一一說出。奇怪的是，總能從老鷹達的鷹襖裡拿出人們想用的工具來。這真是一件奇怪的事情。

老鷹達的鷹襖，真是一種神奇的襖啊！

而且，他的鷹襖，也都是緊邊緊袖，下有「邊繩」，可隨時捆紮邊和袖，起到蛇和蚊蟲鑽不進去的作用。

八、神奇的皮褲

從前，在古老的東北長白山區，捕鷹人要有特製服裝，鷹褲就是其中的一種。鷹褲，顧名思義，就是捕鷹人穿戴的一種特殊褲子。這種褲子乍看上去，與一般東北民族上山採集山珍野果時的穿戴並沒有太大的區別，但只要細一看，就會發現它的與眾不同。

首先，捕鷹人的褲子完全是用皮張的皮質來做成。那是一種東北山林裡的動物皮，經過熟制裁剪而製成，又厚又軟，扛扎扛磨。往往是牛皮、驢皮、鹿皮或麅子皮的。鷹褲的褲角必須是帶鬆緊的，是一種「收」形。這主要是為了防止蛇或蚊蟲鑽進去。在山崖上爬行或在樹幹上攀登，往往會有蛇順人的褲腿爬進來咬人傷人，所以必須把褲角收緊。

還有，這種褲子的兩腰胯之處，各制一個掛環，上面拴一個長約一尺半或二尺以上的「掛鉤」。這是為了攀崖和上樹時，可以搭掛在石頭或樹枝上用，以便減輕人使用的體力。

人上山上樹很累，而且體力在一點點地消耗。所以，褲子上的這種「掛鉤」可以起到一些輔助作用。

這種鷹褲的另一點與一般褲子不同的是，它的左右腰胯處各有一個突出的小兜，這是幹什麼用的呢？

說起來有趣，這左右兜，被稱為鷹兜。

這是因為，人一旦捉到了鷹，就得趕緊逃離鷹巢。

人撤退逃離時，要用雙手去爬崖攀登，而捕到的鷹就不能總是攥在手裡了，怎麼辦？於是聰明的老鷹達（鷹把式）就想了這麼個絕招，在褲子的兩側各縫製了一個兜袋，把小鷹放在裡邊。這樣既可以攜帶小鷹下山，又可以騰出雙手爬山和使用大小等子去和來追趕的老鷹、大鷹搏鬥。所以「鷹兜」安在鷹褲上是一種絕妙的創造。

這種鷹褲，腰部和腳脖處都帶「抽帶」，可以隨時拉緊這些要害處，獵人上山上樹、下山下樹靈活方便，又可輕鬆攜帶捕來的小鷹。真是一種奇特的服飾。

九、奇特的帽子

在北方民族久遠的同鷹打交道的歲月中，一種珍貴的物件出現了，那就是鷹帽。

鷹帽，是指上山上樹去鷹窩掏鷹崽取鷹雛時所戴的帽子。這種帽子由一個人頭型似的帽殼來做主型，外帶鷹鈴、鳥毛羽翹、帽穗和裝鷹的小兜幾個部分來組成。

這種鷹帽，捕鷹人戴時，要緊緊地扣在頭上。脖下繫上帶，使其牢靠。

當人靠近鷹巢時，輕輕晃頭，上面的鷹鈴便會發出「丁零零丁零零」的流水般的響聲。這聲音使小鷹不驚慌，同時不能發覺是人在靠近它們。

帽子上的鳥羽，隨風飄動，也給小鷹一種錯覺。它們以為是同類的動靜或動物的羽毛。同時，一旦大鷹飛來襲擊捕鷹者時，人頭輕輕一動，那上面的羽毛便隨風而舞動，也使大鷹無法找準下口方位。

帽子上的頭穗，正好在額上。

這個部位所掩護的恰恰是獵人的眼睛。

人外出作業，最重要的是眼睛。當發現了鷹巢，人開始捕捉時，由於帽子上的纓穗正好遮住人的眼睛，使小鷹看不出人的眼神；而人透過纓穗縫隙，卻

可以完完全全、清清晰晰地看清對方。

這種纓穗恰恰起到了保護捉鷹人而又不被鷹看透自己意圖的作用。鷹帽的另一重要作用，就是鷹帽下方左右兩邊各掛著的一個小兜的用途。

我們知道，當捕鷹人捕到了鷹，他的重要目的是趕快逃走，把小鷹帶回地營。可是要「逃出」鷹窩範圍，必須防止老鷹大鷹的追擊和叼啄，因此雙手是不能「拿」著戰利品（鷹崽）的，怎麼辦，小鷹放哪兒？

多年的捕鷹實踐，滿族的先民終於想出了一個絕妙的辦法，那就是將小鷹藏在鷹帽的兩側。這樣不但小鷹安全，人也可以騰出兩隻手去攀岩爬樹，對付惡鷹的追擊了。

這真是一個絕妙的創造。

把捉來的小鷹藏覓在鷹帽的兩側，使小鷹緊緊挨著捕鷹人的下巴處。人臉上的這一帶，神經非常的敏感，小鷹一叫，人便得知，因這兒離人的耳邊近，甚至，小鷹一鼓一鼓喘氣和心跳的頻率，人也感受得十分清楚，可以充分掌握鷹的活動情況。

這種鷹帽戴在頭上，捕鷹人顯得很是威武，遠遠看去，就像古戰場上的將軍武士，風吹動鷹鈴嘩嘩作響，鳥羽飄動，像天邊的白雲被大自然的山風吹刮著，從遠方飄來，又向遠方飄去。

十、木底大鞋

遠古東北捕鷹人穿的鞋子是特製的鞋子。

昔日獵手捕鷹必去爬崖登山，他們用的鞋子必須很講究。那時一種什麼樣的鞋子呢？原來他們穿的多為白板筒木屐，也稱攀岩靴或登岩靴。

這種鞋靴，往往是一種皮筒鞋與木屐連體的古老的鞋子，也有用麻絲小繩拴綁連體的。總之是該硬處則硬、該軟處則軟的一種古老的鞋式。

這種鞋，不分左右腳。做時，先刻木屐。

木屐，是一種硬木模子。

刻出人腳大小的「套」，也就是鞋的四框。這種框，用扛磨又堅硬的硬木刻成，不怕尖石或硬冰的磨損，用時不走樣，並使得人腳在裡邊可以充分地活動。

　　接下來，就要考慮往這種「木屐」的鞋底上安「牙」啦。

　　那「牙」，又叫石牙。

　　是一塊塊、一片片安裝上去的。

　　木屐底上有一種槽，可以裝這種「牙」。

　　這種「牙」，可選用堅硬、質地好的野牛、熊、牛、野豬、駝等動物的骨頭，磨成尖狀，也可用岩石或礫石為料來打製。

　　但一定要把大頭固定在木屐底上。把尖朝外，形成一排排尖尖的利齒。

　　帶牙的利屐外殼做好後，開始籌備鷹鞋的布筒了。那種布筒往往高過膝。

　　木屐的靴筒可以用厚皮子或棉布層層壓緊，並固定在屐座上。固定時，屐殼上有布帶。布襪或皮筒套進去時，用厚帶子在幾個關鍵部位打結繫緊。如腳脖處，如腿肚子一帶。因這些地方都是要用力吃勁兒的地方。

　　平時出發，可以帶著這種木屐殼，穿著大布襪子，也可以穿靰鞡。等到了山崖下，再換上鷹靴。必須要穿它，不然上崖爬岩根本行不通。

十一、嚇人的手套

　　捕鷹，必須戴專門的手套，在久遠的人與自然的生存歷程中，女真人發明了一種獨特的手套專門用來捕鷹。

　　我們今天的人，難道不應該驚嘆從前遠古歲月之前人類的智慧發明和生存創造嗎？這種遠古時期女真人使用的捕鷹手套的製作和構想，簡直叫人驚訝不已。

　　這種捕鷹手套是用灰鼠皮、花鼠皮來製作的。因北方的灰鼠子、花鼠子皮質地特別柔軟，手伸到裡邊可「貼」在手上，便於靈活伸縮。

　　手套為反毛皮。熟好後，將毛朝外，以便防寒和防滑，同時由於有動物毛

髮，又很防磨，防止植物和岩石扎手。寒冷地帶的植物，枝桿上往往生有許多天然硬刺，對自己是一種保護。所以人就設計出接觸它的一種工具。

而且，這種手套的特點是很長。

它的套筒可抵達人的下肩部，起到對整個胳膊的保護作用。

兩個手套之間有布帶相連，挎於腰部或搭在肩膀處，使其不脫落丟失。因人捕鷹始終在高處攀爬，很容易刮丟或碰掉了身上的東西，所以必須牢靠。還有一個最大的特點，就是這種手套的手心處，有一個長方形的圓洞，這是為什麼呢？

說起來，這簡直是一個神奇的故事。

這種手套的手心處這個「洞」有兩個作用。

一是人在攀崖時往往遇到十分難攀的石崖，這時人手隔著手套就使不上勁，這時人的五指必須從這種手套的「洞」中伸出去，抓住石崖，或取拾物件，都方便可行。

二是這個洞可以釋放人手上的熱氣。

因為山野懸崖上的小鷹雛，十分害怕人手上的灼熱。它一旦挨上人肉，就上火生病。為了怕人手抓它使它上火，聰明的女真人就發明了這種手套，使人手上的熱氣不斷地從這個洞釋放出去，等抓它時，小鷹雛會感到一絲絲涼意，它也就不坐病了。

一切為了鷹著想，多麼奇特的服飾，充滿了神奇的魅力和想像力。

十二、鹿叉吊桿

就像登山隊員要有冰鎬一樣，外出捕鷹的人一定要有吊桿。

吊桿有多種。往往是一根一米或一米二三的木棍，一頭上有彎鉤或橫木枝杈，使它能隨時鉤掛住實物（崖縫或枝杈），以便使人不能懸空或掉下去。

常見的吊桿，乾脆就把現成的鹿角綁上去，稱為「鹿叉吊桿」。

鹿的角往往長成很硬很均勻的叉，把整個「叉」拿來，固定在木桿上，就

形成了一幅上好的鹿叉吊桿了。

　　而且，這也是一種上好的「武器」，捕鷹人可以隨時用它擊鷹打蛇，保護捕鷹人外出作業時能安全行動和歸來。

十三、雙叉吊桿

　　雙叉吊桿，是兩側都有叉的吊桿。

　　和鹿角的吊桿一樣，樹木或鐵器也可製成雙叉吊桿。

　　在北方的捕鷹人之中，他們也常常使用這種雙叉吊桿。

　　雙叉吊桿的意圖更加的明顯，它可以雙面使用，兩面均可吊掛，作用更大。但是，雙面吊桿材料的選擇不太容易。

　　雙面，往往就得尋找動物如鹿的角，倒懸起來綁上，固定好才能用。有時也選用「木叉」，就是樹的枝丫，割下，用火烤乾，經風吹硬實後，固定在木桿上，成為雙叉吊桿。

　　這也是捕鷹人常用的一種生活用具。

十四、木叉吊桿

　　木叉吊桿也是捕鷹人常用的一種吊桿。

　　東北樹木繁多，有許多時候樹枝和枝桿的連接處形成了一種固定的角度，很似一種「勾」。這時，捕鷹人往往將這種枝條割下，去掉枝葉，割砍成「勾」的樣子，留出一米左右的足夠的把手，然後風乾，做成吊桿。

　　這種吊桿最好選多年形成的枝條姿態的樹杈，這樣它就不變形，不走樣，可以按照人的意願和捕鷹人在山上作業時的需要的形狀來選取，真是方便極了。

　　木質吊桿，除起到上山爬崖，上樹下樹的輔助作用外，同樣可以起到「武器」和防身的作用，可用來擊打野獸或毒蛇。

十五、鷹爪鉤

鷹爪鉤是一種用來攀崖爬壁時用的「鐵鉤」，因酷似「鷹爪」，所以有此名。

鷹爪鉤的形狀也是三個彎鉤組合在一起，收口處帶一銅環，上系棕繩。捕鷹的人在攀崖上時如果遇到上無抓手下無立足之地時，可拋出鷹爪鉤，使其「爪」搭住岩石，人可稍做歇息。

另外，人在懸崖上爬動，危險時時發生。一旦人一腳踩空，向下跌落，捕鷹人可掏出鷹爪鉤，機靈地拋向崖上的石尖或突出的樹桿，只要有一隻鉤搭在石或樹上面，人便可以避免傷亡。

十六、鷹　架

鷹架，顧名思義，就是供鷹來站落的架子。

就像農耕人家拴馬拴牛的馬樁牛樁，鷹架在鷹屯隨處可見。

鷹是一種喜歡在樹枝樹幹上停留的動物，當養鷹人將它捕帶回家，一定要為其修一座鷹架，以便讓它每天在這種架子上站一站，落一落。鷹架是由兩根立木一根長木製成的。可根據院落的大小來截制橫木、橫樑。如果院子大，也可以選擇長一些的橫乘；如果院落小，便可以在房角牆根一帶設置小一些的鷹架。

鷹架的樣式也各有不同。可以是木桿鑿眼，穿木而制，也可以是木枝架綁在一起，形成古樸自然的架桿。總之是因人因地而宜，沒有太嚴格的要求。

趙明哲家鷹架有兩副，一大一小，一高一低。但都顯得古老久遠，那還是他父親在世時用過的。

十七、鷹　網

鷹網，是捕鷹時用的一種專門工具，趙明哲家有三副。

這種網由兩根架桿、一片網片、一個網柺子組成。網片有兩米五至三米左

右的方圓大小，是由如漁網似的絲線織成，掛在兩根架桿上。兩根架桿有兩米左右長，用時固定在山坡山頂的樹叢間，將網張口。

網往往掛在下風頭的樹叢間。

網的一側兩米距離範圍內，放一隻野雞或者撲鴿，作為誘鷹的餌食。一旦鷹發現了餌食，當它一撲下來時，藏在網一側地窩棚裡的獵人在暗處一拉網繩，那網便會一下子翻扣下來，當時就將鷹扣在了裡邊。

這種鷹網在鷹屯很普遍，幾乎家家的獵手都有，都是自己親手製作的。而且，帶它上山下山也輕便，是一種人人喜愛的捕鷹工具。

十八、鷹　鈴

趙明哲家有一副老鷹鈴。

鷹鈴，是系在鷹尾上的一種飾物。也為了使它飛翔時人們可以尋聲追蹤。

就像人喜歡佩戴戒指首飾一樣，其實動物也是喜歡裝飾自己的，鷹鈴便是如此。鷹鈴是綁在鷹的尾毛上的一種鈴鐺。它由黃銅製成，每一枚有紐扣般大小。當鷹被獵人捕捉到家並開始馴化時，就要給它拴上兩到三枚鷹鈴。

鷹鈴一旦系在鷹的身上，它只要一晃動，尾部的鈴兒便會發出「丁零零丁零零」的響聲，十分動聽而清脆。這在鷹聽來，完全是一種風吹來的自然的響聲，使它感覺到自己還依然生活在大自然之中。

古語曰，風如鈴響。是指風吹動自然的草木，鷹能聽出其聲如鈴。在多年的實踐之中，獵人摸索出這個規律，風鈴風鈴，鈴如風，鈴一響，使鷹處於一種不驚的狀態中，於是好養好護。

再就是，鷹尾繫鈴，也使馴鷹和狩獵的人知道鷹飛往的方向。一旦獵人駕鷹外出狩獵，當獵人發現了獵物，放出鷹去追時，獵人可以通過鷹鈴聲音判斷鷹飛往的方向、方位和哪片樹林、哪座山岡和溝谷，不然不掌握鷹捕物的方向，不能夠及時趕上去從鷹嘴上奪回獵物，長此以往，馴好的鷹便會不聽主人的馴化，等於讓獵人馴鷹的功績前功盡棄。這些事項，全靠「鷹鈴」來發揮自

己的獨特作用。

　　這些鷹鈴都是趙明哲自己製作的，手法是從父親和爺爺那裡傳下來的。別人問他怎麼做，他往往幽默地說，一般人我不告訴他！

十九、鷹　絆

　　鷹絆，是拴鷹的一種皮繩，用熟好的牛皮條來製作。

　　鷹從捕來那天起，就要「絆」上。這完全是為了鷹的安全。

　　平時馴時，鷹的腿上就要上「絆」，不然它們不等馴好，就往往飛走了。這樣不但馴不好鷹，還會使掉膘的鷹飛到自然中由於不熟悉自然情況反而會餓死凍死，這等於是獵人的失職。所以「絆」鷹，是為了更好地管理它，愛護它。

　　絆，又分雙絆和單絆。

　　單絆，是指一開始馴，還沒有放開活動時使用，叫單腳絆。雙絆，是指鷹已馴得聽話多了，可以活動出飛時使用。

　　雙絆，就是把鷹的雙腿都絆上。

　　這種「絆」，長二尺至五尺不等，根據具體情況而定。是為了駕鷹時用。

　　駕鷹時，把「絆」各打在鷹的雙腳上，然後歸到一處，帶它上山下山出發。

　　這種「絆」又叫「山堂絆」，是帶它外出狩獵、追擊野物時使用的。

　　這種絆，一旦發現了野獸獵物，立刻「打絆」（把絆解開），讓它去追趕。下山時再「絆上」（把絆繫上）。這是為了給它一個生存的習慣，表明了人的信心和動物與人的一種依賴，也是馴鷹人的一種能力。

　　這些都是趙明哲自己親手做的，是他的傳家寶。

二十、鷹　袖

　　趙明哲家有好幾個鷹袖。

　　這是鷹獵人必須戴在腕子上的工具，因它像人平時戴的套袖，所以民間稱

為「鷹袖」。

鷹袖，是由動物的厚皮捲成，往往是牛、馬、鹿、狗，還有虎、熊、狼等等動物的皮張。用時切割下半尺長的一段，捲成筒，皮朝裡，毛朝外套在馴鷹人的手腕子上。主要是為了防止鷹的利爪抓進人的皮膚，或蹬破了人的筋骨。

鷹的利爪十分鋒利。為了生存，鷹在捕捉獵物時，往往全靠它的利爪一下子抓進動物的皮肉裡去，然後用利嘴去啄開動物的皮質，最後掏出動物的心臟。

所以它的爪，平時就帶著尖尖的爪鉤。

為了防止它抓壞人的皮膚，養鷹的人必須要具備「鷹袖」，這樣不至於使鷹在不經意間弄壞人的身體和皮肉。

鷹袖用時，將毛翻過來朝外，不用時可將毛翻過去朝裡，這樣便於保存，不生蟲子起蟲子。

二十一、鷹杵子

鷹杵（chǔ）子，又叫鷹凳，是讓鷹站著的工具，趙明哲家有三副。

鷹杵子是從山林裡鷹經常站著的樹木和岩石的形狀和形態發展而來的。它往往是用一塊圓或方的木段（也有用一棵大樹的中間截下一段），中間死心，然後在木段的正中挖出一個眼，將一根木棍插在裡邊。木棍有一尺多高，上面安橫樑，這便是鷹凳。

鷹凳主要的用途是供鷹到了獵手家時來蹬站和飛落。

當鷹來到人家，它剛剛從大自然中走來，一些脾氣和野性還沒有改變，人必須選取它在自然中的一些環境中的景物來使它熟悉並接受這個環境，鷹杵子就是供它晚間在室內和主人生活時所站落的地方。

白天，鷹自然地來到戶外，可以有鷹架供它飛落和走動，而鷹架大，搬不到屋裡，只有鷹杵子可以由人自由地移動，去滿足鷹的活動。這是人從自然環境中學回來的適應鷹生活的一種創造。

鷹杵子最好選取黃波櫪木質。因這種木，樹皮發軟，濕度和厚度都不傷鷹的爪。

二十二、鷹柺子

它是捕鷹人在山上必備的一種工具。

鷹柺子大約一米，前邊也就是上頭要有個橫乘，很像人手拄著的柺杖。它的主要用途是用來拴系網下的鷹的誘餌。

鷹的誘餌往往是撲鴿。

當把鴿子拴綁在柺子上時，捕鷹人可通過「拐繩」來掌握時辰，時而拉動柺子線，讓柺子一起一落，這樣也帶動了鴿子不失時機地一飛一落，以便逗引天上的鷹下場子。這都是趙明哲親手做的寶貝工具。

二十三、鷹緊子

鷹緊子，是裝鷹和裝「活物」的一種布袋。

這種工具有大有小。

大的，有一尺五寸長、六寸寬；小的，只有一尺長、四寸寬。

這主要是根據捕鷹人帶的誘餌鴿子的大小或捕來的鷹的大小而準備的用具。

鷹緊子兩邊有口，口邊的布沿裡裝抽繩。用時讓鷹或鴿子鑽進裡邊，然後在它們的膀頭子一帶抽緊繫緊，再把後尾處抽緊繫緊。

這兩個地方如系不緊，動物就容易起勁兒飛掉，或消耗自身的力氣。

每一個捕鷹人家，都必須備好鷹緊子。趙明哲家有各種各樣的鷹緊子，真是五花八門。

二十四、鷹　秤

鷹秤，就是稱鷹分量的用具。

秤，是計量工具，平常用來稱量東西如物件。而鷹秤，就是專門稱鷹的用

具，是為了養鷹和馴鷹人及時準確地掌握鷹下山時的分量，和馴好後的分量，就必須時時使用這種秤來稱它。這對馴鷹人判斷「熬鷹」的進展程度有重要作用。

鷹下山時多大的分量，經過養馴後，也要掌握在同下山時的分量差不多的分量，不然它就不玩活。

鷹秤與一般秤的不同在於它的底部不是秤盤，而是秤槓。

秤槓，就是一根橫棍，供鷹能站在上面就行了。

趙明哲家有兩桿這樣的老秤。

二十五、鷹嘴子

鷹嘴子，就是一種蒙在鷹嘴、頭和眼睛上的一種皮套。它由一塊皮子製成，大小正好套在鷹的頭上。鷹的鼻孔處開兩個小孔，以便它喘息。

在它的頭和嘴被套上後，要把「鷹嘴子」上兩條細皮繩系在鷹脖子上，以綁緊鷹嘴子，它甩時不致掉下來。

這種工具主要是方便獵人帶鷹下山外出。

二十六、鋼刀鐵剪

趙明哲家有鋼刀鐵剪，這主要是用來切割牛肉以便餵鷹。鋼剪是用來剪開黃鼬和地鼠的皮毛，以便於鷹去食用。

餵鷹是很重要的一個飼養環節。每一次餵前都要把肉切割成雞蛋大小的一塊或一片，現切現餵，以保持肉的鮮嫩，同時也掌握進食的數量。鷹屯裡邊的養鷹人家也要備有這樣的工具。

鷹獵俗語

每行每業都有自己的語言，這主要是這一行的人自己使用的語言，有的是這一行在業內使用的「術語」，也有的是自己寶貴經驗的概括。

鷹獵一行屬於特殊的行業。這一行的行話也有，但不是太多，主要是流行在這些鷹屯行業人和鷹把頭的口頭上。

這裡記錄下的是獵手趙明哲平時慣用的一些行話術語。

草開堂——秋霜下來，草枯黃死掉，曠野上清爽亮堂起來。

躲莊——鷹沒馴好，反而不聽話。

亮翅——鷹搧動自己的翅膀。

拿食了——可以去放獵了。

嘎鷹——怕人的鷹。

生鷹——沒駕（馴）過的鷹。

成鷹——已駕過馴好的鷹。

拿壓子——裡外膘撤得太狠了。

操食——指鷹不落場子光是上下飛。

騎鴿子——按住了誘餌。

鬧架——鷹在架上不安穩。

跑山的——放鷹的。

歇爪——指鷹一隻爪站著，另一隻爪全在毛裡取暖。

抖拉毛——也指亮翅。

吞軸——指鷹吞吃用肉片裹著的麻團。

壓軸——用手摸壓它的嗉子，讓鷹快些甩軸。

甩軸——指鷹吃進去用麻做心的肉片後往外吐麻團。

槤嘴——鷹把自己嘴上的東西擦一擦。

鬧瞎——草太厚的溝子。

一手——放一次。

二手——放兩次。

帶軸——已經吞過肉片裹麻的鷹。

養爪——鷹一會兒換一隻爪站著。

松毛了——沒有野性了。

上茬——上癮的意思。指一門心思去幹一件事。

鷹獵歌謠

一、季節與鷹

二八月，過黃鷹。

在東北，二月末後，鷹從各山各丘陵地帶開始撤走，回長白山的原始森林裡去。因山裡樹林整齊，便於捕食。而這時的丘陵一帶溝溝岔岔都是低樹矮枝子，不好撲食。更重要的是它們到林子裡找一雄一雌，忙著生兒育女，繁衍後代去了。

到了八月末，該它們又到丘陵地帶來的時候了。因為六、七月間，小鷹孵出來，現在已經個個自己會打食了，所以大鷹又可以到處飛了。

所以，二八月，過黃鷹是指一年當中的這兩個月在松花江鷹屯一帶山坡和丘陵到處都可看到鷹飛來飛去。

這是拉鷹（捕鷹）人總結的經驗。

二、拉鷹之一

> 手疾眼快，
>
> 聽得明白；
>
> 不等落場，
>
> 麻利開拽。

這是趙明哲形容在鷹窩棚里拉鷹時的心情和體會。

三、拉鷹之二

> 你越慌，
>
> 它越跑；

只要「夠」高，

你就拉繩！

這也是指在窩棚里拉鷹時的經驗。指捕鷹根本看不清場面，全憑積累的一種感覺和判斷去拉動網繩。

四、馴　鷹

膘大揚飛瘦不拿，

手勁兒不到就躲荏。

這是馴鷹諺語。

意思是當鷹從山場上捕回來後先要觀察它腸油多不多；多了，叫「膘大」。而「膘大」時，要不斷讓它「揚飛」，以訓練它保持能狩獵的功夫，讓膘不大不小。

「瘦不拿」，指在馴時馴過了，把膘馴小了，稱為「拿」。這一句說瘦時鷹也不幹活。

第二句是指獵人一定要將鷹馴到膘不大不小的火候上。躲荏，指人把鷹馴疲杳了，能飛起來，但不玩活。

五、打鷹古歌

（1）亞哥鳥春（滿語）

亞哥

亞哥

刷煙音達渾亞魯木比

亞哥耶亞哥

勒勒色珍格賒

妞歡莫德利都林巴扎克達亞哥

震綽衣沙延加渾

蘇窪樂莫比亞哥

亞哥耶亞哥

亞哥

亞哥

刷煙音達渾布魯克

亞哥耶亞哥

勒勒色珍格睞

妞歡莫德利都林巴扎克達亞哥

扎其震綽衣沙延加渾

蘇窪樂莫比亞哥

亞哥耶亞哥

（2）亞哥烏春（譯文）

亞哥耶，亞哥。

尋找俊美的白鷹，亞哥，

亞哥耶，亞哥，

勒勒車像綠海中之舟，亞哥，

黃狗引路，亞哥，

亞哥耶，亞哥。

（3）亞哥滿文原版

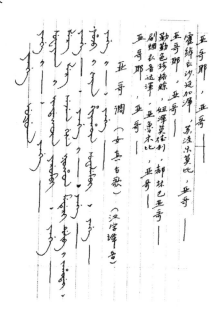

亞哥調（女真古歌）（漢字譯音）

亞哥耶，亞哥
寵綽衣沙迎加澤，寫澤水莫比，亞哥
亞哥耶，亞哥
勒勒色瑪格綠，妞澤莫佳利，都林已亞哥
刷烟衣音达澤，亞魯木比，亞哥
亞哥耶，亞哥
亞哥耶，亞哥

滿文亞哥之一（富育光記錄）

滿文亞哥之二（富育光記錄）

（4）亞哥調原版

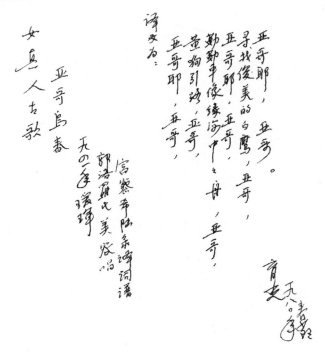

亞哥譯文原版（富育光記錄）

這是一首古老的女真族打鷹人的古歌，由郭果洛美容誦唱，富育光老師的
父親富希陸整理，富育光老師保存，年代已十分的久遠了。

走進遠古神話

　　在鷹屯，人們見到那個又黑又瘦的趙明哲，老年人會發出一聲驚奇的嘆息，真是和他爺爺、父親一個模子刻出來的。人們說這些話，除了說他和先輩們模樣酷似外，更多的是覺得他在行為和精神上傳遞了一個鷹獵時代，一個完整的人鷹與共的自然傳承。

　　從前，趙明哲的先祖巴公生，莫爾根時代，包括他的爺爺、父親，是攀爬到高高的石崖上去，把鷹巢中的小鷹帶回，然後一點點飼養大，送貢朝廷。隨著遼金戰爭的結束，女真滅契丹，努爾哈赤又統一了女真，這使得後來的滿族先民把捕鷹、馴鷹的習俗一代代傳承下來。從順治年間清入主中原把北方作為它的物資供應基地，鷹獵漸成主要貢務，直到朝廷廢除了捕貢鷹的殘酷徭役，於是鷹屯一帶便開始了大規模的山野拉鷹階段。趙明哲所從事的雖然是和祖先一樣與鷹打交道的貢務，不同的是，他不是山崖捕小鷹，而是和爺爺父親時交叉使用的獵鷹方式，那就是山野拉鷹。

　　山野拉鷹，趙明哲從爺爺和父親那裡學來和傳承來這樣一些古老而神奇的技藝。

一、選鷹場

　　鷹場，就是鷹喜歡落腳的地方。往往是大鷹為自己和小鷹尋食的地方。

　　選鷹場，就是尋找這種地方。

　　鷹是一種有神奇記憶的動物。當它的上一代喜歡去一個地方飛翔和落腳，它的下一代和後代也往往喜歡來這種地方。

　　從前，在遙遠的遼金時代，海東青從遙遠的鄂霍次克海和日本海以東飛到松花江上源——吉林的烏拉鷹屯一帶打食，那時，這一帶是莽莽的原始森林，江水在這一帶形成寬闊的江灣水灘，四周又有高山和崗嵐。可是僅僅在幾百年

間，特別是清末打牲烏拉的無度開發和後來日俄戰爭及外國侵略者的入侵，使這一帶的江水、森林、草甸、濕地受到了無情破壞，以至到後來打牲烏拉衙門連打條鰉魚也成了困難的事。可是動物自己卻有記憶，鷹每年秋天還是飛到烏拉街和鷹屯一帶的山岡和林間草甸來，選擇它們能落腳或可能落腳的地方。因此，選擇和尋找鷹能落腳的地方這是捕鷹人的第一個本領。

鷹場的選擇，往往反映出捕鷹人的智慧和經驗的判斷。

鷹場的位置，往往是那種山岡的山頂或者半山腰處的平坦地帶。

站在鷹場處，要能看到遠方的山、江水或者平原、草甸。而且，鷹場處一定要有一處突起的山包或樹頭，留著給鷹做停落和觀望之地。

如姑娘墳鷹場。

傳說宣統二年（1901 年），松花江上游一場大水，衝來一個大姑娘，就埋在了這個山上，於是從此此山便得了這個名。這兒距鷹屯十二里。山上的許多地勢都是出名的鷹場。

這個鷹場的特點正符合老鷹把頭趙明哲分析的那樣，山的半山腰較為平坦開闊，而且在離這塊平坦的開闊地二三十米遠處正有一片凸起的樹頭，是鷹喜歡停留的最佳之地。這樣的地方是建鷹場的首選。

選好鷹場子，就開始搭鷹窩棚了。

二、搭鷹窩棚

鷹窩棚，就是捕鷹人躲在裡邊，等待鷹來好拉網的地方。

鷹窩棚的選場其實是在尋找鷹場時就要考慮和計劃的了。鷹窩棚要選在離鷹場子五六米遠的一種比鷹場子稍微窪一點點的地勢上。這主要是能從窩棚裡往上望，讓捕鷹人能清晰地觀察到鷹的誘餌——撲鴿的形狀和動作。

如鷹屯東北角鷹山上的這處地窩棚，就能坐在裡邊清晰地觀察到誘餌撲鴿站在外面的鷹場子上。

同時，鷹窩棚的位置還要能居高臨下地觀察到遠方的山和平原，就是要有

足夠的空間能觀察鷹飛行的路線。

這種窩棚的位置，就好比一處觀察哨，能眼觀六路，耳聽八方。

如姑娘墳這處窩棚，人坐在裡面，可以讓人清晰地遙望見遠處的另一處山頭。

山頭下，是遠來的江水。

松花江水閃著白色的銀澤，從遠方流來，在草甸上，又折出一股小流，彎彎曲曲地淌向山角。

這樣的地方，可以讓人充分地展開視野去遠望。

這樣的地方，鷹也願意飛過。

而且，只要有雲影一過，獵人就要能瞄上。瞄上，就用目光跟蹤。

鷹窩棚的修建主要分地下和地上兩部分。

在鷹場旁，選用利鎬向下挖出一個兩尺左右深的土坑，然後在上面覆蓋松枝、樹葉和甸草，就可以了，使它從外表看去，像一堆矮矮的樹叢。

山裡的鷹窩棚往往能蹲兩個人以上。大一些的可以待三到五人。裡邊要留一個門。人進去後，隨手將草門關上，使這種偽裝和山林裡的山坡天衣無縫。

要注意的是，裡邊要留出足夠的活動空間，主要是能自如地觀察外面的動靜。

如姑娘墳鷹場窩棚和鷹山鷹場窩棚，人在裡面向外觀看，十分的清亮開闊。

接下來，就開始下網了。

三、下　網

下網，就是把捕鷹的網支在山裡的鷹場子上。這往往是在草開堂後的每天的早上，帶上捕鷹的工具，網、鷹枴子、鷹緊子、撲鴿等，從家裡出發，去山上的鷹場。

走時，千萬要把工具帶全。

（1）展開網片

到了山上，捕鷹人先展開網片，然後在鷹場子上尋找事先釘好的網桿橛子。

鷹網由兩個下網桿和一片網組成。兩根桿約有一米五長，網片長兩米半到三米。網是由絲繩紡織而成，每個網眼約一個拳頭大小就足夠了。

網桿橛子共四根。

一邊兩根。這樣便於拴桿系桿，以固定網片，展開網片。

（2）插卡巴拉棍

把兩根網桿插在地上，用網桿繩拴好，然後就開始展網。

展網片時，網桿的後邊要插上兩根「卡巴拉棍」。所說的卡巴拉棍，是指歪插在網桿後邊的兩根棍，小棍頂端有個「丫」，以便網桿能撐在上面。

這樣放的目的是使鷹進入到網展開的範圍時，捕鷹人一拉動網繩（又叫前手繩）網便會迅速翻扣下來。

（3）下鷹柺子

鷹柺子是捕鷹人必備的工具。

所說的鷹柺子，是指拴綁鷹的誘餌——撲鴿的工具。這種柺子外形酷似人走路時拄著的一根柺杖，所以叫「柺子」。下時一頭固定在展開的鷹網中間，上邊有一個「套」，用來拴撲鴿。

下鷹柺子時，一定要注意幾個重要的細節，其中之一就是要做好地柺子溝。

地柺子溝就是鷹柺子窩進去的一種土溝坑，要小巧而且和柺子頭大小一致。

地柺子坑挖好後，就要搪頂柺子繩。

頂柺子繩是拉動柺子的繩。但這個繩要從一個弓起的「頂柺子」（一種彎曲的木棍）上過去，以免在拉動時碰石碰土，使繩不靈敏，影響人對撲鴿的控制。

這種地柺子下好後，要有兩根繩一上一下地從柺子上分別引出。

而綁在柺子上的兩根繩位置不一樣。底繩往下，是「吃力」繩，可以拉動並帶起撲鴿；前繩往上，只要輕輕一動，便可靈活地將柺子拉起。這繩走頂柺子上，以帶動撲鴿。

當柺子拴好後，開始綁撲鴿了。

（4）綁撲鴿

撲鴿，是鷹的誘餌。

這是鷹最喜歡吃的食物。也有用野雞的。但由於現在野雞已是人類保護的動物，而且野雞的成本也太高，所以一般的捕鷹人都使用鴿子來做誘餌。

鷹，喜歡吃活的「血性」動物，鴿子就是它的天然美食。而捕誘鷹的鴿子要牢牢地系在鷹柺子上，以便轟動它來引鷹。

開始，要先把鴿子從鷹緊子裡放出來。

鷹緊子是一種裝鷹和裝鴿子的小布袋。

這種小布套前後各有一道繩。出發時將鴿子裝在裡邊，然後前後一繫，它就跳不出來了。

獵人到了山上，當下好柺子放它時，它不願出來。因鴿子自己彷彿也知道，它是為了去引誘鷹，一旦主人沒有及時拉繩扣網，它就有可能讓鷹撕個粉身碎骨。動物彷彿也清楚自己的作用和命運。

把鴿子從鷹緊子裡放出來後，將鴿子扎綁在柺子上。然後用鐮刀挖出一個小坑，放上一塊小石頭，以備給鴿子蹬站。再在這小石頭旁邊放上一些苞米粒。這一切便準備好了。

（5）引雙繩

當網桿已插好，網片已展開，鷹柺子也拴綁完畢，撲鴿子也拴好後，就開始往窩棚裡引雙繩了。

雙繩，是指網柺子繩和拉網繩。

這兩根繩，各有不同的作用——

網枴子繩，是指人在窩棚裡時不時地要拉一拉，這樣可以逗引得撲鴿在草地上上下飛動，以引逗鷹下場了撲它。

另一根繩，是網繩。

就是人在窩棚裡，一旦發現鷹從天上下來飛撲鴿子時，人用手一拉，網會順著勁兒從上面翻扣下來，鷹便會在抓住鴿子的一瞬間，一下子被網罩在裡面了。

四、蹲窩棚

捕鷹的最具體最講本事的技藝和絕活就屬蹲窩棚了。

蹲窩棚就是當捕鷹人在山上把一切都做得天衣無縫時，人鑽進窩棚裡，雙手緊緊地拉著兩根繩，眼睛一動不動地盯著外面草地上的誘餌撲鴿，通過對它的動作的觀察，去判斷鷹進入網圍的程度。

蹲窩棚是最寂寞和艱苦的事。

人蹲在窩棚裡，一手拉一根繩兒，不能走神兒，不能發困。就這樣，有時坐上幾個小時，有時坐上幾天，卻往往什麼收穫也沒有。

可是，捕鷹人蹲鷹窩棚，要時時忍受蚊蟲和毒蛇的襲擊，包括其他山裡野獸的侵援，常常會發生意想不到的事情。

捕鷹的日子雖然是在秋天，但北方秋季的晌午，有時也很炎熱，而在山上的鷹坑裡就更加悶熱無比。那些秋天的山蚊子嗡嗡飛著，不停地叮在人的手上、臉上和脖子上。有時，捕鷹人的臉和手被蚊子叮得流膿。可是他們依然要一動不動地盯著外面的草地，不能溜神兒。

鷹屯的鷹把頭趙明哲在山窩棚裡時，我近距離為他拍了一張相。他那時已在山窩棚裡待了三天了。身上和臉上讓山蚊子和山螞蚊咬得起膿流水，可他依然是聚精會神地盯著外面的鷹場子。他在企盼，盼望那天上高飛的鷹，能落在他的草地上……

我曾經問他，你的一生，大概捕了多少隻鷹呢？

他說，有三四百隻了。

我又問他，加上父親和爺爺呢？

他說，總有幾千隻了吧。

我知道，這是中國北方著名的鷹把頭，一個有著女真族血統的掌握了數代捕鷹本事的人啦。

五、拉　網

人躲在窩棚裡的時候，心思是虔誠的，只盼著鷹能下場子撲向鴿子。而捕鷹人的眼神要一動不動地盯著遠處的鷹場子，盯著草地上鴿子的動靜。

老捕鷹把頭捕鷹，根本不用看鷹觀察鷹，他只是觀察鴿子就行，他從鴿子的動作上去判斷鷹離鷹窩棚的遠近和鷹的到來。

當草地上的鴿子一旦發現了鷹影，鴿子便會變得一動不動，眼珠跟著天上的鷹轉。這時捕鷹人就知道，鴿子發現了目標。

一旦鷹從天上奔鴿子衝來，鴿子的脖子就會變得突然像線一樣細，這說明鷹已經到達了網範圍之內了，捕鷹人要立即拉網。

就在鷹即將抓到鴿子的一瞬間，它已被獵人拉動的網扣住。

早一點兒，晚一點兒，都不行。

還有，拉網人要會聽動靜，也就是聲音。

鷹在天上盤旋飛翔時，輕飄靈巧，沒有一點兒聲息，但是，當它發現了目標（草地上的鴿子），它要捕捉時，往往縮身擊撲。因此，獵人往往通過鷹撲下來的「聲音」來判斷它的到來。

在結合觀察鴿子脖子伸直程度時，一種鷹捕鴿子時的聲音也同時產生了。

鷹發現了鴿子，一般情況下它是先落在離這兒不遠的樹上，它自己要量測好撲衝時的距離和速度，然後衝過去。

這時，它飛衝時由於翅膀搧風，獵人在窩棚裡可以聽到「忽忽」的風聲，這表示還沒有入網。可是，一旦風聲突然停止了，獵人要在心裡數上兩個數

（大約一秒半或兩秒），就要立刻拉動扣網繩，於是鷹準能被罩在裡面了。

這是因為，當鷹俯衝下來抓活物時，為了保持它的速度和準確性，它往往習慣地收縮翅膀，使自己的身體像一顆砲彈一樣從天上「射」下來。這時，那翅膀搧動的動靜一點兒也沒有了，而只有它的身體跌落時的細微的聲息。而獵人就是憑著多年的經驗，找準時機及時拉動網繩，於是就把鷹捕住了。

鷹被扣在了網裡，這時獵人要及時過去，按住它的身子，打開鷹緊子，把它裝在鷹緊子裡帶回家去。

天上飛的蒼鷹怎樣能聽人的使喚和人生活在一起呢，這些事想起來簡直就是古老的神話。但是在鷹屯卻是一件很平常的事。

鷹屯的人已經有了與鷹共舞的生存經驗和方法。

一隻鷹捕到了家，馴鷹便開始了。

六、馴 鷹

獵人提著裝在鷹緊子裡的鷹，走回了家。首先，要在屋裡將鷹從緊子裡放出來，這叫「鷹出緊子」，或叫「出緊子」或「打開鷹緊子」。這時獵人要先把鷹從緊子裡放出，然後再小心翼翼地摘下鷹嘴子。

鷹嘴子，就是一種蒙在鷹嘴、頭和眼睛上的一種皮套。

它是由一塊皮子製成的，大小正好套在鷹的頭上。鷹的鼻口處開兩個小孔，以便鷹喘息。

在它的頭和嘴被套上後，要把「鷹嘴子」上的兩條細皮繩系在鷹脖子上，以綁緊鷹嘴子，使它在甩時不至於掉下來。

這種工具主要是在山上捕到鷹，將它裝進鷹緊子裡時，同時再套上鷹嘴子，以便使它老實，不亂動，不啄人，可以安全攜帶下山。

在進行鷹交易時，有時為了雙方活動中不被啄傷，往往也給它戴鷹嘴子。

接下來，要立刻「開稱」。也是馴鷹的頭一個過程。

（1）鷹秤開稱

開稱要用「鷹秤」。

鷹秤，是專門用來稱鷹的一種民間老秤。

這種秤，就是一般稱東西的秤，但不同的是鷹戶將秤盤子去掉，又在上面加了一條橫乘，是為了鷹能站在上面……

當鷹從山上被人捕到家時，先用鷹秤約一約它的分量，主要是為記住它「下山」時的分量，這很重要。

這叫「給小鷹稱分量」。

給小鷹稱了分量，比如是三斤六兩，就要記住這個數。然後「開熬」。開熬，就是熬鷹。要通過「吞軸」等手段，將它肚子裡的膘肥減去，讓它瘦下來，這叫「拿膘」。如果當年它下山時是三斤六兩，養了半個月，它的分量也必須在三斤六兩左右，多了不行，少了也不行。

超過三斤六兩，鷹就叫「膘大」，它的體重多於剛下山時，它於是就不勤快，不愛追擊動物和野獸了；少於三斤六兩，又說明鷹的體力下降，叫「欠膘」，說明它沒有狩獵能力了，得完全靠人去養活，甚至以後放飛它也不能很好地在自然中生存，這說明馴鷹人是個不稱職的人。

所以養鷹人手中必須備有鷹秤，隨時經常稱一稱鷹的分量，知道自己的馴鷹工作進行到了什麼程度。

（2）開餓

鷹剛被捕到家，它生氣，開始什麼也不吃。

這也正好是「中了」獵人的計。

當獵人已知道了它的重量時（已用鷹秤約過），就讓它獨自地待在屋裡，不吃東西也不去管它。這叫開餓。

開餓的鷹一般四天五天什麼也不吃，生氣上火。但要防止它死去，要把屋裡的窗子打開，給它通通風。

同時注意鷹杵子有時別放倒，讓它站在上面。不然有時它餓昏了自己掉下來容易讓絆勒死。

餓它的目的是為了讓它能「吞軸」。

餓它時，開始它不覺得，後來心發慌。

餓著的人或動物都有心發慌的感覺。這時，它往往表現得極其不安。鷹把頭髮現了這一現象時，要及時地駕著它出去走動，以減少它的餓的注意力。

這時，它事實上已開始接受人的馴化了，但它自己並不知道。

過了四五天，鷹已餓得不行了，這時馴鷹人開始考慮為它「帶軸」了。

（3）帶軸

當一隻被養鷹的人餓得已受不了的鷹再也挺不下去時（已有四五天什麼也吃不到），養鷹人開始給它「進食」了。

而這時餵牠的肉塊，裡面已是一種麻經外面被肉裹包起來的東西，俗稱「軸」；餵牠這種東西，叫「帶軸」。

把麻用肉給裹紮起來，表面看起來是一團鮮肉。這是人馴鷹的古老的經驗。

在東北平原上，野地上生長著一種植物，民間叫「麻」。

秋天時，農人將它割下，投入到村裡的大坑或水泡子裡浸泡，民間稱為「漚麻」。漚好的麻去了皮兒，然後紡成「經麻」，用來打繩和紡網什麼的。

那些經麻繩和經線幾乎家家都有，因為生活需要這些東西，而捕鷹和馴鷹的人家就開始使用這種「麻經」繩來「勒」制「軸」了。

軸，就是一塊雞蛋一半大小的鮮肉塊，再片成肉片，然後用來把一團麻經包在肉裡邊。

包時，一定要包緊裹緊。

麻團要團死。肉片要厚薄均勻，然後慢慢地打成肉卷。卷時，最好捲成稍長些的圈圈，這就叫「軸」。

包好了「軸」，就開始餵鷹了，俗稱「帶軸」。

經過包裝的肉塊，已形成一個一個像蛋蛹一樣的東西。

鷹見這種東西，開始不吃，它不知是什麼；可是，幾天來的飢餓，又讓它

實在是挺不住了，於是就再也不加考慮地吞了下去。這就叫「帶軸」了。

給鷹帶軸，又叫「把食」。

一個好的養鷹把式就是專門會掌握鷹的這「口」食，使「軸」能在鷹的肚子裡「刮」下它的「腸油」，使它的「內膘」（肚子裡的腸油）能減下來，用來達到獵人馴它的目的，也是為了改變鷹的脾氣。所以「把式」來自於「把食」——指把握好鷹的吃食的意思。

在中國的北方，養鷹出色的人，大家稱他為鷹「把式」，就是來源於餵鷹的本事。

把式，又叫把什、把勢、把頭，所指都是此人是這個「行業」或「行幫」中的能人，或技術和技藝出色的人物。但是據烏拉街老人王安全先生（他是著名的滿族文化研究專家）和養鷹首領趙明哲等人介紹，這裡所用的「鷹把式」則是指人對鷹的餵食情況掌握的熟練程度而言。把式，來自於「把食」，即人如何掌握給鷹餵食。

這體現了馴鷹人對鷹的一種真誠的關愛。要馴好它，又不至於傷了鷹的腸胃，真是一種「高難」技藝。接下來，就是讓鷹甩軸了。

（4）甩軸

甩軸，就是讓鷹吐出肚子裡的麻團。

帶軸的日子，鷹是最難受的時候。

這時，人要關愛鷹。

關愛，就是時時地撫愛它，撫摸它的脖子或腹部，讓它「甩軸」。

一般是每隻鷹一晚上吃進去兩個「軸」，它要嫌少，有時就鬧，也可以餵牠三個。但再多就不行了。

這種東西吃進鷹的胃裡，根本不消化，於是第二天，它就開始「吐」這東西，稱為「甩軸」。

吐時，鷹不好往外吐。它往往得不停地甩頭、蹦高、翹尾，才能「甩」出來，所以叫甩軸。

這樣吃下去吐出來，要連續十天八天，大約得吃二十個軸，同時甩出二十個軸，鷹便漸漸地瘦了。這是因為「軸」上裹著的麻經將鷹腹肉的油都「刮」了下來，鷹能不瘦嗎？

　　鷹瘦下來，叫「膘」被「靠」下來。

　　這也是馴鷹（又叫熬鷹）的目的。

　　鷹腹內的油減少，俗話叫「靠山膘」，是指要比鷹下山時分量少才行。如果馴鷹人見鷹「甩軸」太痛苦，不忍心再「帶軸」，致使鷹的身體重量不下來，這叫「頂山膘」。

　　頂山膘不行。頂山膘的鷹不玩活（不聽主人話），指它不餓，就不聽主人指使，不去狩獵，所以必須要山膘小（比下山時的分量輕）。但又不能輕太多，因為輕太多就說明它已失去了原有的能力。

　　（5）跑繩

　　在甩軸階段，鷹是最聽人話的。因為它餓，獵人叫它它就會過來，於是獵人就馴它跑繩。

　　跑繩，就是讓鷹在槓上跑來跑去。

　　自家的鷹槓（也叫鷹架），是鷹和主人心靈溝通的地方。這時，主人已天天讓它上架上槓，然後嘴裡不斷地發出「這——！這這——！」的叫聲，使鷹能辨別主人的聲音，並不斷地從木槓的這頭走向那頭。

　　這種重複的動作雖然看起來不複雜，實際上已經在訓練著鷹開始按著主人的意圖來行動了。

　　有時還要訓練鷹能在槓上起跳、飛落，並且時時地變化著聲音和口令，讓它熟悉主人的動作和氣息。這是熬鷹的重要階段。

　　而接下來，就是開始訓練能帶走它的過程了，這個過程叫「過拳」。

　　（6）過拳

　　馴鷹的另一重要階段，叫過拳。

　　過拳，顧名思義，就是指能讓鷹聽到主人的吆喝後，從架上飛到人的肩或

手腕和拳頭上來，因為這樣才能使人帶它去狩獵或外出。

這是個很複雜的訓練過程。

開始，它不肯上獵人的手臂上來，儘管獵人很費勁兒地吆喝。

那時，其實也是鷹還不懂他的心理。

這時，人不能怪鷹，也不能著急，說明人還沒馴到位。

鷹屯獵人趙明哲說，他手裡拿一塊肉，在叫它從檁上飛跳到他的手腕上時，先用肉來引它，它一飛過來，就餵牠一塊肉。這樣一點點地，當他再發出「這這」叫它的聲音時，它便一下子就飛來落到他的手腕上了。

達到這樣的過程，馴鷹的任務也就基本完成了。因為這種時候，人就可以隨時叫它，並帶上它出行、狩獵，或上任何地方去。但這樣的程度一般上好的獵人也得在一兩個月之內才能完成。

馴鷹的過程，是一個漫長而又需要耐心的過程。人和鷹要互相配合：人要愛鷹，理解它，掌握動物的心理和生活規律，鷹才能逐漸地聽人的話。不然鷹被人激怒，不但馴不好，它不是啄人，就是一頭撞死，人的一切努力都將付之東流。

（7）蹲檁

蹲檁，就是讓鷹停留在專門為它搭起來的一種木檁上。

捕到家的鷹，給它的雙腿綁上「絆」。

然後就開始將它放在自家的木架（鷹檁）上，讓它練習「熟悉」這個「新」的環境。

蹲檁也是在訓練鷹的性子。平時它在山上，在石頭和樹枝上站慣了，現在來到一個新的環境裡，一定要讓它感到這兒與從前的環境沒有太大的區別，也有「站」的地方。

鷹架一般是在房外的院子裡，也就是外部環境。這是為了讓鷹一點點地從大自然走到院子間，消除它的恐懼和陌生心理。這是第一步。接下來，開始讓它往屋裡「蹲」了。

到屋裡，也是先「蹲槓」。

這種屋裡的槓，往往也是一種「木架」。但有時也可以利用自家床頭的橫樑，或者搭手巾的橫桿，都可以。反正必須是「槓」。

這是為了讓它覺得從「外」到「裡」，也還是一樣，於是驚恐感和陌生感一點點地消除。這時就開始改變讓它蹲站的工具了。

（8）蹲杵子

蹲杵子，就是給鷹換一種讓它「站」的工具——鷹杵子。

在開始，也是在外邊，讓鷹從架上跳到杵子上。開始，它不跳。可以用食來引它，使它從架上過渡到杵子上。

如果鷹一旦從鷹架上飛落到鷹杵子上，這時獵人馴鷹的頭一步已成功。因為鷹架高，鷹杵子矮，從架上落到杵子上，人就可以近距離和鷹面對了。

從外面的鷹架上引它落到外面的杵子上後，再引它進屋，落在屋裡的杵子上，這叫蹲杵子。

馴鷹人往往是先看著鷹在外面落在杵子上，然後再將杵子帶進屋。

這個過程得十幾天，接著開始餵肥它了。

（9）養膘

餵胖它，稱為養膘。

一隻鷹剛來到山下人家，養鷹人先要盡情地餵牠，多給它一些鮮肉吃，讓它覺得比在山上強多了。餵牠時，它能吃多少就讓它吃多少，而且一到餵食時，只要養鷹人發出「這——！這——！」的叫聲，它就張著翅膀向你奔來。這時就要注意了。

因為鷹一下山，人已用「鷹秤」稱過了它的分量，比如它是三斤六兩，但經過這些天的餵養，它達到什麼程度了呢？

為了知道它的重量，就要每隔三五天就用秤約上它一次。一旦發現它的分量已比下山時的體重多了，比如已達到了四斤或四斤二兩，這就說明已達到了馴鷹人的目的，「膘」已到位，要開始下一項訓練內容了。那就是出獵，就是

用鷹去抓捕野雞野兔什麼的，稱為鷹獵。

七、鷹　獵

從遠古以來，人類捕到鷹，就為了狩獵。

這其實是人作為高級動物的一種智慧。他們能與其他生命與共，並使其他動物能成為自己的生存和生活所需要的工具。

人一旦發現了「工具」的功能，並開始使用這種工具，這表明人已有了很高超的生存能力——精神能力了。

人對鷹的使用，往往是從冬季開始。

在北方，在長白山地區，當時序一進入陰曆十月，北風就開始整日地呼嘯，大雪紛紛飄落了。

天，寒冷起來了。

北方的平原和山林，在一夜間就被厚厚的大雪掩蓋。這時，馴鷹人家也開始進入到鷹獵階段了。

鷹獵，就是架鷹出去狩獵。

出發時，往往三人一群五人一夥，大家結伴而行，還帶上獵犬，十分威武地走出村子。鷹站在獵人的肩上或蹲在獵人的腕子上。如果獵人騎馬遠行，鷹就站在人的肩上。樣子十分威武和氣派。

到了野外山巔，鷹眼放出一種威嚴的靈光。它盯著茫茫老林和風雪瀰漫的草甸，習慣地尋找著大自然中的獵物。

駕鷹狩獵要分成兩伙。

駕鷹的獵人駕鷹站在高一些的山坡上，另外一兩個獵人手持木棍，到山坡下或溝塘底下的樹林或山溝裡去走動，同時手中的木棍不斷地在樹枝和荒草中攪動，嘴裡不時地發出「嗷嗷」的叫聲。這被稱為「趕仗」。

趕仗，這是狩獵人的行話，意思是把躲藏在樹林和雪窠子下面的野獸轟趕出來。

在寒冷的北方，當大雪落地，嚴寒到來，許多動物都貓冬了。它們貯備了一冬的食物，藏在窩洞裡不出來。可是，也有一些動物來不及準備。

北方的冬季，它的到來十分突然。

十月間，本來還是陽光燦爛晴朗的日子，只幾場秋霜，夜裡便大雪紛飛，滿山遍野一片銀白了。這種突然的寒冷，使得一些野兔、野雞、狐狸、麅子等動物還沒來得及貯備冬糧做窩，可是嚴寒已到了。

雪一下，它們更是寒冷和飢餓。

於是，當趕仗的人在樹林或山溝裡一走一喊，它們便驚慌失措地跑出隱蔽之地往其他地方逃去，而這一逃，恰巧被站在獵人肩上的鷹發現了。

獵人盯著遠方趕仗人的山溝。當他一發現有獵物躥出，他立刻把胳膊一揚，嘴裡發出「這這」的響聲。其實鷹也早已看到目標，於是它立刻展翅飛奔出去。

只見那獵鷹從獵人肩上飛起，簡直如一道閃電，如一發砲彈，照準獵物射去。這是大自然賦予它的神奇的本能。

轉眼間，獵物已被鷹按在雪地上。

不管是多大的獵物，鷹毫不畏懼，它是捕獵的能手。

它往往迅速地衝上去，先一口啄瞎動物的眼睛，把那熱乎乎的對手的眼球吞下肚去，然後就開始叼啄對手的脖子和胸口。

任何動物，一旦失去眼睛，心就發慌了。

接下來，它的脖子上被鷹的利嘴啄開，氣已上不來了；再接著，鷹的利嘴迅速地啄開對手的胸脯。只是瞬間，對手胸前的毛紛紛飛落，不一會兒，鮮紅胸肉就露出。只要一見了胸肉，凶鷹只一口，便撕裂開對手的皮肉，一下把對手的心臟啄出，大口吞下對手熱乎乎的心、肝、肺……

這時，獵人要快些趕往鷹獵地點，迅速地從鷹的嘴下奪回獵物。

如果獵人跑得慢了，獵鷹便會將獵物吃掉吃完，這是獵人的失職。因為，一隻吃飽了的鷹，它就會不再去捕獵，變得越來越懶，失掉了鷹的本性。

而獵人的及時出擊，也要掌握好時機。

開始的頭一次捕到獵物，要讓鷹吞下對手的心、肝、肺後，你再趕到。這叫給鷹以安慰。但接下來，獵手就不能再讓它將這幾樣都吃了。

要選好時機，在鷹剛剛擊倒對方，或剛吃了心等幾樣時，及時趕到取物，以免弄壞了鷹的脾氣。

同時，還要學會判斷鷹的對手的計策，別傷害了戰鷹。

在北方的原野上，動物在和鷹的搏鬥中有時會使出絕招來保護自己，這也是它們的本能，特別是一些狡猾的動物，如老山兔。

民間早有兔子蹬鷹的說法，是指兔子在逃命時有時會把鷹引往柳條通或剛剛割完莊稼的地裡。當鷹俯衝下去捕它時，它往往會往莊稼茬子底下一縮，而這時只顧俯衝的鷹收不住力氣，胸脯會一下子被尖利的莊稼茬子劃開而慘死。

還有，兔子往往把鷹引入到柳條通裡使用另一種治鷹絕招。

這時，兔子在奔跑時拉倒一根柳條子，當鷹追到時它又猛然一鬆，那柳條會帶著巨大的力量朝疾速而來的鷹抽去。頃刻間，鷹會被柳條抽得眼瞎毛落，轉眼死去。

野雞也會保護自己。在北方的田間或野外，野雞一見鷹追來，它往往逃進車轍的中間。而鷹只顧下衝，一頭撞死在大道的凍土上了。

所有這些情況，都要由獵人來設法保護鷹。

一是獵人不能領鷹到秋莊稼收割後的地裡；二是，盡量不領鷹到柳條通一帶狩獵；三是，如果遇緊急情況，立刻放出獵狗。讓獵狗去幹涉動物的注意力，以便鷹的捕獲。

嚴冬，北方是鷹獵的激烈的戰場。在平原，在山岡，在冰封雪凍的松花江沿岸，那一隻隻飛動的海東青，翱翔在茫茫的雪野上。這使得北方的大自然充滿了夢幻般的神奇，也使大自然充滿了勃勃生機和活力。

駕鷹狩獵的人也十分辛苦。有時，獵人們就在野外住宿，用土製的鍋子在石頭上架火取暖，度過一個又一個寒冷的冬日。

如果運氣好，一冬天一隻獵鷹能捕獲上百隻獵物。在從前，這種活動由烏拉打牲丁去完成，然後將獵物保存好，上繳給朝廷以充貢；而到了近代，也有狩獵的村社，獵手們是為集體狩獵；再到了後來，就完全變成一家一戶個人的狩獵行為了。

黃昏前，家裡的孩子們會套上小爬犁，去原野上接父輩駕鷹狩獵回歸，他們的生活充滿了樂趣。

八、鷹的放飛

把鷹養大，馴好，再經過三四個月時間的狩獵活動，這時候，鷹屯的獵戶們該考慮如何把鷹放走了。

放走，就是放飛。

獵人把被他們繫上「絆」的鷹，重新解開絆，放歸自然，把捕鷹人甚至用鮮血和生命換來的收穫，再放棄，這種做法是真的嗎？

在鷹屯，這一切，都是真的。

趙明哲說，這是鷹屯的老規矩。從他父親、爺爺、爺爺的爺爺那時起，也都這麼做。這樣做的目的為的是放它們回去再生兒育女，這樣大自然中才能不斷鷹。在鷹屯，每一個捕鷹人都遵守這個準則，自然自覺地遵守著，誰不這樣做誰就不是一個捕鷹八旗的後代，也對不起祖先。

因此，一到了第二年的春天，一到了北方的大地快冰消雪化的時節，他們的家族就要考慮放掉自己曾經辛辛苦苦捕來，又辛辛苦苦馴好馴大的鷹，讓它們回到自然中去。我問養鷹人趙明哲，你為什麼要這樣呢？

他告訴我，春天啦，鷹要回去，到屬於它的自然中去了。

在即將放飛鷹的那些日子裡，獵手趙明哲說，他一宿一宿地睡不著覺。半夜起來，也去看一眼鷹。看它站在槓上，也望著主人，四眼相對，彷彿有無盡的話要說。

明天要放鷹去，趙明哲在頭一天會給它許多好吃的。邊餵邊自言自語：

孩子，吃吧，

吃完明天送你回家去。

你要願意來呢，

明年俺再接你，請你……

叨咕著這一句時，趙明哲往往眼中已閃出大顆的淚花。

是啊，在這八九個月的相處之中，他已與這「啞巴牲口」有了深深的情；它雖然不會說話，但是它的一舉一動，都已讓獵人知道它的心理。

可是，就是怎樣捨不得，也得放。

因為放鷹回去，這是他的家族千百年來遺留下來的一道古訓。動物，也是一條命，捕時再不易，春天也得放。人家也是一條命。人家也要回去生兒育女。只有鷹生了兒育了女，大自然才能延續著活潑的生命，捕鷹只是為著交納朝廷的貢務。

誰光捕不放，誰就違背了祖訓，誰就會遭到老天的報應。這一點，鷹屯部落的任何一個捕鷹人都堅信不疑。

於是，在早春的一個早上，獵人帶著他的鷹，走向了村外。

他站在一個高崗上，輕輕解開鷹腿上的「絆」。嘴裡叨唸著，鷹啊，你走吧，一路平安吧。他說著，用手輕輕地撫摸著鷹身上的每一個部位，就像爹娘撫摸著自己子女的身體。那上面的每一處部位他都熟悉呀！

看看時辰到了，他舉起已鬆綁的鷹，猛地向高空扔去，然後自言自語道：「走吧……」

鷹，離開他的手，躥向高空。

可是，鷹總不是能快快地離開獵手。有很多時候，鷹從獵人手中飛出，在他的頭上盤旋著，盤旋著，就是不肯離開。

有時，鷹從獵人手中飛脫，卻停落在旁邊的大樹上，不肯離去。

這是一種自然的情感，也是動物對人的依賴。

在很多時候，由於自然中缺少了鷹可以捕捉的食物，加上冬春的嚴寒，動物一旦離開獵人家，往往會自己凍死餓死在荒郊野外。所以人對鷹的捕獲，也成了對它生命的一種延續。

冬季是食物匱乏的季節。把動物收到人的溫暖的家中飼養，天暖和時如能再放走，這該是人類對動物的一種關愛，也是自然的一種進步。

所以，鷹反而不願離開獵人家了。

有時，獵人放飛鷹要連放幾天，才能放走。而有時，前幾天放走的鷹，它自己又飛了回來。但是，獵人還是一定要放走它的，這是為了不破壞祖訓，不能違背古俗。祖訓和古俗，這是天理。

放飛自己心愛的鷹，鷹屯村落趙明哲說：那是他最痛苦的日子，他從早上開始就對著鷹一遍一遍地觀看……

韓屯的鷹把頭胡云武也說：聽說鷹要去，我像丟了魂，什麼也不想吃，不想喝。

有一年，趙明哲放飛一隻鷹。

可是，鷹不走。

那隻鷹，在他家門外河邊的大樹上蹲了三天三夜，他也在樹下守了三天三夜。

最後，第四天，他爬上了樹，含淚坐在樹上面餵飽了鷹，又放飛了它。

還有一次，趙明哲把一隻鷹放飛，可第二天早上一看，鷹又飛回，落在他家的房頂上，他於是又登梯子上去餵牠，並又把它帶到野外放飛。一定要放走……

那樣的時刻，他記得太深太深。

就是今天，趙明哲提起這些事，依然記憶猶新。在北方，人與動物，已有了一種深深的情感，那是一種真誠而固定的情感。

從春天到秋天，鷹屯是沒鷹的日子，只剩下一個空名。一到了秋天，天下霜，草開堂（草黃，地透亮，莊稼割倒）是捕鷹的季節，從這時開始大約一個

多月的時間，是鷹屯人捕鷹馴鷹的時季，這時，鷹屯是最忙最累的時候，家家捕鷹、馴鷹。接下來是緊張幸福的狩獵階段，然後，就到了放飛鷹回歸自然的春季……

這裡的人們的一生一輩，就這樣生死輪迴地交替著。

趙明哲說，我必須這麼做，因為我是在和祖先默默地對話……

吉林文庫　A0703B07

長白山漁獵文化　　上冊

主　　編　曹保明

版權策畫　李　鋒

責任編輯　楊家瑜

發 行 人　陳滿銘

總 經 理　梁錦興

總 編 輯　陳滿銘

副總編輯　張晏瑞

編 輯 所　萬卷樓圖書股份有限公司

排　　版　菩薩蠻數位文化有限公司

印　　刷　維中科技有限公司

封面設計　菩薩蠻數位文化有限公司

出　　版　昌明文化有限公司

桃園市龜山區中原街 32 號

電話　(02)23216565

發　　行　萬卷樓圖書股份有限公司

臺北市羅斯福路二段 41 號 6 樓之 3

電話　(02)23216565

傳真　(02)23218698

電郵　SERVICE@WANJUAN.COM.TW

大陸經銷　廈門外圖臺灣書店有限公司

電郵　JKB188@188.COM

ISBN 978-986-496-307-2

2018 年 1 月初版

定價：新臺幣 340 元

如何購買本書：

1. 轉帳購書，請透過以下帳戶

合作金庫銀行　古亭分行

戶名：萬卷樓圖書股份有限公司

帳號：0877717092596

2. 網路購書，請透過萬卷樓網站

網址　WWW.WANJUAN.COM.TW

大量購書，請直接聯繫我們，將有專人為您

服務。客服：(02)23216565 分機 610

如有缺頁、破損或裝訂錯誤，請寄回更換

版權所有·翻印必究

Copyright©2016 by WanJuanLou Books CO., Ltd.

All Right Reserved　　　　**Printed in Taiwan**

國家圖書館出版品預行編目資料

長白山漁獵文化 / 曹保明主編. -- 初版. -- 桃
園市 ：昌明文化出版 ；臺北市 ：萬卷樓發
行, 2018.01

　冊；　公分

ISBN 978-986-496-307-2(上冊 ：平裝). --

1.捕魚　2.狩獵　3.文化研究　4.長白山

683.42　　　　　　　　　　107002199